[Wissen für die Praxis]

E-Mail: WALHALLA@WALHALLA.de
http://www.WALHALLA.de

Walhalla Fachverlag · Haus an der Eisernen Brücke · 93042 Regensburg
Telefon 0941 5684-0 · Telefax 0941 5684-111

Spanl · Imre

Erbengemeinschaft: Verwaltung Auseinandersetzung Ausgleichung

Fallbeispiele – Mustertexte – Lösungen

3., neu bearbeitete Auflage

WALHALLA

Bibliografische Information der Deutschen Nationalbibliothek
Die Deutsche Nationalbibliothek verzeichnet diese Publikation in der Deutschen Nationalbibliografie; detaillierte bibliografische Daten sind im Internet über http://dnb.dnb.de abrufbar.

Zitiervorschlag:
Reinhold Spanl, Andrea Imre, Erbengemeinschaft: Verwaltung – Auseinandersetzung – Ausgleichung
Walhalla Fachverlag, Regensburg 2016

Hinweis: Unsere Werke sind stets bemüht, Sie nach bestem Wissen zu informieren. Alle Angaben in diesem Buch sind sorgfältig zusammengetragen und geprüft. Durch Neuerungen in der Gesetzgebung, Rechtsprechung sowie durch den Zeitablauf ergeben sich zwangsläufig Änderungen. Bitte haben Sie deshalb Verständnis dafür, dass wir für die Vollständigkeit und Richtigkeit des Inhalts keine Haftung übernehmen.
Bearbeitungsstand: September 2016

3., neu bearbeitete Auflage

Produktion: Walhalla Fachverlag, 93042 Regensburg
Printed in Germany
ISBN 978-3-8029-4074-3

Schnellübersicht

Von der schönen Einigkeit zur Erbteilungsklage

Nach dem Tod eines Menschen geht sein Vermögen auf den Erben über; mehrere Erben bilden eine Erbengemeinschaft. Solange die Gemeinschaft besteht, kann der einzelne Miterbe nicht auf Nachlassgegenstände zugreifen und die Miterben haben bei der Verwaltung des Nachlasses bestimmte Regeln zu beachten.

Eine Veräußerung des Miterbenanteils durch die einzelnen Miterben ist möglich, allerdings ist das notariell zu beurkunden. Die übrigen Miterben können den Eintritt von gemeinschaftsfremden Personen durch die Ausübung eines Vorkaufsrechts verhindern.

Ein großes Problem der Erbengemeinschaft kann die Auseinandersetzung unter den Miterben darstellen, insbesondere wenn über wertbildende Faktoren unterschiedliche Ansichten herrschen und/oder die Zuteilung bestimmter Gegenstände zu Streit führt. Dann ist eine Teilungsklage vor dem Prozessgericht der letzte Ausweg.

Der Gesetzgeber wollte eine gleichmäßige Verteilung des Vermögens des Erblassers unter seinen Abkömmlingen in der gesetzlichen Erbfolge erzielen. Somit sind Zuwendungen zu Lebzeiten sowie erbrachte Pflegeleistungen auszugleichen.

Im Mittelpunkt dieses praxisorientierten Leitfadens stehen:

- die Verfügung des Miterben über seine Beteiligung an der Gemeinschaft sowie die Ausübung des Vorkaufsrechts der anderen Miterben
- die Verwaltungstätigkeit in der Gemeinschaft und die Vertretung durch die Miterben
- die Haftung der Erben für Nachlassverbindlichkeiten und die Ergreifung haftungsbegrenzender Maßnahmen
- die Auseinandersetzung der Gemeinschaft unter Einbeziehung der gesetzlichen Regeln, des Teilungsvertrags, der gerichtlichen Vermittlung und der Teilungsklage
- die Ausgleichungspflicht unter den Miterben
- die Besonderheiten im Gesellschaftsrecht und bei der Erbfolge in der Landwirtschaft

Reinhold Spanl *Andrea Imre*

Abkürzungen

Abs.	Absatz
AktG	Aktiengesetz
AnfG	Anfechtungsgesetz
Az.	Aktenzeichen
BayObLG	Bayerisches Oberstes Landgericht
BeckOK/ Bearbeiter	Beck'scher Online-Kommentar/Bearbeiter
BGB	Bürgerliches Gesetzbuch
BGH	Bundesgerichtshof
BGHZ	Entscheidungen des Bundesgerichtshofs in Zivilsachen
BNotO	Bundesnotarordnung
BVerfG	Bundesverfassungsgericht
DNotZ	Deutsche Notar-Zeitschrift
EGBGB	Einführungsgesetz zum Bürgerlichen Gesetzbuch
FamFG	Gesetz über das Verfahren in Familiensachen und in den Angelegenheiten der freiwilligen Gerichtsbarkeit
FamRZ	Zeitschrift für das gesamte Familienrecht
FGG	Freiwillige Gerichtsbarkeit Gesetz (aufgehoben)
GBO	Grundbuchordnung
GmbHG	GmbH-Gesetz
GrdstVG	Grundstücksverkehrsgesetz
GVG	Gerichtsverfassungsgesetz
HGB	Handelsgesetzbuch
HöfeO	Höfeordnung
HöfeVfO	Verfahrensordnung für Höfesachsen
HRR	Höchstrichterliche Rechtsprechung
HS	Halbsatz
InsO	Insolvenzordnung
i. V. m.	in Verbindung mit
KG	Kammergericht
LG	Landgericht
LPartG	Gesetz über die Eingetragene Lebenspartnerschaft
MDR	Monatszeitschrift für Deutsches Recht
Mot.	Motive zum Bürgerlichen Gesetzbuch
MüKo/ Bearbeiter	Münchener Kommentar zum BGB/Bearbeiter
NdsFGG	Niedersächsisches Gesetz über die freiwillige Gerichtsbarkeit
NJW	Neue Juristische Wochenschrift

NJW-RR	NJW-Rechtsprechungs-Report Zivilrecht
OHG	Offene Handelsgesellschaft
OLG	Oberlandesgericht
OLGR	OLG Report (Zeitschrift)
Palandt/ Bearbeiter	Palandt, Bürgerliches Gesetzbuch (Kommentar)/ Bearbeiter
RdL	Recht der Landwirtschaft (Zeitschrift)
RG Recht	Das Recht – Rundschau für den deutschen Juristenstand (Zeitschrift)
RGZ	Entscheidungen des Reichsgerichts in Zivilsachen
Rn	Randnummer
Rpfleger	Der Deutsche Rechtspfleger (Zeitschrift)
Rspr	Rechtsprechung
S.	Seite
WM	Zeitschrift für Wirtschafts- und Bankrecht
ZErb	Zeitschrift für die Steuer- und Erbrechtspraxis
ZEV	Zeitschrift für Erbrecht und Vermögensnachfolge
ZPO	Zivilprozessordnung

Miterbengemeinschaft

Wie kommt eine Erbengemeinschaft zustande?

Der Übergang der Erbschaft als Ganzes (§ 1922 Abs. 1 BGB) auf eine Mehrheit von Erben führt zu einer Erbengemeinschaft (Gesamthandsgemeinschaft), § 2032 Abs. 1 BGB. Der Nachlass wird zum gemeinschaftlichen Vermögen der Erben. Träger der Nachlassrechte und Schuldner der Nachlassverbindlichkeiten sind die Erben in ihrer Gesamtheit (in Gemeinschaft).

Der einzelne Miterbe ist nicht Miteigentümer nach Bruchteilen (an den einzelnen Nachlassgegenständen), sondern zusammen mit den anderen Beteiligten Eigentümer des gesamten Vermögens.

Der Nachlass stellt beim Übergang auf die Erbengemeinschaft ein Sondervermögen dar, das vom Eigenvermögen der einzelnen Miterben grundsätzlich getrennt zu betrachten ist.

Übergang auf die Erbengemeinschaft

Erblasser
(§ 1922 Abs. 1 BGB)

A	B	C
(1/3)	(1/3)	(1/3)

in Erbengemeinschaft
(§ 2032 Abs. 1 BGB)

Eigen A	Eigen B	Eigen C

Nachlassgegenstände gehen als Ganzes auf die Erbengemeinschaft über, nicht auf die Miterben entsprechend ihrer Erbquoten. So wird zum Beispiel bei einem Nachlassgrundstück als Eigentümerin die Erbengemeinschaft in das Grundbuch eingetragen, wobei die Angabe der Quoten unterbleibt.

Die Verfügung über einzelne Nachlassgegenstände durch einzelne Miterben ist ausgeschlossen, § 2033 Abs. 2 BGB (ein Anteil an einzelnen Gegenständen existiert überhaupt nicht, da nur der Nachlass als Ganzes vorhanden ist); die Gemeinschaft (alle Miterben gemeinschaftlich) kann über Nachlassgegenstände verfügen, § 2040 Abs. 1 BGB.

Einer von drei Miterben kann somit zum Beispiel nicht über einen 1/3-Anteil am Nachlasskonto verfügen (§ 2033 Abs. 2 BGB), wohl aber kann dies die Gemeinschaft (alle Miterben gemeinschaftlich), § 2040 Abs. 1 BGB.

Grundsätzlich haften die Miterben als Gesamtschuldner (mit ihrem gesamten Vermögen), § 2058 BGB. Verlangen Nachlassgläubiger vor Auseinandersetzung der Gemeinschaft Befriedigung von einem Miterben, kann dieser den Zugriff in sein Eigenvermögen verhindern, § 2059 Abs. 1 Satz 1 BGB.

Erst nach Auflösung der Erbengemeinschaft (Auseinandersetzung) können Nachlassgläubiger auf das Vermögen der einzelnen Miterben zugreifen; es bleibt grundsätzlich bei der gesamtschuldnerischen Haftung der Miterben (§ 2058 BGB).

Was ist eine Gesamthandsgemeinschaft?

Die Gesamthandsgemeinschaft ist keine juristische Person und hat somit keine Rechtsfähigkeit. Seit der BGH-Entscheidung zur BGB-Gesellschaft[1] wird zwar wieder verstärkt diskutiert, ob auch der Erbengemeinschaft eine (beschränkte) Rechtsfähigkeit zukommen soll,[2] der BGH bleibt aber auch in neueren Entscheidungen dabei, dass die Rechtsstellung der Erbengemeinschaft nicht mit der BGB-Gesellschaft vergleichbar ist. In beiden Fällen ist zwar ein gesamthänderisch gebundenes Sondervermögen vorhanden. Die Erbengemeinschaft ist jedoch dadurch gekennzeichnet, dass sie – anders als die BGB-Gesellschaft – nicht rechtsgeschäftlich, sondern gesetzlich begründet wird. Sie ist zudem keine werbende Gemeinschaft, da sie – im Gegensatz zur BGB-Gesellschaft – nicht auf Dauer angelegt, sondern auf Auseinandersetzung gerichtet ist.[3]

Beispiel:

Es wurde durch eine Erbengemeinschaft als Vermieterin ein Mietvertrag geschlossen, wobei folgende Bezeichnung aufgenommen wurde: „die Erbengemeinschaft S vertreten durch

1 BGH NJW 2001, 1056
2 Erberl/Borges ZEV 2002, 126
3 BGH NJW 2002, 3389

K". Dies genügte dem BGH nicht als bestimmbare Bezeichnung der Vertragspartei: die Miterben hätten namentlich genannt werden müssen.

1

Mit Entscheidung vom 17.10.2006 hat der 8. Zivilsenat des BGH[4] nochmals bekräftigt, dass die Erbengemeinschaft weder rechtsfähig noch parteifähig ist. Die Grundsätze zur Rechtsfähigkeit der Gesellschaft bürgerlichen Rechts[5] und zur Rechtsfähigkeit der Gemeinschaft der Wohnungseigentümer[6] sind nicht auf die Erbengemeinschaft zu übertragen.

Rechtsbeziehungen, die zwischen dem Erblasser und einzelnen Miterben existierten, bestehen nun zwischen der Miterbengemeinschaft und den Miterben. Das Sondervermögen des Nachlasses und das Eigenvermögen des einzelnen Miterben sind Vermögen verschiedener Rechtsträger.[7]

Was aufgrund eines zum Nachlass gehörenden Rechts oder als Ersatz für zerstörte, beschädigte bzw. entzogene Nachlassgegenstände oder rechtsgeschäftlich für den Nachlass erworben wird, gehört zum Nachlass (§ 2041 BGB). Die Vorschrift will zugunsten der Erbengemeinschaft und der Nachlassgläubiger den Bestand des Nachlasses vor Wertminderungen durch Außenstehende und durch Miterben schützen.[8]

Die Gesamthandsbindung des Nachlasses bewirkt auch einen Schutz der Nachlassgläubiger, zu deren Befriedigung der Nachlass dienen soll. Nur die Nachlassgläubiger können sich gemäß § 2059 Abs. 2 BGB aus dem ungeteilten Nachlass befriedigen. Eine Zwangsvollstreckung in Nachlassgegenstände setzt einen Titel gegen alle Miterben voraus, § 747 ZPO. Mit einem Vollstreckungstitel gegen den einzelnen Miterben kann nur nach § 859 ZPO durch Pfändung auf seinen Anteil am Nachlass zugegriffen, nicht aber in Gegenstände des ungeteilten Nachlasses vollstreckt werden. Die Eigengläubiger können sich nur an das halten, was ihr Schuldner als Miterbe bei der Auseinandersetzung bekommt.

---

4 BGH NJW 2006, 3715
5 BGH NJW 2001, 1056
6 BGH NJW 2005, 2061
7 Brox, Erbrecht § 28 Rn 470
8 Brox, Erbrecht § 28 Rn 471

Gesamthandsbindung des Nachlasses

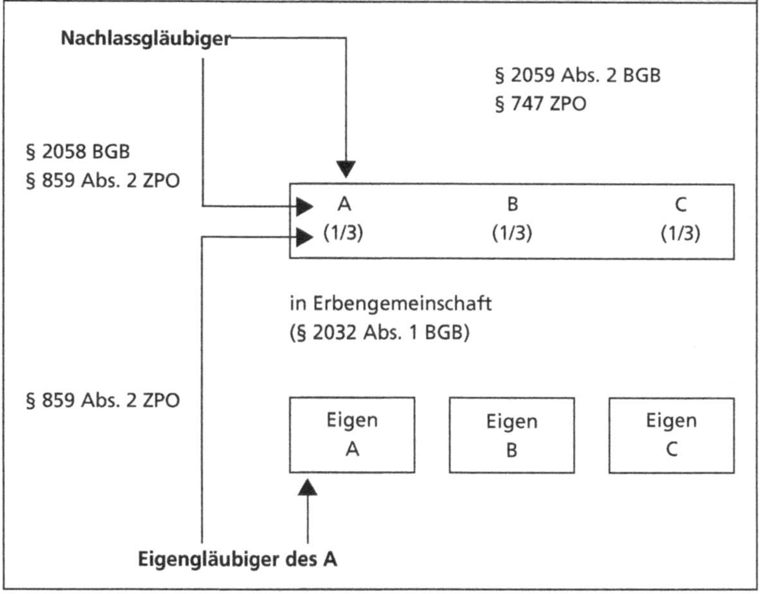

Näheres zur Durchsetzung von Ansprüchen gegen den Nachlass und gegen einzelne Miterben siehe Kapitel 4.

Im Zusammenhang mit einer Erbengemeinschaft ergeben sich überwiegend zwei Problembereiche:

- Was kann der (spätere) Erblasser bereits vor dem Erbfall unternehmen, um die Verwaltung und Auseinandersetzung der Erbengemeinschaft nach seinen Vorstellungen zu gestalten?
- Wie kann ein Miterbe nach Eintritt des Erbfalls seine Rechte bei der Verwaltung und Auseinandersetzung der Erbengemeinschaft durchsetzen?

Erblasseranordnungen

Der (spätere) Erblasser kann in einer Verfügung von Todes wegen (Testament, Erbvertrag) Anordnungen treffen, welche sich auf die Zuordnung seiner Vermögensgegenstände nach dem Tod auswirken. Dabei ergeben sich unterschiedliche Gestaltungsmöglichkeiten:

Verhinderung einer Erbengemeinschaft

1 Besteht die Befürchtung, dass es zwischen mehreren Miterben (z. B. Abkömmlingen) zum Streit über die gemeinschaftliche Nachlassverwaltung und die Auseinandersetzung kommen wird, kann der Erblasser in einem Testament eine Person als Erben bestimmen und den übrigen Vermächtnisse zukommen lassen, welche wertmäßig den Erbteilen entsprechen.

Anordnung einer Testamentsvollstreckung

Streitverhindernd wirkt sich die Testamentsvollstreckung aus. Bestimmt der Erblasser einen Testamentsvollstrecker in seiner letztwilligen Verfügung, hat dieser gemäß § 2204 BGB die Auseinandersetzung zu bewirken. Dabei ist er an gesetzliche Regeln und die Anordnungen des Erblassers gebunden. Auch ist nach den §§ 2205, 2216 BGB gewährleistet, dass die Verwaltung des Nachlasses bis zur Auseinandersetzung den Anordnungen des Erblassers entspricht. Interessant dabei ist, dass auch ein Miterbe Testamentsvollstrecker sein kann.

Teilungsanordnung

Für die spätere Auseinandersetzung unter den Miterben kann der Erblasser durch Verfügung von Todes wegen nach § 2048 BGB bestimmte Anordnungen dazu treffen, wie die einzelnen Nachlassgegenstände zu verteilen sind. Diese Teilungsanordnung hat keinen Einfluss auf die Erbquoten. Der Wert der zugeordneten Gegenstände wird auf den Erbanteil angerechnet. Die Anordnung hat nur schuldrechtliche Wirkung. Somit kann zwar jeder Miterbe den Vollzug einfordern, jedoch können sich alle Miterben einstimmig durch Vereinbarung darüber hinwegsetzen. Nur ein Testamentsvollstrecker ist gemäß §§ 2204, 2048 BGB gebunden.

Beispiel:

Ich setze meine drei Kinder A, B und C als Erben zu gleichen Teilen ein. Darüber hinaus bestimme ich, dass bei der Auseinandersetzung A das Hausgrundstück in Regensburg, B die Eigentumswohnung in München und C das gesamte Konten- und Wertpapiervermögen erhalten sollen.

Vorausvermächtnis

Durch die Bestimmung eines Vorausvermächtnisses gemäß § 2150 BGB in seiner Verfügung von Todes wegen kann der Erblasser einem Miterben zusätzlich zu seinem Erbteil einen bestimmten Vermögensvorteil zuwenden, der nicht auf den Erbteil angerechnet wird.

Beispiel:

Ich setze meine drei Kinder A, B und C als Erben zu gleichen Teilen ein. Darüber hinaus bestimme ich, dass A vorweg und zusätzlich das Hausgrundstück in Regensburg erhalten soll.

Teilungsverbot

Der Erblasser kann nach § 2044 BGB durch letztwillige Verfügung die Auseinandersetzung in Ansehung des Nachlasses oder einzelner Nachlassgegenstände ausschließen oder von der Einhaltung einer Kündigungsfrist abhängig machen. Damit kann er erreichen, dass der Nachlass zunächst als Einheit bestehen bleibt, bis bestimmte Voraussetzungen erfüllt sind. Auch diese Anordnung hat nur schuldrechtliche Wirkung, so dass sich die Miterben durch einstimmige Vereinbarung darüber hinwegsetzen können. Nur ein Testamentsvollstrecker ist nach den §§ 2204, 2044 BGB gebunden.

Beispiel:

Ich setze meine drei Kinder A, B und C als Erben zu gleichen Teilen ein. Darüber hinaus bestimme ich in Bezug auf mein Einzelunternehmen, dass insoweit die Auseinandersetzung der Erbengemeinschaft erst erfolgen darf, wenn auch C das 30. Lebensjahr vollendet hat. Erst dann darf entschieden werden, wer das Geschäft fortführt oder ob es veräußert bzw. aufgelöst werden soll.

Der BFH[9] hat dargelegt, dass für die Abgrenzung zwischen Teilungsanordnung und Vorausvermächtnis entscheidend ist, ob die zu beurteilende Regelung zu einer Wertverschiebung bei den Erbquoten führt. Hat der Erblasser einem Miterben Gegenstände zugewiesen, deren Wert objektiv höher ist als diesem seiner Quote nach bei der

[9] Vom 30.03.2009, Az. II R 12/07

Auseinandersetzung zukäme, so kommt es darauf an, ob der Erblasser subjektiv dem durch die Anordnung begünstigten Miterben zusätzlich zu seinem Erbteil auch noch den Mehrwert zuwenden wollte (dann liegt ein Vorausvermächtnis vor) oder ob nach seinem Willen eine Wertverschiebung dadurch ausgeschlossen sein soll, so
1 dass der Bedachte hinsichtlich des Mehrwerts den übrigen Miterben Wertausgleich aus seinem eigenen Vermögen zahlen muss (dann handelt es sich um eine Teilungsanordnung).

Schiedsklausel

Durch eine in einer letztwilligen Verfügung eingebrachte Schiedsklausel gemäß §§ 1066, 1029 ZPO kann der Erblasser anordnen, dass erbrechtliche Streitigkeiten durch ein Schiedsgericht entschieden werden sollen. Bei dieser Bestimmung dürfte es sich um eine Auflage handeln, welche die Miterben verpflichtet, Auseinandersetzungsstreitigkeiten nicht durch ein (staatliches) Gericht, sondern durch einen Schiedsrichter entscheiden zu lassen. Nach der ausdrücklichen gesetzlichen Regelung in § 1066 ZPO ist es unbedenklich, durch letztwillige Verfügung einen Dritten als Schiedsrichter einzusetzen. Testamentsvollstrecker oder ein Miterbe können nicht Schiedsrichter sein.

Beispiel:

Ich setze meine drei Kinder A, B und C als Erben zu gleichen Teilen ein.

Streitigkeiten der Erben untereinander soll ein Schiedsrichter unter Ausschluss des ordentlichen Rechtsweges entscheiden, soweit dies gesetzlich zulässig ist.

Zum Schiedsrichter bestimme ich Rechtsanwalt R. Kann oder will dieser das Amt nicht übernehmen, so soll der Präsident des Landgerichts L einen Schiedsrichter ernennen.

Der Schiedsrichter hat den Streit nach Maßgabe der bestehenden Gesetze und den anerkannten Auslegungsregeln unter Berücksichtigung des Grundsatzes der Billigkeit zu entscheiden. Tatsachen kann der Schiedsrichter auf Kosten des Nachlasses durch einen Schiedsgutachter feststellen lassen. Der Schiedsrichter erhält als Honorar die Gebühren eines Rechtsanwalts in der Berufungsinstanz, wobei die Termingebühr doppelt anfällt. Auslagen darf der Schiedsrichter zusätzlich abrechnen.

Vorweggenommene Erbfolge

Unter vorweggenommener Erbfolge versteht man die Übertragung des Vermögens oder eines wesentlichen Teils davon durch den (künftigen) Erblasser auf einen oder mehrere als (künftige) Erben in Aussicht genommene Empfänger.[10] Es handelt sich um Rechtsgeschäfte unter Lebenden.[11]

Eine typische Gestaltung ist der sogenannte Übergabe- oder Überlassungsvertrag. Er kann dann sinnvoll die Entstehung und Auseinandersetzung einer Erbengemeinschaft verhindern, wenn die Übertragung der Vermögensgegenstände auf einen oder mehrere (künftige) Erben erfolgt und diesen oder diese zu Abfindungszahlungen (auch Gleichstellungsgelder genannt) an weichende (künftige) Miterben verpflichtet. Zusätzlich kann der Überlassungsempfänger durch (notarielle) Vereinbarung mit dem (künftigen) Erblasser durch einen Erbverzicht (§ 2346 ff. BGB) aus der späteren Erbengemeinschaft ausscheiden.

Für den (künftigen) Erblasser ist es von erheblicher Bedeutung, dass im Vertrag Verpflichtungen zur Aufrechterhaltung seiner lebzeitigen Versorgung enthalten sind, zum Beispiel Nießbrauchsrechte, Rentenreallasten, Wohnungsrecht, persönliche Versorgungsleistungen (im Rahmen eines Altenteils, Leibgedings).

Nicht vergessen werden sollten Überlegungen darüber, wer die Kosten eines Pflegeheims zu tragen hat, wenn ein eingeräumtes Wohnungsrecht nicht mehr ausgeübt werden kann; in diesem Zusammenhang ist auch vorab zu klären, inwieweit das nichtausgeübte Recht bestehen bleibt oder erlöschen soll.

Auch die Möglichkeit einer Rückübertragungsverpflichtung sollte in Erwägung gezogen werden für den Fall, dass der Übernehmer Vorgaben des (künftigen) Erblassers nicht einhält oder ohne Abkömmlinge vor dem (künftigen) Erblasser verstirbt. Nicht unerheblich kann sich auch eine Steuerreduzierung auswirken, wenn unter Beachtung der Zehn-Jahres-Frist (§ 14 ErbStG) übertragen wird.

Durchsetzung der Miterbenrechte in der Erbengemeinschaft

Wie der einzelne Miterbe seine Rechte in der bestehenden Erbengemeinschaft durchsetzen kann, wird in den folgenden Kapiteln

[10] Siehe auch BGH FamRZ 1991, 689

[11] BGH NJW 1991, 1345

näher beschrieben. Dabei handelt es sich insbesondere um folgende Maßnahmen:

Mitwirkung des Miterben bei Verwaltungshandlungen

Nach § 2038 BGB ist jeder Miterbe verpflichtet, an ordnungsgemäßen Verwaltungsmaßnahmen mitzuwirken. Als streitig kann sich erweisen, ob eine ordnungsgemäße oder nicht ordnungsgemäße Maßnahme vorliegt, §§ 2038 Abs. 2, 745 BGB.

Veräußerung des Anteils eines Miterben

Jeder Miterbe kann seinen Anteil an der Erbengemeinschaft verkaufen (§§ 433, 2371, 1922 Abs. 2 BGB) und übertragen (§§ 2033 Abs. 1, 398, 413 BGB).

Ausübung des Vorkaufsrechts

Verkauft ein Miterbe seinen Erbanteil an einen Gemeinschaftsfremden, haben die übrigen Miterben (gemeinschaftlich) ein Vorkaufsrecht nach den § 2034 ff. BGB. Dabei ist zu beachten, dass dies auch ein Miterbe allein ausüben kann, wenn die übrigen die Ausübung unterlassen, § 472 Satz 2 BGB.

Aufgebot, Inventar, Nachlassverwaltung, Nachlassinsolvenz

Jeder Miterbe kann die Nachlassgläubiger öffentlich auffordern, ihre Forderungen anzumelden (Aufgebot), §§ 2061, 1970 BGB. Auch kann jeder Miterbe ein Inventar errichten, §§ 2063, 1993 BGB. Der Antrag auf Nachlassinsolvenz kann nach § 317 InsO ebenfalls von einem Miterben gestellt werden. Der Antrag auf Nachlassverwaltung allerdings nur von allen Miterben gemeinschaftlich, § 2062 BGB.

Auseinandersetzungsvereinbarung

Durch Vereinbarung (aller) Miterben kann die Gemeinschaft vollständig (sog. Totalauseinandersetzung) oder teilweise (sog. Teilerbauseinandersetzung) beendet werden, die Vereinbarung einzelner kann im Wege der Erbanteilsübertragung oder Abschichtung die Zahl der Miterben verringern.

Vermittlung der Auseinandersetzung durch Nachlassgericht

Jeder Miterbe kann gemäß der § 363 ff. FamGG die Vermittlung der Erbauseinandersetzung durch das Nachlassgericht beantragen.

Erbauseinandersetzungsprozess

Jeder Miterbe kann auf Zustimmung der anderen Miterben zu einem konsensfähigen Teilungsplan klagen. Das gerichtliche Urteil ersetzt die Zustimmung der anderen Miterben, § 894 ZPO. Für eine erfolgreiche Klage ist ein genauer Teilungsplan erforderlich, alle Nachlassverbindlichkeiten, Anrechnungs- und Ausgleichposten müssen erfasst, die einzelnen Gegenstände bewertet sein.

Anteil der Miterben am Nachlass

Verfügung über den Miterbenanteil

Jeder Miterbe hat einen (quotenmäßigen) Anteil am Gesamtvermögen, das heißt an der Erbengemeinschaft. Dieser Anteil wird nach § 1922 Abs. 2 BGB wie eine Erbschaft behandelt.

Beim Tod eines Miterben geht sein Anteil auf seinen Erben über. Dieser tritt allerdings wieder in die bestehende Erbengemeinschaft ein. Mehrere Erben eines Miterben bilden eine Erbengemeinschaft innerhalb der bestehenden Erbengemeinschaft.

Erbengemeinschaft innerhalb einer Erbengemeinschaft

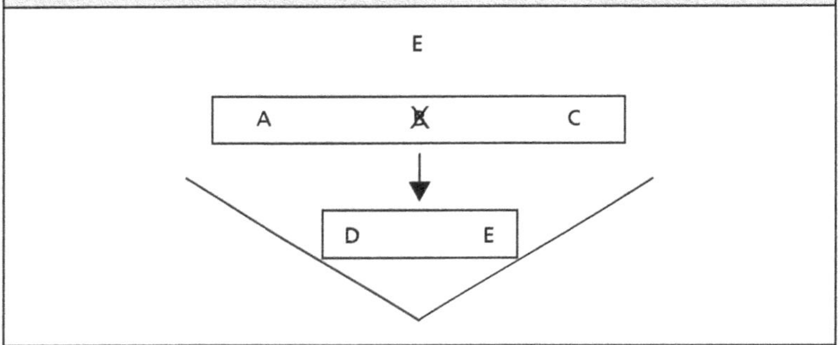

Der einzelne Miterbe kann gemäß § 2033 Abs. 1 BGB über seinen Erbteil (Anteil an der Erbengemeinschaft) verfügen und ihn durch Rechtsgeschäft auf einen anderen übertragen. Der Erwerber wird Mitglied der Erbengemeinschaft.

Beispiel:

Die nach E eingetretene Erbengemeinschaft besteht aus den drei Söhnen A, B und C (je 1/3). B ist mit seinen Brüdern völlig zerstritten und möchte gegen Entgelt aus der Gemeinschaft ausscheiden. Eine Auseinandersetzung der Erbengemeinschaft und Zuweisung der Gegenstände, Kontenforderungen und des Grundstücks erscheint derzeit aussichtslos. Der Nachlass beträgt nach Berichtigung vorhandener Verbindlichkeiten ca. 900.000 EUR. Der mit B befreundete K bietet ihm für die Übertragung des Erbanteils 275.000 EUR.

Übertragung des Miterbenanteils

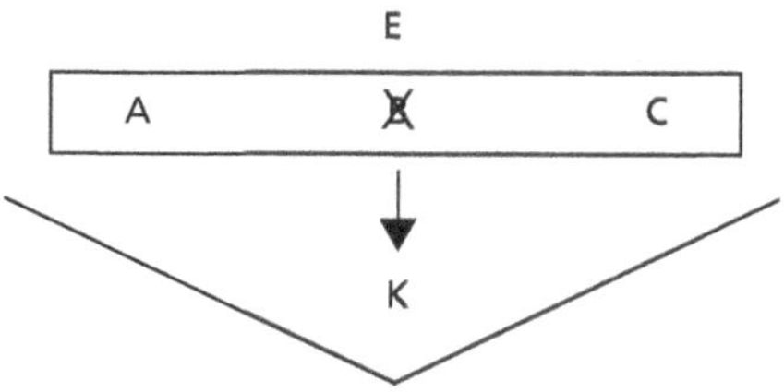

Gegenstand der Verfügung ist der gesamte Miterbenanteil, die ideelle Quotenberechtigung am Gesamthandsvermögen (am Sondervermögen) der Gemeinschaft, welches vom Erbfall bis zur Auseinandersetzung vorhanden ist. Dadurch kann der einzelne Miterbe vor der Auseinandersetzung des Nachlasses sein Erbrecht bereits wirtschaftlich nutzen.

Soweit Eltern im Namen minderjähriger Kinder über den Miterbenanteil verfügen, benötigen sie eine familiengerichtliche Genehmigung nach §§ 1643 Abs. 1, 1822 Nr. 1 (letzte Alt.) BGB. Verfügungen durch einen Vormund, Pfleger oder Betreuer unterliegen der gerichtlichen Genehmigung nach § 1822 Nr. 1 BGB (§§ 1915 Abs. 1, 1908i Abs. 1 BGB).

Gegenstand der Verfügung

Der Miterbenanteil ist die Summe der Rechte, die dem einzelnen Miterben im Hinblick auf den Nachlass vor der Auseinandersetzung aufgrund seiner Stellung zustehen. Gegenstand der Verfügung nach § 2033 Abs. 1 Satz 1 BGB ist demnach die vermögensrechtliche Stellung des Miterben in der Erbengemeinschaft zum Zeitpunkt der Verfügung.

Verfügt werden kann gemäß § 2033 Abs. 2 BGB nur über den Anteil als solchen, nicht über einzelne Gegenstände, die zum Nachlass gehören.

Der Erwerber tritt durch Rechtsgeschäft unter Lebenden mit der Veräußerung an die Stelle des verfügenden Miterben in dessen vermögensrechtliche Stellung am Nachlass, somit in die Gesamthandsgemeinschaft ein. Seine gesamthänderische Berechtigung an den einzelnen Nachlassgegenständen wächst ihm durch Gesamtrechtsnachfolge zu.[12] Überträgt ein Miterbe seinen Erbteil an die übrigen Mitglieder der Erbengemeinschaft, wächst nach den §§ 1935, 2094 BGB der übertragene Erbteil in der Regel den in Gesamthandsgemeinschaft stehenden Erwerbern ebenfalls zur gesamten Hand ihren Erbteilen entsprechend an. Bei Übertragung eines Erbteils an einzelne Mitglieder der Erbengemeinschaft wächst (nur) diesen der Anteil an, ebenso bei Übertragung nur eines Teils eines Miterbenanteils auf einen oder mehrere Miterben.

Arten und Wirkung der Verfügung

Übertragung des Miterbenanteils

Durch die Übertragung des Anteils wird der Erwerber nicht Erbe, da die Erbenstellung des Verfügenden nicht durch Rechtsgeschäft auf einen anderen übertragen werden kann. Sie wird nur durch gewillkürte oder gesetzliche Erbfolge begründet. Der Verfügende bleibt auch nach der Übertragung Erbe, da die Erbenposition mit der Person des Erben untrennbar verknüpft ist. Er wird bei der Berechnung der Pflichtteile mitgezählt, im Erbschein genannt (nicht der Erwerber) und kann noch für erbunwürdig erklärt werden (mit Wirkung gegen den Erwerber).[13]

Wird ein Erbschein erteilt, so ist darin auch nach der Übertragung allein der Verfügende als Miterbe zu bezeichnen. Der Erwerber kann zwar die Erteilung des Erbscheins beantragen, aber nur auf den Namen des Veräußerers.[14] Erbrechtliche Gestaltungserklärungen bleiben regelmäßig dem Miterben vorbehalten. So kann beispielsweise die Erbunwürdigkeit auch nach Übertragung vom Veräußerer gegenüber einem anderen Miterben oder gegen den Veräußerer geltend gemacht werden.

Der Erwerber tritt in die vermögensrechtliche Stellung des verfügenden Miterben am Nachlass ein. Er kann die Auseinandersetzung der Gemeinschaft betreiben und über den erworbenen Anteil weiterverfügen. Zudem haftet er für Nachlassverbindlichkeiten, außerdem gehen Vermächtnisse und Auflagen auf ihn über, ebenso alle Rechte, Pflichten und Belastungen.

---

12 BayObLG NJW-RR 1987, 398

13 Palandt/Weidlich, § 2033 Rn 7

14 KG OLG Rspr 44, 106

Nießbrauch und Pfandrecht

Die wirtschaftliche Verwertung des Anteils durch den Miterben vor der Auseinandersetzung kann auch darin bestehen, dass er einem Dritten einen Nießbrauch oder ein Pfandrecht bestellt.

Gegenstand der Bestellung beider Rechte ist nicht die Summe der einzelnen Nachlassgegenstände, sondern das durch die Erbenstellung begründete Mitgliedschaftsrecht in der Erbengemeinschaft. Es gilt daher nur die Formvorschrift des § 2033 Abs. 1 Satz 2 BGB, nicht auch § 1069 BGB oder § 1274 Abs. 1 Satz 1 BGB. Die einzelnen Nachlassgegenstände werden von der Bestellung eines Pfandrechts am Anteil nicht berührt. So wird beispielsweise ein Grundstück selbst dann nicht belastet, wenn es den einzigen Nachlassgegenstand bildet. Mit der Nießbrauchsbestellung oder Verpfändung wird lediglich die Verfügungsbefugnis des Miterben über seinen Anteil eingeschränkt. Er kann nur noch mit Zustimmung des Nießbrauchers oder Pfandgläubigers über seinen Anteil verfügen, § 1071 Abs. 1 Satz 1, Abs. 2 BGB, 1276 Abs. 1 Satz 1, Abs. 2 BGB.[15] Diese Verfügungsbeschränkung kann nach Voreintragung des Miterben als Mitglied der ungeteilten Erbengemeinschaft (§§ 39, 40 GBO) in das Grundbuch eingetragen werden.[16]

Wichtig kann die Eintragung im Grundbuch vor allem dann sein, wenn alle Miterben gemeinsam über ein Nachlassgrundstück verfügen; in diesem Fall könnte ohne Eintragung § 892 Abs. 1 Satz 2 BGB Anwendung finden.

Form der Verfügung

Die Verfügung über den Miterbenanteil muss gemäß § 2033 Abs. 1 Satz 2 BGB notariell beurkundet werden, unabhängig davon, ob es sich um eine Übertragung, Nießbrauchbestellung oder Verpfändung handelt. Für die Übertragung des Anteils ist § 2033 Abs. 1 Satz 2 BGB die einzige maßgebende Formvorschrift. Der Erwerber wird Gesamthänder hinsichtlich des gesamten Nachlasses, somit auch aller einzelnen Nachlassgegenstände. Auch soweit die Übertragung dieser einzelnen Gegenstände sonst an spezielle Voraussetzungen und Formen gebunden ist (z. B. für Grundstücke §§ 873, 925 BGB), gilt nur § 2033 Abs. 1 Satz 2 BGB.

---

15 KG HRR 1934 Nr. 265

16 RGZ 90, 232; KGJ 37 A, 273

Pfändung des Erbanteils

Ein Gläubiger (Nachlass- oder Eigengläubiger) hat nach § 859 Abs. 2 ZPO das Recht zur Pfändung des Anteils. Eigengläubiger (des Miterben) können schon vor Annahme der Erbschaft pfänden; für Nachlassgläubiger (§ 2059 BGB) gilt aber die Sperre der §§ 1958 BGB, 778 Abs. 1 ZPO (keine gerichtliche Geltendmachung von Ansprüchen vor Annahme).

2

Eine Pfändung des Anteils erfolgt nach §§ 857, 829 ZPO, auch wenn Grundstücke zum Nachlass gehören.[17] Der Beschluss muss den Anteil bezeichnen. Drittschuldner sind die übrigen Miterben, die namentlich bezeichnet sein müssen. Ist ein Testamentsvollstrecker oder ein Nachlassverwalter bestellt, ist nur er Drittschuldner. Bei Nachlasspflegschaft sollte dem Pfleger und den Miterben der Vollstreckungstitel zugestellt werden. Bei mehreren Drittschuldnern entscheidet nach § 829 Abs. 3 ZPO die letzte Zustellung.

Der Gläubiger kann aufgrund der Pfändung (§ 804 Abs. 2 ZPO, §§ 1273 Abs. 2, 1258 BGB) außer den höchstpersönlichen alle Rechte des Schuldners ausüben, wie etwa:

- Verwaltungs- und Verfügungsrechte (§ 2038 ff. BGB)
- Rechte auf Auskunft und Rechnungslegung (§ 2027 ff. BGB)
- Mitwirkung bei der Auseinandersetzung (§ 2042 ff. BGB)

Ohne Zustimmung des Gläubigers können die Miterben weder den Nachlass auseinandersetzen (§ 2042 BGB), noch gemeinschaftlich über einzelne Nachlassgegenstände verfügen (§ 2040 Abs. 1 BGB). Die Verfügungsbeschränkung kann auf Antrag des Gläubigers im Hinblick auf § 892 Abs. 1 Satz 2 BGB berichtigend (§§ 13 Abs. 1 Satz 2, 22 GBO) im Grundbuch eingetragen werden.[18]

Die Verwertung kann sowohl gemäß §§ 857 Abs. 1, 835 ZPO durch Überweisung zur Einziehung als auch gemäß §§ 857 Abs. 5, 844 ZPO durch Anordnung der Veräußerung erfolgen.

Der Gläubiger kann nach Überweisung anstelle des Schuldners die Auseinandersetzung des Nachlasses betreiben; bei Grundstücken hat er ein eigenes Recht, Teilungsversteigerung zu beantragen (§ 181 ZVG).[19] Der Pfandgläubiger kann das notarielle Auseinander-

---

17 BGH NJW 1969, 1347; OLG Frankfurt Rpfleger 1979, 205

18 OLG Frankfurt Rpfleger 1979, 205

19 BGH NJW-RR 1999, 504

setzungsverfahren nach § 363 ff. FamFG beantragen und auf Auseinandersetzung klagen.

Der Erbschaftskauf

Die § 2371 ff. BGB geben dem Erben die Möglichkeit, die Erbschaft oder einen Miterbenanteil (§ 1922 Abs. 2 BGB) insgesamt zu verkaufen. Der Erbschaftskauf ist ein schuldrechtlicher Vertrag, auf den alle für den Kaufvertrag geltenden Vorschriften (§ 433 ff. BGB) Anwendung finden, soweit nicht die §§ 2371 bis 2385 abweichende Regelungen treffen.

Die Vorschriften über den Erbschaftskauf finden nach § 2385 Abs. 1 BGB auf den Weiterverkauf einer Erbschaft oder eines Miterbenanteils und andere Verträge, die auf die Veräußerung einer Erbschaft gerichtet sind (z. B. Schenkung, Tausch), entsprechende Anwendung.

Vertragsgegenstand

Vertragsgegenstand beim Alleinerben ist die gesamte Erbschaft und beim Miterben der Miterbenanteil (§ 1922 Abs. 2 BGB). Verkauft wird damit nur die Erbschaft als Summe der zum Nachlass gehörenden Vermögenswerte (z. B. Grundstücke, Gegenstände, Forderungen) oder der Erbteil als Vermögensgegenstand.

Sofern nicht anders vereinbart, wird die Erbschaft in dem Zustand verkauft, in dem sie sich zur Zeit des Vertragsabschlusses befindet. Der spätere Wegfall von Vermächtnissen, Auflagen und Ausgleichungspflichten kommt nach § 2372 BGB dem Käufer zugute.

Andererseits verbleibt ein Erbteil, der dem Verkäufer nach Abschluss des Vertrags durch Eintritt der Nacherbfolge oder durch Wegfall eines Miterben anfällt, im Zweifel beim Verkäufer, § 2373 BGB.

Wichtig: Ein dem Verkäufer zugewendetes Vorausvermächtnis sowie Familienpapiere (z. B. Briefe, Tagebücher, Urkunden) und Familienbilder werden nach § 2373 BGB – wenn nicht anders bestimmt – vom Kaufvertrag nicht umfasst.

Der Alleinerbe wird verpflichtet, die einzelnen Erbschaftsgegenstände an den Käufer zu übereignen, einschließlich der in § 2374 BGB genannten Ersatzgegenstände. Er hat nach § 2375 Abs. 1 BGB Ersatz für vor dem Verkauf verbrauchte, verschenkte oder unentgeltlich belastete Erbschaftsgegenstände zu leisten, soweit der Käufer davon keine Kenntnis hat, § 2375 Abs. 1 Satz 2 BGB. Der Miterbe ist gemäß § 2033 Abs. 1 BGB zur Übertragung seines Erbanteils verpflichtet.

Soweit Eltern im Namen minderjähriger Kinder durch den Erbschaftsverkauf eine Verpflichtung zur Verfügung über den Miterbenanteil eingehen, benötigen sie eine familiengerichtliche Genehmigung nach §§ 1643 Abs. 1, 1822 Nr. 1 (2. Alt.) BGB.

Verpflichtungsgeschäfte durch einen Vormund, Pfleger oder Betreuer unterliegen der gerichtlichen Genehmigung nach § 1822 Nr. 1 BGB, für den Pfleger durch Verweisung nach § 1915 Abs. 1 sowie für den Betreuer nach § 1908i Abs. 1 BGB.

Form

Der Erbschaftskauf bedarf der notariellen Beurkundung, § 2371 BGB. Für ähnliche Verträge, wie etwa Tausch und Schenkung, findet § 2371 BGB über § 2385 Abs. 1 BGB Anwendung. Wird die Form nicht eingehalten, ist der Vertrag gemäß § 125 Satz 1 BGB nichtig.

Die Frage, ob ein formnichtiger Erbschaftskauf durch Erfüllung geheilt werden kann, ist umstritten. Es gilt aber generell im BGB die Grundregel, dass formnichtige Rechtsgeschäfte nicht durch Erfüllung geheilt werden.[20]

Gefahrübergang und Mängelhaftung

Abweichungen von den allgemeinen Kaufvorschriften ergeben sich aus den Regelungen über den Gefahrübergang und die Gewährleistung nach den §§ 2376, 2380 BGB.

Der Käufer trägt nach § 2380 Satz 1 BGB ab dem Abschluss des Erbschaftskaufvertrags die Gefahr des zufälligen Untergangs und einer zufälligen Verschlechterung von Erbschaftsgegenständen.

Es besteht keine Haftung für Sachmängel der zur Erbschaft gehörenden Gegenstände, § 2376 Abs. 2 BGB.

---

20 BGH WM 1960, 551; 1970, 1319; BGH NJW 1967, 1128; RGZ 129, 122; 137, 171; RG HRR 1934 Nr. 1035; OLG Frankfurt OLGE 16, 280; OLG Hamburg OLGE 14, 285; OLG München JFG 14, 61; OLG Oldenburg HRR 1936, Nr. 877; OLG Hamm RdL 1951, 103; OLG Schleswig SchlHA 1954, 54; MüKo/Musielak, § 2371 Rn 6

Bei Rechtsmängeln haftet der Verkäufer gemäß § 2376 Abs. 1 BGB ausschließlich dafür, dass

- ihm das Erbrecht zusteht,
- keine Nacherbschaft oder Testamentsvollstreckung angeordnet ist,
- keine Vermächtnisse, Auflagen, Pflichtteilslasten, Ausgleichspflichten oder Teilungsanordnungen bestehen,
- keine unbeschränkte Haftung gegenüber den Nachlassgläubigern eingetreten ist.

Eine mit dem Erbfall eingetretene Vereinigung von Recht und Verbindlichkeit (Konfusion) gilt im Verhältnis des Käufers zum Verkäufer als nicht erfolgt, § 2377 Satz 1 BGB. Da eine erloschene Verbindlichkeit nicht von selbst auflebt, hat der Verkäufer den Käufer so zu stellen, als wäre sie nicht erloschen, § 2377 Satz 2 BGB.

Die Nachlassverbindlichkeiten hat der Käufer im Verhältnis zum Verkäufer zu tragen, soweit dieser nicht für ihr Nichtbestehen haftet, § 2378 Abs. 1 BGB. Hat der Verkäufer eine Nachlassverbindlichkeit erfüllt, kann er vom Käufer Ersatz verlangen. Gleiches gilt auch für die Erfüllung vor Vertragsschluss, § 2378 Abs. 2 BGB.

Vor dem Kauf gemachte notwendige Verwendungen des Verkäufers auf die Erbschaft hat der Käufer nach § 2381 Abs. 1 BGB immer zu ersetzen, andere als notwendige Verwendungen jedoch nur dann, wenn eine durch sie herbeigeführte Wertsteigerung der Erbschaft beim Abschluss des Erbschaftskaufvertrags noch vorhanden ist, § 2381 Abs. 2 BGB.

Vor Abschluss des Kaufvertrags erhält der Verkäufer und nachher der Käufer die Nutzungen und hat die Lasten zu tragen, § 2379 Satz 1, 2 BGB, § 2380 Satz 2 BGB. Nur bestimmte außerordentliche Lasten, die schon vor Vertragsschluss bestanden haben, treffen den Käufer, § 2379 Satz 3 BGB.

Haftung gegenüber Nachlassgläubigern

Der Käufer der Erbschaft haftet gemäß § 2382 Abs. 1 BGB den Nachlassgläubigern[21] vom Abschluss des Kaufvertrags an für Nachlassverbindlichkeiten, und zwar auch insoweit, als der Käufer sie dem Verkäufer gegenüber nach den §§ 2378, 2379 BGB nicht zu erfüllen

---

[21] Brox, Erbrecht, § 44 Rn 797 ff.

braucht. Daneben besteht die Haftung des Verkäufers fort, § 2382 Abs. 1 BGB.

Käufer und Verkäufer können keine Haftungsbeschränkungen des Käufers mit Wirkung gegen die Nachlassgläubiger vereinbaren, § 2382 Abs. 2 BGB.

Der Käufer kann seine Haftung nach den Vorschriften über die Beschränkung der Erbenhaftung begrenzen, § 2383 Abs. 1 Satz 1 BGB i. V. m. § 1975 ff. BGB, jedoch muss er eine bereits beim Verkäufer eingetretene unbeschränkte Haftung hinnehmen, § 2383 Abs. 1 Satz 2 BGB.

Der Verkäufer ist den Nachlassgläubigern gegenüber verpflichtet, dem Nachlassgericht den Verkauf und den Namen des Erwerbers anzuzeigen, § 2384 Abs. 1 Satz 1 BGB. Die entsprechende Anzeige des Käufers ersetzt die Anzeige des Verkäufers, § 2384 Abs. 1 Satz 2 BGB.

Vorkaufsrecht der Miterben

Das Eindringen eines Dritten in die Gemeinschaft der Erben (zumeist Verwandte oder Ehegatten des Erblassers) kann bei der Verwaltung und Auseinandersetzung Schwierigkeiten bereiten. Deshalb hat der Gesetzgeber den Miterben ein Vorkaufsrecht eingeräumt, § 2034 Abs. 1 BGB.

Der Schutz der Miterben gegen unliebsame Anteilserwerber wird dadurch verstärkt, dass das Vorkaufsrecht nach Eintritt des Vorkaufsfalls sowohl gegenüber dem Verkäufer (vor der Übertragung) als auch gegenüber dem Käufer (nach der Übertragung) und sogar gegenüber weiteren Erwerbern ausgeübt werden kann, §§ 2035, 2037 BGB.

Wichtig: Das Vorkaufsrecht bietet keine absolute Gewähr gegen den Eintritt unerwünschter Fremder in die Erbengemeinschaft. Es gilt nur für den Fall des Verkaufs, nicht bei Schenkung, Vergleich, Sicherungsübertragung, Nießbrauch, Verpfändung. Außerdem wird es nur bedeutsam, wenn die übrigen Miterben finanziell in der Lage sind, es auszuüben.

Vorkaufsfall

Das Vorkaufsrecht greift nur, wenn ein Miterbe seinen Anteil an einen Dritten, somit nicht an einen Miterben oder Erbeserben, verkauft, § 2034 Abs. 1 BGB. Es gelten die Vorschriften über das schuldrechtliche Vorkaufsrecht (§ 463 ff. BGB), soweit die §§ 2034 bis 2037 BGB keine Sonderregelung treffen. Folgende Voraussetzungen müssen für die Ausübung des Vorkaufsrechts gegeben sein:

- Ein Miterbe (oder dessen Erbe[22]) verkauft seinen Miterbenanteil. Es liegt kein Vorkaufsfall vor, wenn ein Erwerber seinen Anteil verkauft. Er ist nicht Miterbe (§ 2034 Abs. 1 BGB), so dass § 2037 BGB nicht auf § 2034 BGB verweist. Diese Vorschrift lässt nur das beim Verkauf durch den Miterben begründete Vorkaufsrecht fortbestehen, falls der Erwerber weiterveräußert.
- Der Verkauf erfolgt an einen Dritten. Dritter ist jeder, der nicht Miterbe ist. § 2034 BGB greift somit selbst dann ein, wenn ein Erbteilskäufer einen weiteren Erbanteil aufkauft, denn diese Bestimmung soll auch vor einer Überfremdung des Nachlasses schützen.[23]

Ob ein Verkauf als Voraussetzung des Vorkaufsrechts vorliegt, muss im Hinblick auf die in den §§ 2034 bis 2037 BGB geschützten Interessen der übrigen Miterben beurteilt werden. Vereinbarungen, die denselben wirtschaftlichen Zweck wie ein Kaufvertrag verfolgen und nur zur Umgehung des Vorkaufsrechts abweichend vom Kauf getroffen werden, begründen ein Eintrittsrecht der übrigen Miterben.[24] Kein Verkauf im Sinne von § 2034 BGB ist die gemischte Schenkung, da die vom Gesetz vorausgesetzte Entgeltlichkeit der Verfügung dabei teilweise fehlt.[25]

Der Miterbe muss freiwillig verkaufen. Ein „Verkauf" bei der Pfandverwertung, in der Zwangsvollstreckung oder durch den Insolvenzverwalter begründet kein Vorkaufsrecht.[26] Gleichzeitig muss der Verkauf gültig sein, denn auch ein formungültiger Kaufvertrag begründet kein Vorkaufsrecht.[27]

---

22 BGH NJW 1966, 2207; FamRZ 2011, 471
23 BGHZ 56, 115
24 BGHZ 23, 301; 25, 174
25 RGZ 101, 99
26 BGH NJW 1977, 37
27 BGH DNotZ 1960, 551; BGHZ 14, 1

Vorkaufsberechtigte

Das Vorkaufsrecht steht den übrigen Miterben gemäß § 2034 Abs. 1 BGB zu. Anteilserwerber haben kein Vorkaufsrecht.[28] Auch einem Miterben, der seinen Erbanteil bereits vorher veräußert hat, steht kein Vorkaufsrecht mehr zu.[29] Das Vorkaufsrecht des Miterben ist nach § 2034 Abs. 2 Satz 2 BGB vererblich.

Die Miterben können das Vorkaufsrecht gemeinschaftlich ausüben. Wenn ein Miterbe es nicht in Anspruch nimmt, sind die übrigen gemäß § 472 Satz 2 BGB dazu berechtigt. Erklärt ein Miterbe, er berufe sich auf das Vorkaufsrecht, ist das im Zweifel dahin auszulegen, dass er es allein ausübt, wenn andere Miterben nicht ebenfalls fristgemäß die Ausübung erklären. Die erforderlichen Erklärungen brauchen nicht gleichzeitig abgegeben zu werden.[30]

Verpflichtete des Vorkaufsrechts

Die Berechtigten können das Vorkaufsrecht vor der Übertragung des Anteils nur gegenüber dem Verkäufer, nach der Übertragung nur gegenüber dem Käufer und nach einer weiteren Übertragung durch den Käufer nur gegenüber dem Dritterwerber ausüben, §§ 2035 Abs. 1, 2037 BGB. Verpflichteter des Vorkaufsrechts ist somit der, dem der Anteil jeweils dinglich zugeordnet ist.

Die weiteren Übertragungen nach § 2037 BGB müssen nicht auf Verkäufe zurückgehen. Damit die Berechtigten wissen, wem der Anteil jeweils zusteht, verpflichtet § 2035 Abs. 2 BGB (auch § 2037 BGB) den Verfügenden, die Übertragung den Berechtigten anzuzeigen. Solange diese Anzeige nach § 2035 Abs. 2 BGB fehlt, können die Miterben ihr Recht analog § 407 Abs. 1 BGB wirksam gegenüber dem Verkäufer ausüben (mit Wirkung gegen den Erwerber).[31]

Ausübung des Vorkaufsrechts

Das Vorkaufsrecht kann gemäß § 2034 Abs. 2 Satz 1 BGB nur innerhalb einer Frist von zwei Monaten ausgeübt werden. Die Ausübungsfrist beginnt für jeden Vorkaufsberechtigten jeweils mit dem Zugang der Mitteilung über den Abschluss des Kaufvertrags, die

---

28 BGHZ 56, 115, 118

29 BGH FamRZ 1993, 420

30 RGZ 158, 57

31 Palandt/Weidlich, § 2035 Rn 1

der Verpflichtete den Vorkaufsberechtigten unverzüglich machen muss, § 469 Abs. 1 BGB.[32] Die Frist berechnet sich nach den §§ 187, 188 BGB; die Mitteilung bedarf keiner bestimmten Form, sondern sie kann sogar mündlich erfolgen. Jedoch muss es sich für den Empfänger erkennbar um eine rechtlich erhebliche Erklärung, nicht nur um eine gesprächsweise Äußerung handeln.[33] Nur wenn die Erklärung (Mitteilung) den Inhalt des Kaufvertrags zutreffend und vollständig wiedergibt, beginnt die Frist nach § 2034 Abs. 2 Satz 1 BGB.[34] Um über die Ausübung des Vorkaufsrechts entscheiden zu können, muss der Berechtigte die Vertragsbestimmungen kennen. Wird keine Angabe über den vereinbarten Kaufpreis gemacht, liegt keine Anzeige im Sinne von § 469 Abs. 1 BGB vor. Die Frist ist für jeden Vorkaufsberechtigten gesondert zu berechnen. Die Mitteilung des Verkäufers wird durch eine solche vonseiten des Käufers ersetzt, § 469 Abs. 1 Satz 2 BGB. Nach § 469 Abs. 1 BGB bedarf es keiner Anzeige, wenn der Vorkaufsberechtigte beim Vertragsschluss anwesend war. Die Frist beginnt in diesem Fall am Tag der Beurkundung.[35]

Die Ausübungsfrist läuft nur einmal von der Anzeige des Veräußerers im Sinne von § 469 Abs. 1 BGB an. Wird der Erbanteil erneut veräußert, beginnt keine neue Frist. Es entsteht auch kein neues Vorkaufsrecht, vielmehr handelt es sich auch jetzt um dasselbe Recht, das beim Erstverkauf des Miterbenanteils durch den Miterben entstanden ist. Nur insoweit liegen die Entstehungsvoraussetzungen eines Vorkaufsrechts vor. Läuft die Ausübungsfrist noch, kann das Vorkaufsrecht auch nach erneuter Veräußerung geltend gemacht werden. Von der fristauslösenden Anzeige des § 469 BGB ist die Benachrichtigungspflicht nach § 2035 Abs. 2 BGB zu unterscheiden. Letztere trifft den verkaufenden Miterben bzw. einen weiteren Veräußerer, wenn er den Anteil auf den Käufer bzw. weiteren Erwerber (dinglich) übertragen hat. Sie wirkt sich nicht auf den Lauf der Ausübungsfrist aus, sondern lediglich auf die Person des Erklärungsempfängers.

Üben die Berechtigten das Vorkaufsrecht aus, ist es verbraucht. Es erlischt außerdem durch Verstreichenlassen der zweimonatigen Ausübungsfrist nach § 2034 Abs. 2 Satz 1 BGB. Dies gilt auch dann, wenn der Anteil noch nicht auf den Käufer übertragen worden ist.

---

[32] BGH WM 1979, 1066; BGH NJW 2002, 820
[33] RG HRR 1930 Nr. 297
[34] RG Recht 1924 Nr. 1522; OLG Köln RdL 1958, 327
[35] OLG Köln RdL 1958, 327

Das Vorkaufsrecht kann auch durch Verzicht (§ 397 BGB) sämtlicher Miterben zum Erlöschen gebracht werden. Ein solcher ist schon vor Abschluss des Kaufvertrags bzw. vor der Anzeige nach § 469 BGB formlos möglich. Der Verzicht kann nicht durch einseitige Erklärung erfolgen, notwendig ist vielmehr ein Vertrag gemäß § 311 Abs. 1 BGB. Ist das Recht einmal durch Verzicht erloschen, entsteht es bei Weiterveräußerung nicht wieder.[36]

2 *Wirkung der Ausübung*

Mit der Ausübung des Vorkaufsrechts entsteht ein Schuldverhältnis zwischen den vorkaufsberechtigten Miterben und dem Verpflichteten (Verkäufer, Käufer oder weiterer Erwerber). Es wird kraft Gesetzes begründet und richtet sich gemäß § 464 Abs. 2 BGB nach den Vorschriften über den Kauf.[37]

Die Berechtigten können die Übertragung des Anteils gemäß § 2033 Abs. 1 Satz 2 BGB auf sich verlangen. Durch die Übertragung erwerben die vorkaufsausübenden Miterben den Anteil als Gesamthänder im Verhältnis ihrer Erbteile wie in den Fällen der §§ 1935, 2094 BGB nach Anwachsungs- bzw. Erhöhungsregeln. Die Erbengemeinschaft wird unter den restlichen Miterben fortgeführt. Die Vorkaufsberechtigten werden erst mit der Übertragung, nicht bereits mit Geltendmachung des Vorkaufsrechts Inhaber des Anteils. Gehört ein Grundstück zum Nachlass, ist eine Sicherung des Anspruchs auf Übertragung des Erbanteils durch Vormerkung nicht möglich, jedoch kann ein Veräußerungsverbot erwirkt werden.[38] Der Anteil, der den Miterben schon vor dem Vorkauf zustand, ist im Hinblick auf Auflagen, Vermächtnisse und Ausgleichspflichten gesondert zu behandeln (ähnlich § 1935 BGB).[39]

Der Verkäufer hat einen Anspruch gegen die Berechtigten auf den im ursprünglichen Kaufvertrag vereinbarten Kaufpreis, § 464 Abs. 2 i. V. m. § 433 Abs. 2 BGB. Die Berechtigten haften nach außen als Gesamtschuldner entsprechend § 427 BGB, im Innenverhältnis jedoch gemäß der Größe ihrer Anteile.

Wird das Vorkaufsrecht gegenüber dem Käufer oder dem Dritterwerber ausgeübt, sind die Miterben verpflichtet, diesem den

[36] BayObLGZ 1980, 328, 330; RGZ 170, 203, 207
[37] BGHZ 6, 85
[38] OLG Stuttgart BWNotZ 1976, 150
[39] Damrau, ZEV 1996, 361

entrichteten Kaufpreis als Gesamtschuldner Zug um Zug gegen Übertragung des Erbanteils zu erstatten.[40]

Beispiel:

Die nach E eingetretene Erbengemeinschaft besteht aus den drei Söhnen A, B und C (je 1/3). B ist mit seinen Brüdern völlig zerstritten und hat seinen Erbanteil an K für 275.000 Euro verkauft und übertragen. Der Kaufvertrag wurde in notariell beurkundeter Form am 27.11.2015 geschlossen und der Anteil wurde ebenfalls in dieser Urkunde auf K durch Abtretung übertragen. Der Verkauf wurde am 30.11.2015 durch Übersendung des notariellen Vertrags an den Miterben A, sowie am 01.12.2015 an C durch B mitgeteilt. A hat durch öffentlich beglaubigte Erklärung vom 11.12.2015 auf das ihm zustehende Vorkaufsrecht gegenüber B verzichtet. C möchte sein Vorkaufsrecht ausüben.

Muster: Schreiben des Miterben C an den Erwerber K

Erbe nach dem am 06.06.2015 verstorbenen E bin neben meinen beiden Brüdern A und B ich zu 1/3. B hat mit durch Notar N beurkundeten Vertrag vom 27.11.2015 seinen Miterbenanteil am Nachlass an Sie zu einem Preis von 275.000 Euro verkauft und gleichzeitig übertragen. Vom Inhalt des Vertrags habe ich Kenntnis erlangt am 01.12.2015. Durch die bereits erfolgte Übertragung des Erbanteils ist die Ausübung des Vorkaufsrechts gegenüber des Verkäufers B erloschen, § 2035 Abs. 1 Satz 2 BGB; Verpflichteter sind nunmehr Sie als Erwerber, §§ 2035 Abs. 1 Satz 1, 2034 BGB.

Der Miterbe A hat durch Erklärung vom 11.12.2015 auf sein Vorkaufsrecht verzichtet. Ich übe das Vorkaufsrecht allein und vollumfänglich aus und trete in den o. g. Kaufvertrag ein.

Sie werden aufgefordert, den erworbenen Miterbenanteil Zug um Zug gegen Zahlung des vereinbarten Kaufpreises an mich zu übertragen. Zur Absprache eines Termins zur notariellen Beurkundung bitte ich um Rücksprache bis spätestens . . .

---

[40] BGHZ 6, 85

Verwaltung des Nachlasses in der Gemeinschaft

Grundsätze der Verwaltung

Für die Erbengemeinschaft hat das Gesetz keine klare Unterscheidung zwischen Geschäftsführung (Innenverhältnis) und Vertretung (Außenverhältnis) getroffen.

Geregelt sind lediglich:

- Verwaltung (§ 2038 BGB i. V. m. §§ 743, 745, 746, 748 BGB)
- Verfügungsrecht, § 2040 BGB
- Befugnis zur Geltendmachung von Nachlassgegenständen, § 2039 BGB

3 Den Begriff „Verwaltung des Nachlasses" hat der BGH [41] folgendermaßen definiert: „Alle tatsächlichen und rechtlichen Maßnahmen, welche der Sicherung, Erhaltung, Vermehrung, Nutzgewinnung, Verwertung von Nachlassgegenständen und Schuldenbegleichung dienen."

Somit kann Verwaltung Geschäftsführung und Vertretung sein.

Beispiel:

Nach dem Erblasser E ergibt sich eine Erbengemeinschaft, bestehend aus der Witwe W sowie den Kindern A und B. Die Erbquoten betragen für W 1/2, für A und B je 1/4.

Keiner der Miterben wohnt in dem zum Nachlass gehörenden Hausgrundstück. Da eine Dachreparatur erforderlich ist, möchten W und A eine Dachdeckerfirma beauftragen, ein für die Kostenbegleichung erforderliches Darlehen mit der X-Bank vereinbaren und durch eine Grundschuld an dem Grundstück absichern. B wirkt bei alledem nicht mit.

Regelungsbedarf:

a) Abschluss eines Werkvertrags mit der Dachdeckerfirma

b) Abschluss des Darlehensvertrags mit der Bank

c) Grundschuldbestellung zugunsten der Bank

41 FamRZ 1965, 267

Bereiche der Verwaltung im Innenverhältnis

Für das Innenverhältnis sind drei Bereiche der Verwaltung zu unterscheiden:

- Maßregeln, die nur gemeinschaftlich getroffen werden dürfen
- Maßregeln, die von der Mehrheit getroffen werden können
- Maßregeln, die jeder Miterbe allein treffen darf

§ 2038 Abs. 1 Satz 1 BGB stellt für das Verhältnis unter den Miterben den Grundsatz der gemeinschaftlichen Verwaltung auf. Dieser ist jedoch in mehrfacher Hinsicht durchbrochen.

3

Verwaltungsmaßnahmen in der Gemeinschaft		
Nicht ordnungsgemäße Verwaltung	**Ordnungsgemäße Verwaltung**	**Notverwaltung**
■ § 2038 Abs. 1 Satz 1 BGB (§ 2038 Abs. 2 i. V. m. § 745 Abs. 2 und 3 BGB) ■ Einstimmigkeit ■ Mitwirkung aller Miterben	■ § 2038 Abs. 1 Satz 2 1. Halbsatz BGB (§ 2038 Abs. 2 Satz 1, § 745 Abs. 1 Satz 1 BGB) ■ Mehrheitsentscheidung ■ Stimmrecht nach Erbquoten (§ 745 Abs. 1 Satz 2 BGB)	■ § 2038 Abs. 1 Satz 2 2. Halbsatz BGB ■ jeder Miterbe allein
gemeinschaftliche Verwaltung durch alle Miterben	Mehrheitsverwaltung	Einzelverwaltung

Gemeinschaftliche Verwaltung

Der Grundsatz der Gemeinschaftlichkeit gilt nur für die nicht ordnungsgemäße Verwaltung, § 2038 Abs. 1 Satz 1 BGB. Was ordnungsgemäße Verwaltung ist, richtet sich nach § 745 BGB. Sie muss der Beschaffenheit des Gegenstands und dem Interesse aller Miterben nach billigem Ermessen entsprechen. Wesentliche Veränderungen des Nachlasses gehören nicht zur ordnungsgemäßen Verwaltung, § 745 Abs. 3 Satz 1 BGB. Die Abgrenzung ist wichtig, weil davon die Willensbildung (Einstimmigkeitserfordernis oder Mehrheitsentscheid) abhängt.

§ 745 BGB geht von einem gemeinschaftlichen Gegenstand aus. Dem entspricht bei der Erbengemeinschaft der gesamte Nachlass, nicht der einzelne Nachlassgegenstand. Einzelne Nachlassgegenstände können somit im Rahmen ordnungsgemäßer Verwaltung durchaus umgestaltet, verarbeitet und veräußert werden, wenn nur der Nachlass als Ganzes nicht wesentlich verändert wird.

Eine „wesentliche Veränderung" gemäß §§ 2038 Abs. 2 Satz 1, 745 Abs. 3 Satz 1 BGB setzt voraus, dass die Zweckbestimmung oder Gestalt des Nachlasses als Ganzes in einschneidender Weise geändert würde. Dafür spielt nur eine untergeordnete Rolle, ob die Zusammensetzung des Nachlasses umgestaltet werden soll. Bedeutsam ist vielmehr, ob der Substanzwert gemindert würde, weil der Gesetzeszweck dahin geht, wirtschaftliche Einbußen bis zur Teilung des Nachlasses zu vermeiden.[42]

Der Wiederaufbau eines zerstörten Hauses ist in der Regel keine Maßregel der ordnungsgemäßen Verwaltung[43] (zumindest wenn das Haus einen wesentlichen Teil des Nachlasses darstellt) und erfordert Einstimmigkeit.

Mehrheitsverwaltung

Durch die Verweisung des § 2038 Abs. 2 Satz 1 BGB auf § 745 BGB kann eine der Beschaffenheit des Nachlasses entsprechende ordnungsgemäße Verwaltung durch Stimmenmehrheit beschlossen werden. Das Stimmrecht der Miterben richtet sich nach der Größe ihrer Anteile (Erbquoten), § 745 Abs. 1 Satz 2 BGB.

Eine briefliche oder telefonische Stimmabgabe ist grundsätzlich zulässig.[44] Die Stimmabgabe ist eine empfangsbedürftige Willenserklärung.[45]

Aus § 745 Abs. 1 und 2 BGB ergibt sich, dass die Verwaltung der Beschaffenheit des Nachlasses (nicht einzelner Gegenstände) und dem Interesse aller Miterben nach billigem Ermessen entsprechen muss.

Jeder Miterbe ist den anderen gegenüber verpflichtet, zu den erforderlichen Maßregeln an der ordnungsgemäßen Verwaltung mitzuwirken, § 2038 Abs. 1 Satz 2 BGB. Die Mitwirkungspflicht gilt

---

42 BGH NJW 2006, 439, 441; OLG Koblenz FamRZ 2011, 402

43 BGH LM Nr. 4 zu § 2038 BGB (kriegszerstörtes Haus)

44 Brox, Erbrecht, § 29 Rn 493

45 OLG Hamm BB 1969, 514

sowohl für die Willensbildung als auch für die Ausführung der beschlossenen Maßnahmen. Die Mitwirkung kann klageweise erzwungen werden. Soweit nur die Zustimmung zu einer Maßregel verlangt wird, gilt sie nach § 894 ZPO mit dem rechtskräftigen Urteil als erteilt. Andernfalls richtet sich die Vollstreckung danach, ob es sich bei der verlangten Mitwirkung um vertretbare (Ersatzvornahme, § 887 ZPO) oder unvertretbare Handlungen (Zwangsgeld oder Zwangshaft, § 888 ZPO) handelt.

Notverwaltung

Nach § 2038 Abs. 1 Satz 2 2. Halbsatz BGB kann jeder Miterbe die zur Erhaltung des Nachlasses notwendigen Maßregeln allein treffen. Die Notwendigkeit einer Erhaltungsmaßnahme gibt dem Einzelnen ein Alleinentscheidungsrecht. Die Notverwaltungsbefugnis ist daher grundsätzlich eng auszulegen und nur für notwendige, nicht aber für nützliche Maßnahmen zu bejahen.

Das Alleinhandeln ist regelmäßig nur dann zulässig, wenn der Handelnde die Zustimmung seiner Miterben vorher nicht mehr einholen kann. Zur Notwendigkeit muss somit die Dringlichkeit der Maßnahme kommen.[46] Als Notverwaltung kommen nur solche Maßnahmen in Betracht, die zugleich zur ordnungsgemäßen Verwaltung gehören.

Verweigern die übrigen Miterben die Zustimmung zu einer notwendigen, jedoch nicht dringlichen Erhaltungsmaßnahme, scheidet eine Notverwaltung aus. Dabei handelt es sich dann um eine Frage der ordnungsgemäßen Verwaltung nach § 2038 Abs. 1 Satz 2 1. Halbsatz, Abs. 2 Satz 1 i. V. m. § 745 BGB. Die regelmäßige Mehrheitsverwaltung hat den Vorrang vor der Notverwaltung des Einzelnen.[47] Das Notverwaltungsrecht besteht nur, wenn die sonstige Verwaltungsregelung zum Schaden des Nachlasses versagen würde. Es darf nicht dazu dienen, die ordnungsgemäße Verwaltung der Mehrheit zu durchkreuzen.

Die Vorschrift berechtigt den Handelnden, im Innenverhältnis alle Maßregeln der Notverwaltung zu treffen. Dazu können rein tatsächliche Handlungen, Verpflichtungs- und Verfügungsgeschäfte (entgegen § 2040 BGB) gehören.[48]

---

[46] BGHZ 6, 76
[47] BGHZ 6, 76
[48] Jetzt herrschende Meinung, siehe auch Soergel/Wolf, § 2038 Rn 5

Zwischenergebnis zu o. g. Beispiel:

Beim Abschluss des Werkvertrags zur Dachreparatur, dem Darlehensvertrag und der Grundschuldbestellung handelt es sich um Maßnahmen der ordnungsgemäßen Verwaltung, deren Vornahme die Miterben W und A mit ihrer Quotenmehrheit (3/4) vereinbaren können.

Auskunftspflicht

3 Zweifelhaft ist, ob aus der gesamthänderischen Miterbengemeinschaft als gesetzlichem Schuldverhältnis eine Auskunftspflicht der Miterben untereinander folgt. Unbestritten ist eine solche Auskunftspflicht, soweit sie sich aus konkreten Einzelvorschriften ableiten lässt, insbesondere wenn ein Miterbe die Verwaltung allein führt, §§ 666, 681 BGB, ferner eventuell noch aus § 2027 Abs. 2 (Erbschaftsbesitz) und § 2028 BGB (Auskunftspflicht des Hausgenossen).

Eine darüber hinausgehende allgemeine Auskunftspflicht allein aufgrund der Gemeinschaft wird von der überwiegenden Rechtsprechung verneint.[49]

Die Erbengemeinschaft mit ihrer Verwaltung untersteht aber wie jedes gesetzliche Schuldverhältnis dem Prinzip von Treu und Glauben,[50] so dass entgegen der überwiegenden Praxis eine allgemeine Auskunftspflicht unter bestimmten Umständen zu bejahen sein könnte.[51]

Es besteht ferner eine Pflicht zur Mitwirkung bei der Errichtung eines Nachlassverzeichnisses, da die Verwaltung des Sondervermögens mit der gesicherten Bestandsermittlung beginnt.[52] Diese Verpflichtung ist § 2038 Abs. 1 Satz 2 BGB zu entnehmen, da die Inventarerrichtung zur Nachlassverwaltung gehört.[53]

---

49 BGH FamRZ 1973; BGH NJW-RR 1989, 450; RGZ 81, 30; KG DR 1940, 1775; OLG Braunschweig OLGE 39, 13, 14; OLG Zweibrücken OLGZ 1973, 217; OLG München FamRZ 2009, 1010; a. A. OLG Braunschweig OLGE 30, 176; OLG Karlsruhe FamRZ 1973, 215

50 RGZ 65, 5, 10

51 BGH NJW 1986, 1755; MüKo/Gergen, § 2038 Rn 48

52 OLG Karlsruhe MDR 1972, 424; OLG Bamberg Recht 1911 Nr. 2583

53 OLG Karlsruhe MDR 1972, 424

Zur Informationsgewinnung bieten sich unter anderem an:

- Unterlagen des Erblassers
- evtl. Betreuungsakten, falls eine Betreuung bestanden hat
- Banken, Finanzbehörden
- Grundbuch und Handelsregister
- Auskunft aus dem Schuldnerverzeichnis des Vollstreckungsgerichts (§ 882b ZPO)
- Aufgebotsverfahren (§ 1970 BGB, §§ 454 ff., 433 ff. FamFG)
- Privataufgebot (§ 2061 BGB)
- Auskunftsverlangen nach §§ 2027, 2028 BGB
- Auskunftsanspruch gegen Miterben, die die Nachlassverwaltung übernommen haben (§ 666 BGB bzw. § 681 BGB)

Aufwendungsersatz

Soweit einzelne Miterben bei Maßregeln der ordnungsgemäßen Verwaltung tätig werden, wozu sie durch Mehrheitsbeschluss beauftragt sind, haben sie als Beauftragte aus § 670 BGB einen Ersatzanspruch aufgrund ihrer Aufwendungen gegen die Miterben. Dabei ist jedoch der Anteil abzuziehen, den der Handelnde selbst zu tragen hat, §§ 2038 Abs. 2 Satz 1, 748 BGB.

Fehlt ein Mehrheitsbeschluss, kann der Miterbe nach der Aufwendung einen Ersatzanspruch aus Auftrag geltend machen, wenn er die Zustimmung der Mehrheit zu seiner Maßnahme erhält. Kommt kein Mehrheitsbeschluss zustande, kann er nur wie ein Geschäftsführer ohne Auftrag den Ersatz seiner Aufwendungen verlangen, § 683 ff. BGB.

Hat ein Miterbe eine Maßnahme der Notverwaltung getroffen, kann er wie ein Beauftragter seinen Anspruch auf Ersatz seiner Aufwendungen abzüglich des von ihm zu tragenden Anteils an der Last geltend machen, §§ 2038 Abs. 1 Satz 2 2. Halbsatz, Abs. 2 Satz 1, 748 BGB.

Gebrauch

Beispiel:

Die Erbengemeinschaft besteht aus der Witwe W (1/2) und den beiden Kindern A und B (je 1/4). W wohnt in dem zum Nachlass gehörenden Hausgrundstück. A und B möchten erreichen, dass W eine angemessene Nutzungsentschädigung erbringt.

a) Ist W verpflichtet, eine solche zu erbringen?

b) Wie können A und B ihr Verlangen gegen W durchsetzen?

3 Nach den §§ 2038 Abs. 2 Satz 1, 743 Abs. 2 BGB ist jeder Miterbe zum Gebrauch der Nachlassgegenstände insoweit befugt, als der Mitgebrauch der anderen nicht beeinträchtigt wird. Die Regelung besagt nur, dass allen Miterben ein Anspruch auf Mitgebrauch der Nachlassgegenstände zusteht. Der konkrete Gebrauch verlangt aber regelmäßig eine Vereinbarung der Miterben. Sie ist als Teil der ordnungsgemäßen Verwaltung anzusehen und kann notfalls durch Mehrheitsbeschluss erfolgen. Die unentgeltliche Nutzung einer Wohnung im gemeinschaftlichen Mietshaus durch einen Miterben löst unter Umständen Schadensersatzansprüche aus, wenn sie gegen den Willen der Miterben erfolgt.[54]

Einschränkend sieht dies der BGH, wenn er feststellt, dass das in § 743 Abs. 1 BGB normierte Recht jedes Teilhabers auf einen seinem Anteil an der Gemeinschaft entsprechenden Bruchteil der Nutzungen gemäß § 745 Abs. 3 Satz 2 BGB nicht ohne seine Zustimmung durch bloße Mehrheitsentscheidung beeinträchtigt werden kann.[55]

Man kann anhand des Gesetzeszwecks zu dem Ergebnis kommen, dass die Zahlung einer Nutzungsentschädigung vom nutzenden Miterben zwar unmittelbar und auch sofort verlangt werden kann. Der Anspruch steht allerdings nicht jedem Miterben entsprechend seinem jeweiligen Anteil, sondern nur der Erbengemeinschaft in voller Höhe zu.[56] Der Anspruch auf Zahlung an die Erbengemeinschaft kann allerdings gemäß § 2039 BGB von jedem Miterben einzeln geltend gemacht werden.[57]

---

[54] Palandt/Sprau, § 743 Rn 4

[55] BGH NJW-RR 2008, 984

[56] LG Düsseldorf ZErb 2006, 34; Damrau, ZErb 2009, 326

[57] Sachs, ZEV 2011, 512

Zum o. g. Beispiel:

a) Nach §§ 2038 Abs. 2 Satz 1, 743 Abs. 2 BGB ist jeder Miterbe zum Gebrauch der Nachlassgegenstände insoweit befugt, als der Mitgebrauch der anderen nicht beeinträchtigt wird. Die Regelung besagt nur, dass allen Miterben ein Anspruch auf Mitgebrauch der Nachlassgegenstände zusteht. Der konkrete Gebrauch verlangt aber regelmäßig eine Vereinbarung der Miterben; sie ist als Teil der ordnungsgemäßen Verwaltung anzusehen und kann notfalls durch Mehrheitsbeschluss erfolgen, § 745 Abs. 2 BGB.

b) Man kann in drei Stufen vorgehen (Horn, ZFE 2007, 249):

   1. Stufe: Jedem Miterben steht das Recht zum Gebrauch gemäß §§ 2038 Abs. 2 Satz 1, 743 Abs. 2 BGB zu, soweit der Mitgebrauch der übrigen Miterben nicht beeinträchtigt wird. Ein Nutzungsersatzanspruch steht den nichtnutzenden Miterben erst dann zu, wenn der nutzende Miterbe sich weigert, den Nachlassgegenstand zum Mitgebrauch den übrigen Miterben zur Verfügung zu stellen.

   2. Stufe: Durch einen Beschluss oder eine Vereinbarung durch die Miterben kann eine Regelung der ordnungsgemäßen Verwaltung und Benutzung des Nachlassgegenstands gemäß §§ 2038 Abs. 2 Satz 1, 745 Abs. 1, Abs. 3 BGB herbeigeführt werden.

   3. Stufe: Wenn eine solche Regelung nicht zustande kommt, kann jeder Miterbe eine Regelung verlangen, die den Interessen aller Miterben nach billigem Ermessen entspricht (§§ 2038 Abs. 2 Satz 1, 745 Abs. 2 BGB). Nach der außergerichtlichen Geltendmachung kann der Miterbe gegen die übrigen Miterben entweder durch Klage auf Zustimmung zu dieser Regelung oder durch Erhebung einer Zahlungsklage vorgehen.

Früchte

Jeder Miterbe hat Anspruch auf einen seinem Erbteil entsprechenden Anteil der Früchte, § 2038 Abs. 2 Satz 1 i. V. m. § 743 Abs. 1 BGB. Die Teilung der Früchte ist jedoch bis zur Auseinandersetzung aufgeschoben, § 2038 Abs. 2 Satz 2 BGB. Ist diese länger als ein Jahr (gemäß §§ 2043 bis 2045 BGB) ausgeschlossen (und nur in diesen Fällen), so kann jeder Miterbe jeweils am Jahresschluss die Teilung des Reinertrags verlangen, §§ 2038 Abs. 2 Satz 3 BGB.[58] Eine bloße

---

[58] Palandt/Weidlich, § 2038 Rn 15

Verzögerung der Auseinandersetzung genügt nicht. Eine frühere Teilung kann durch alle Miterben einstimmig beschlossen werden.

Lasten

Für die Verteilung der Lasten des Nachlasses unter den Miterben verweist § 2038 Abs. 2 Satz 1 BGB auf § 748 BGB. Die Lasten sind somit nach dem Verhältnis der Erbanteile aufzuteilen.

Vertretungsmacht im Außenverhältnis

Das rechtswirksame Handeln der Miterben für den Nachlass setzt eine gesetzliche oder rechtsgeschäftliche Vertretungsmacht der Handelnden voraus.

Verpflichtungsgeschäfte

Für Verpflichtungsgeschäfte ist die Vertretung der Erbengemeinschaft nicht besonders geregelt. Es gelten daher, entsprechend den drei Möglichkeiten der Geschäftsführung, drei verschiedene Vertretungsmöglichkeiten:

Nicht ordnungsgemäße Verwaltung

Grundsätzlich sieht das Gesetz laut § 2038 Abs. 1 Satz 1 BGB eine Verpflichtung des Nachlasses durch das mitwirkende Handeln aller Miterben vor. Ohne das Erfordernis gleichzeitiger Erklärungen oder eines einheitlichen Rechtsaktes müssen sich die Willenserklärungen der einzelnen Miterben, die oft als Genehmigungen abgegeben werden, zu einem einheitlichen Verpflichtungsgeschäft aller zusammenfügen. Soweit die Miterben erkennbar nur für den Nachlass handeln, werden sie nur mit dem Sondervermögen, nicht mit dem sonstigen Vermögen, verpflichtet. Insofern ist eine vertragliche Haftungsbeschränkung anzunehmen.[59]

Ordnungsgemäße Verwaltung

Das Eingehen von Verpflichtungen im Rahmen der ordnungsgemäßen Verwaltung kann im Innenverhältnis mit Stimmenmehrheit beschlossen werden, §§ 2038 Abs. 2 Satz 1, 745 BGB. Die herrschende Meinung geht davon aus, dass einem solchen wirksamen

[59] BGH BB 1968, 769, 770

Mehrheitsbeschluss[60] auch Außenwirkung zukommt mit der Folge, dass die Mehrheit oder einzelne Beauftragte Vertretungsmacht haben, auch für die anderen Miterben zu handeln, das verlangt der Verkehrsschutz. Ferner folgt das aus § 745 BGB, da eine sinnvolle Vertretungsregelung zur ordnungsgemäßen Verwaltung gehört.

Der Verkauf eines Grundstücks kann eine Maßnahme der ordnungsgemäßen Verwaltung sein, selbst wenn dieses der einzig werthaltige Nachlassbestandteil ist.[61]

Notverwaltung

Dem einzelnen Miterben verleiht § 2038 Abs. 1 Satz 2 2. Halbsatz BGB eine gesetzliche Vertretungsmacht für Notverpflichtungsgeschäfte.[62]

Verfügungsgeschäfte

Die Verfügung über einen Nachlassgegenstand erfordert nach § 2040 Abs. 1 BGB das Zusammenwirken aller Miterben. Als Verfügung wird dabei jede unmittelbare Einwirkung (Übertragung, Belastung, Änderung, Aufhebung) auf ein bestehendes Recht verstanden. Verfügungen sind damit beispielsweise Kündigung, Anfechtung, Widerruf, Aufrechnung, Annahme als Erfüllung, Verzicht. Auch die Zustimmung zur Löschung einer Eigentümergrundschuld kann nur von allen Miterben gemeinsam abgegeben werden.[63]

Verfügungen über Nachlassgegenstände werden häufig zur ordnungsgemäßen Verwaltung des Nachlasses erforderlich sein, können demnach im Innenverhältnis mit Stimmenmehrheit beschlossen werden. Zum Vollzug dieses Beschlusses ist, im Gegensatz zum Verpflichtungsgeschäft, die Mitwirkung aller Miterben erforderlich; § 2040 Abs. 1 BGB geht als Spezialnorm dem § 2038 BGB vor.[64] Verweigert ein Miterbe seine Mitwirkung, so kann er von jedem anderen Miterben auf Erfüllung seiner Mitwirkungspflicht verklagt werden, § 2038 Abs. 1 Satz 2 1. Halbsatz BGB (Klage auf Abgabe der Zustimmungserklärung – Leistungsklage).

---

60 OLG Hamm BB 1969, 514
61 OLG Koblenz FamRZ 2011, 402
62 Herrschende Meinung siehe Soergel/Wolf, § 2038, 12
63 OLG Hamm FamRZ 2014, 1326
64 BGHZ 56, 47, 50; Brox, Erbrecht, § 29 Rn 506; Erman/Schlüter, § 2040 Rn 3

Dieser Grundsatz der Einstimmigkeit bei Verfügungsgeschäften wird in der (neueren) Rechtsprechung nicht mehr uneingeschränkt eingehalten. So hat der BGH[65] (bei der Kündigung eines Mietverhältnisses) unter anderem ausgeführt, dass dann, sofern es den Erben möglich ist, aufgrund eines Mehrheitsbeschlusses wirksam Verpflichtungsgeschäfte zum Zweck ordnungsgemäßer Verwaltung abzuschließen, die Erben somit durch Mehrheitsbeschluss im Rahmen der Nachlassverwaltung verbindlich Verträge mit Dritten abschließen und damit obligatorische Rechtspositionen begründen können, es nicht ersichtlich ist, wieso es ihnen verwehrt sein sollte, diese Rechte – ebenfalls mehrheitlich – wieder aufzuheben. Die Kündigung ist ein – bezogen auf das Schuldverhältnis – unselbstständiges, akzessorisches Gestaltungsrecht. Dem Recht, einen Vertrag zu begründen, muss auch das Recht folgen können, diesen wieder zu kündigen.

Diese Grundsätze der Rechtsprechung des Bundesgerichtshofs, dass die Erben ein Mietverhältnis über eine zum Nachlass gehörende Sache wirksam mit Stimmenmehrheit kündigen können, wenn sich die Kündigung als Maßnahme ordnungsgemäßer Nachlassverwaltung darstellt, sind auf die Kündigung eines Girovertrags bzw. eines Vertrags über ein Sparkonto übertragbar. Eine solche Kündigung stellt eine Maßregel zur Verwaltung, Sicherung, Erhaltung und Vermehrung des Nachlasses dar, die zur ordnungsgemäßen Nachlassverwaltung gehört. Das ist jedenfalls dann der Fall, um bei einer sicheren Einlage die Erzielung eines höheren Habenzinses zu ermöglichen.[66]

Die Kündigung eines zum Nachlass gehörenden Darlehensvertrags ist eine Verfügung über die Rechte aus dem Vertrag und damit eine Verfügung über einen Nachlassgegenstand gemäß § 2040 Abs. 1 BGB, die grundsätzlich nur gemeinschaftlich von allen Miterben getroffen werden kann. Soweit es sich um eine ordnungsgemäße Nachlassverwaltungsmaßnahme gemäß § 2038 BGB handelt, können aber auch Miterben mit einer Stimmenmehrheit handeln, um ein Darlehen zu kündigen.[67]

Für Verfügungen im Rahmen einer Notgeschäftsführung gilt § 2038 Abs. 1 Satz 2 2. Halbsatz BGB. Die Vorschrift gibt dem einzelnen

---

65 BGH FamRZ 2010, 119

66 OLG Brandenburg NJW-RR 2012, 336

67 OLG Frankfurt FamRZ 2012, 247

Miterben eine gesetzliche Vertretungsmacht für solche Geschäfte, auch für Verfügungen, die zur Erhaltung des Nachlasses notwendig sind.[68]

Keine Verfügungsgeschäfte über Nachlassgegenstände sind die Erwerbsgeschäfte der Miterben für den Nachlass. Hier wird zwar verfügt, jedoch nicht über Nachlassgegenstände. Nach § 2041 BGB gehört der erworbene Gegenstand zum Nachlass, wenn sich das Erwerbsgeschäft auf den Nachlass bezieht.[69]

3

Verfügungsgeschäfte durch die Gemeinschaft		
Nicht ordnungsgemäße Verwaltung	**Ordnungsgemäße Verwaltung**	**Notverwaltung**
§ 2040 Abs. 1 BGB	§ 2040 Abs. 1 BGB	§ 2038 Abs. 1 Satz 2 2. Halbsatz BGB
Verfügungen nur durch alle Miterben gemeinschaftlich	Verfügungen nur durch alle Miterben gemeinschaftlich Verweigert ein Miterbe seine Mitwirkung, kann er von jedem anderen Miterben auf Erfüllung seiner Mitwirkungspflicht verklagt werden, § 2038 Abs. 1 Satz 1 1. Halbsatz BGB.	Verfügungen kann jeder Miterbe allein treffen

Beispiel:

Nach dem Erblasser E ergibt sich eine Erbengemeinschaft, bestehend aus der Witwe W sowie den Kindern A und B. Die Erbquoten betragen für W 1/2, für A und B je 1/4.

Keiner der Miterben wohnt in dem zum Nachlass gehörenden Hausgrundstück. Da eine Dachreparatur erforderlich ist, möchten W und A eine Dachdeckerfirma beauftragen, ein für die Kostenbegleichung erforderliches Darlehen mit der XBank vereinbaren und durch eine Grundschuld an dem Grundstück absichern. B wirkt bei alledem nicht mit.

68 Erman/Schlüter, § 2040 Rn 6; Palandt/Weidlich § 2038 Rn 13

69 Brox, Erbrecht, § 29 Rn 507

Bei den beabsichtigten Maßnahmen handelt es sich um solche der ordnungsgemäßen Verwaltung im Sinne des § 745 BGB. Werkvertrag, Darlehensaufnahme und Grundschuldbestellung entsprechen der Beschaffenheit des Nachlasses und dem Interesse aller Miterben nach billigem Ermessen; es droht unter Umständen eine erhebliche Wertbeeinträchtigung des Gebäudes (und somit des Nachlasses). Eine wesentliche Veränderungen des Nachlasses (§ 745 Abs. 3 Satz 1 BGB) liegt nicht vor. Einzelne Nachlassgegenstände können im Rahmen ordnungsgemäßer Verwaltung durchaus umgestaltet oder verarbeitet werden, wenn nur der Nachlass als Ganzes nicht wesentlich verändert wird.

3 Den Werkvertrag (§ 631 BGB) mit der Dachdeckerfirma können W und A mit ihrer Quotenmehrheit von 3/4 wirksam für die Erbengemeinschaft schließen. Dies gilt auch für den (schuldrechtlichen) Darlehensvertrag nach § 488 BGB, § 2038 Abs. 1 Satz 2 1. Halbsatz, Abs. 2 Satz 1 i. V. m. § 745 Abs. 1 BGB. Die (dingliche) Bestellung der Grundschuld nach §§ 873 Abs. 1, 1191 BGB kann nur mit Einstimmigkeit erfolgen (§ 2040 Abs. 1 BGB), da es sich um ein Verfügungsgeschäft handelt. W und A müssen den unwilligen B auf Zustimmung verklagen, § 2038 Abs. 1 Satz 2 1. Halbsatz BGB, § 894 ZPO.

Geltendmachung von Nachlassansprüchen

Jeder Miterbe allein ist berechtigt, Nachlassansprüche geltend zu machen. Allerdings kann er nach § 2039 BGB nur die Leistung an alle Miterben, die Hinterlegung für alle Miterben oder die Ablieferung an einen gerichtlich bestellten Verwahrer verlangen. Diese Vorschrift enthält eine gesetzliche Ermächtigung des einzelnen Miterben zur Wahrnehmung aller Rechte, die zur Geltendmachung des Anspruchs erforderlich sind.

Das bedeutet eine Einschränkung der §§ 2038, 2040 BGB. Diese Vorschriften gelten nicht, soweit es nur um die Geltendmachung von Ansprüchen geht.

Als Anspruch, den der Miterbe geltend machen kann, ist jedes Recht im Sinne von § 194 Abs. 1 BGB anzusehen. Regelmäßig wird es sich um Zahlungs-, Überweisungs- und Herausgabeansprüche handeln. Feststellungsklagen können ebenfalls unter § 2039 BGB fallen.[70] Ferner gehört die Aufnahme und Fortführung eines durch den Tod

---

[70] BGH LM Nr. 2 zu § 2039 BGB

des Erblassers unterbrochenen Prozesses zu den Befugnissen jedes Miterben, wenn er damit einen jetzt zum Nachlass gehörenden Anspruch verfolgt.[71]

Zur Ausübung von Gestaltungsrechten ist der einzelne Miterbe nicht befugt. Er kann beispielsweise nicht allein kündigen, anfechten, zurücktreten, wandeln oder mindern. In diesen Fällen gilt § 2040 Abs. 1 BGB.[72] Dagegen ist der Miterbe berechtigt, einen Anfechtungsanspruch nach dem Anfechtungsgesetz (AnfG) allein zu verfolgen, weil dieser auf eine Leistung gerichtet ist.

Zum Geltendmachen gehören alle gerichtlichen und außergerichtlichen Rechtshandlungen, die erforderlich sind, um die Erfüllung des Anspruchs herbeizuführen, wie etwa Mahnung, alle Prozesshandlungen bei Feststellungs- und Leistungsklagen, Anträge, Rechtsmittel, Maßnahmen der Zwangsvollstreckung, Anträge auf einstweilige Verfügungen. Hat der Miterbe einen Anwalt mit der Verfolgung des Nachlassanspruchs beauftragt, ist er selbst zur Tragung der Anwaltskosten verpflichtet.

Geltendmachung von Nachlassansprüchen

jeder Miterbe kann Leistung fordern	Leistung an alle Miterben gemeinschaftlich
↓	↓
eigenes Recht des einzelnen Miterben (Prozessstandschaft für den Nachlass), kein Fall der Vertretung	Hinterlegung für alle Miterben oder Ablieferung an einen gerichtlich bestellten Verwahrer

Das Einziehungsrecht des einzelnen Miterben ist ein eigenes Recht, nicht ein Fall der Vertretung, sondern der Prozessstandschaft für den Nachlass. Deshalb ist im Prozess nur der klagende Miterbe Partei. Das gilt auch, wenn mehrere Miterben klagen. Lediglich wenn alle Miterben als Kläger auftreten, liegt notwendige Streitgenossenschaft vor (Gesamthandsklage).

Da die Anspruchsverfolgung für den Nachlass ein eigenes Recht des Miterben ist, kann er sie auch gegen den Willen anderer Miterben

---

71 BGHZ 14, 251

72 RGZ 107, 238; 151, 304

betreiben. Das gilt sogar für die Vollstreckung aus einem gemeinsam erwirkten Urteil gegen den Willen der anderen Miterben.[73] Für das Innenverhältnis ist jedoch erforderlich, dass der vollstreckende Miterbe objektiv im Interesse der Erhaltung des Nachlasses handelt. Andernfalls haftet er gegenüber den anderen Miterben für den aus der Vollstreckung entstehenden Schaden.

3

Eine Klage gemäß § 2039 BGB (durch einen Miterben) ist wegen Rechtsmissbrauchs unzulässig, wenn die Miterben der Klageerhebung widersprochen haben. Zwar steht einem Miterben grundsätzlich das Recht zu, Nachlassforderungen allein geltend zu machen und Leistung an alle Erben gemeinschaftlich zu verlangen. Widersprechen aber die Miterben der Klageerhebung, liegt ein Missbrauch der Prozessführungsbefugnis vor, der zur Abweisung der Klage als unzulässig führt.[74]

Beispiel:

Die Erbengemeinschaft besteht aus W (1/2) sowie A und B (je 1/4). Zum Nachlass gehört ein Mehrfamilienhaus.

a) Wer ist zum Empfang der Mietzinsen berechtigt?

b) Wer ist zur Abgabe eines Mieterhöhungsverlangens gegenüber den Mietern berechtigt?

c) Wer muss die Erklärung abgeben, wenn die Miterben das Mietverhältnis gegenüber einem Mieter kündigen wollen, weil dieser seit Monaten keinen Mietzins mehr zahlt?

Zum o. g. Beispiel:

a) Entsprechend § 432 Abs. 1 Satz 1 BGB, der bei gemeinschaftlicher Gläubigerschaft, wie sie eine Erbengemeinschaft darstellt, auch für an sich teilbare Leistungen gilt, wird der Schuldner eines zum Nachlass gehörenden Anspruchs von seiner Verpflichtung nur durch Leistung an alle Miterben gemeinschaftlich frei, § 2039 Satz 1 BGB. Dabei genügt die Leistung an einen zur Annahme Bevollmächtigten. Der Mieter kann allerdings hinterlegen.

---

73 KG NJW 1957, 1154

74 OLG Frankfurt ZEV 2012, 264

b) Es handelt sich um eine Maßnahme der ordnungsgemäßen Verwaltung, so dass mit Quotenmehrheit das Erhöhungsverlangen nach § 558 BGB erklärt werden kann, § 2038 Abs. 1 Satz 2 BGB.

c) Zwar liegt eine Maßnahme der ordnungsgemäßen Verwaltung vor, jedoch ist die Kündigung ein Verfügungsgeschäft, das nur mit Einstimmigkeit erledigt werden kann, § 2040 Abs. 1 BGB. Wirkt ein Miterbe nicht mit, müsste er aus § 2038 Abs. 1 Satz 2 1. Halbsatz BGB auf Zustimmung verklagt werden. Folgt man dem BGH (s. o.), ist die Kündigung ein, bezogen auf das Schuldverhältnis, unselbstständiges, akzessorisches Gestaltungsrecht, so dass die Miterben mit Quotenmehrheit das Recht haben, das Mietverhältnis zu kündigen, da sie es auch mit dieser Mehrheit begründen konnten.

Haftung der Miterben für Nachlassverbindlichkeiten

4

Grundsätzliches zur Haftung des Erben für Nachlassverbindlichkeiten

Mit dem Erbfall gehen die aktiven Vermögenswerte des Erblassers auf den oder die Erben über (§ 1922 Abs. 1 BGB). Gleichzeitig wird auch die Haftung des oder der Erben für die Nachlassverbindlichkeiten begründet (§ 1967 Abs. 1 BGB); mit „Haftung" ist gemeint, dass der Erbe Schuldner der Verbindlichkeiten wird. Mehrere Erben haften als Gesamtschuldner (§ 2058 BGB). Bei einer Mehrheit von Erben (Erbengemeinschaft, § 2032 BGB) kann jeder Miterbe zunächst bis zur Teilung der Gemeinschaft die Berichtigung von Nachlassverbindlichkeiten aus seinem Eigenvermögen, das er außer seinem Anteil am Nachlass hat, verweigern (§ 2059 Abs. 1 Satz 1 BGB).

4

Begriff der Nachlassverbindlichkeit

Zunächst ist zu unterscheiden zwischen Verbindlichkeiten, die den Nachlass belasten, und solchen, die das Eigenvermögen des Erben betreffen. Es handelt sich um zwei Vermögensmassen und zwei Gläubigergruppen, die getrennt zu betrachten sind.

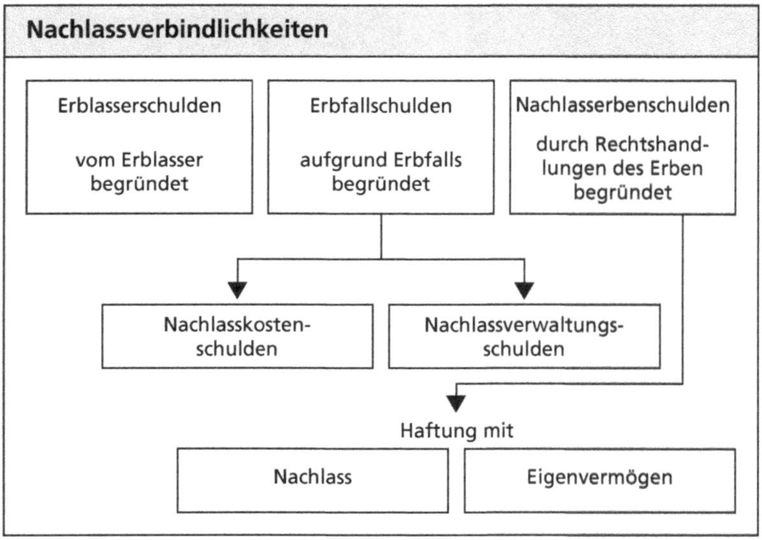

Als Nachlassverbindlichkeiten gelten gemäß § 1967 Abs. 2 BGB neben den Erblasserschulden (Verbindlichkeiten, die vom Erblasser herrühren) auch die Erbfallschulden, das heißt diejenigen Verbindlichkeiten, die sich aufgrund des Erbfalls ergeben haben. Dazu kommen noch Verbindlichkeiten aus Rechtshandlungen des Erben anlässlich des Erbfalls, die sogenannten Nachlasserbenschulden.

Erblasserschulden

Zu den Erblasserschulden zählen diejenigen Verbindlichkeiten, die in der Person des Erblassers zu Lebzeiten begründet wurden (z. B. Bank-, Steuer- oder Kaufpreisschulden). Erblasserschulden sind auch die erst in der Person des Erben entstehenden Verbindlichkeiten, die als solche schon dem Erblasser entstanden wären, wenn er nicht vor Eintritt der zu ihrer Entstehung nötigen weiteren Voraussetzungen verstorben wäre.[75] Damit stellen zum Beispiel Wohngeldansprüche auch für die Zeit nach dem Erbfall Nachlassverbindlichkeiten dar.[76]

Die Haftung des Erben für Erblasserschulden setzt voraus, dass die in der Person des Erblassers begründeten Verbindlichkeiten auf den Erben übergehen, was etwa bei der Verpflichtung zur Leistung persönlicher Dienste nicht der Fall ist (§ 613 BGB); die Verbindlichkeiten müssen somit vererblich sein.[77] Ob eine öffentlichrechtliche Pflicht vererblich ist, richtet sich in erster Linie nach den Vorschriften des öffentlichen Rechts. Vererblich ist beispielsweise die Erstattungspflicht der Kosten der Sozialhilfe; nicht vererblich sind Geldstrafen und Geldbußen (hier kann auch nicht mehr in den Nachlass vollstreckt werden, § 459c Abs. 3 StPO). Die Verpflichtung zur Tragung der Kosten bei einer rechtskräftigen Verurteilung des Erblassers vor dem Erbfall geht allerdings auf den Erben über (§ 465 Abs. 3 StPO).

Erbfallschulden

Es handelt sich um diejenigen Verbindlichkeiten, die aus Anlass und in Bezug auf den Nachlass entstehen, und zwar in der Person des Erben und frühestens mit dem Erbfall; sie haben den Erblasser zu seinen Lebzeiten noch nicht betroffen. Unmittelbare Erbfallschulden sind zum Beispiel Verbindlichkeiten aus Pflichtteilsrechten, Vermächtnissen und Auflagen; darunter fallen auch Ansprüche aus dem Voraus des Ehegatten (§ 1932 BGB) oder des Dreißigsten (§ 1969 BGB). Weitere Erbfallschulden sind die Kosten der Beerdigung

[75] BGH NJW 1991, 2558
[76] OLG Köln NJW-RR 1992, 460
[77] Vgl. hierzu MüKo/Küpper, § 1967 Rn 5 ff.

(§ 1968 BGB). Auch die Miete für die Wohnung des Erblassers bis zum frühestmöglichen Kündigungszeitpunkt ist eine Erbfallschuld.[78]

Die Aufwendungen für die Grabpflege[79] und die Kosten für die Anreise naher Angehöriger zur Beerdigung des Erblassers[80] zählen nicht zu den Erbfallschulden.

Von den unmittelbaren Erbfallschulden sind die sogenannten Nachlasskosten- und Nachlassverwaltungsschulden abzugrenzen. Zu den Nachlasskostenschulden zählen beispielsweise die Kosten der Eröffnung einer Verfügung von Todes wegen, der gerichtlichen Nachlasssicherung, der Nachlasspflegschaft, des Nachlassgläubigeraufgebots, der Nachlassinventarerrichtung, der Nachlassverwaltung und des Nachlassinsolvenzverfahrens sowie der Feststellung des Fiskus als Erbe. Zu den Erbschaftsverwaltungsschulden gehören unter anderem Verpflichtungen, die sich aus der ordnungsgemäßen Verwaltung eines vorläufigen Erben ergeben, daneben Verbindlichkeiten aus Verwaltungshandlungen des Nachlasspflegers, Nachlassverwalters, Nachlassinsolvenzverwalters oder Testamentsvollstreckers.[81]

Nachlasserbenschulden

Von den Nachlassverbindlichkeiten sind die sogenannten Nachlasserbenschulden abzugrenzen. Hierbei handelt es sich um Verbindlichkeiten aus Rechtshandlungen des (vorläufigen) Erben, die dieser in ordnungsgemäßer Verwaltung des Nachlasses vornimmt. Für derartige Verbindlichkeiten haftet der (vorläufige) Erbe grundsätzlich, außer mit dem Nachlass, auch mit seinem Eigenvermögen, unabhängig davon, ob die Verpflichtung mit oder ohne Bezug auf den Nachlass gegründet wird.[82] Der Gläubiger eines solchen Anspruchs hat somit zwei Haftungsmassen, in die er vollstrecken kann. Da die Verpflichtung in ordnungsgemäßer Verwaltung des Nachlasses eingegangen wird, stellt die Nachlasserbenschuld somit eine Eigenschuld des Erben und gleichzeitig eine Nachlassverbindlichkeit gemäß § 1967 BGB dar;[83] letztlich haftet aber der Erbe unbeschränkt auch mit seinem Eigenvermögen.

---

[78] OLG Düsseldorf FamRZ 2002, 1658
[79] OLG Oldenburg DNotZ 1993, 135
[80] BGHZ 32, 72
[81] MüKo/Küpper, § 1967 Rn 12
[82] OLG Köln NJW 1952, 1145
[83] OLG Celle OLGR Celle 2003, 303

Erteilt der (vorläufige) Erbe beispielsweise einen Bestattungsauftrag, begründet er nicht nur eine Erbfallschuld, sondern auch eine Nachlasserbenschuld. Unterlässt der Erbe bewusst die Kündigung des vom Erblasser eingegangenen Mietverhältnisses, stellt der Anspruch auf Mietzinszahlung eine Nachlasserbenschuld wie auch eine Nachlassverbindlichkeit dar.[84]

Bezahlt der Erbe aus seinem Eigenvermögen eine Nachlasserbenschuld, kann er aber unter Umständen nach §§ 1978 Abs. 3 i. V. m. § 670 BGB (Auftrag) oder § 683 BGB (Geschäftsführung ohne Auftrag) in der angeordneten Nachlassinsolvenz oder Nachlassverwaltung Ersatz aus dem Nachlass verlangen. Um festzustellen, ob ein solcher Ersatzanspruch besteht und ob eine Haftungsbegrenzung herbeigeführt werden soll, muss eine Abgrenzung zwischen Eigen- und Nachlassverbindlichkeit vorgenommen werden. Dazu kann man folgenden Maßstab anwenden:

- Hat der Erbe selbst die Verbindlichkeit begründet, handelt es sich sowohl um eine Eigenschuld als auch um eine Nachlassverbindlichkeit, wenn sie durch ordnungsgemäße Verwaltung des Nachlasses (vom Standpunkt eines sorgfältigen Verwalters aus) eingegangen wurde.[85]
- War die Eingehung der Verpflichtung zu einer ordnungsgemäßen Verwaltung nicht erforderlich, handelt es sich um eine (reine) Eigenverbindlichkeit, für die der Erbe ausschließlich mit seinem Eigenvermögen haftet.

Eine Beschränkung der Haftung auf den Nachlass kann nur aufgrund einer entsprechenden (ausdrücklichen oder stillschweigenden) Vereinbarung zwischen dem (vorläufigen) Erben und dem Gläubiger in Betracht kommen;[86] liegt eine solche vor, handelt es sich ausschließlich um Nachlassverbindlichkeiten. Hinsichtlich der Nachlassverbindlichkeit können haftungsbeschränkende Maßnahmen ergriffen werden. Dagegen besteht grundsätzlich keine Möglichkeit, die Haftung in Bezug auf die Eigenschuld in Anwendung der Vorschriften über die Haftungsbeschränkung einschließlich der prozessualen Bestimmungen der § 780 ff. ZPO auf den Nachlass zu beschränken.[87]

---

84 LG Wuppertal MDR 1997, 34
85 BGHZ 32, 60; Bamberger/Roth/Lohmann, § 1967 Rn 18
86 OLG München OLGR München 1996, 54; BGH WM 1968, 798
87 Palandt/Weidlich, § 1990 Rn 5; a. A. BayObLG NJW-RR 2000, 306

Für Nachlasserbenschulden haftet der (vorläufige) Erbe mit seinem Eigenvermögen auch dann, wenn er später die Erbschaft ausschlägt und nicht Erbe wird. Er hat in diesem Fall einen Ausgleichsanspruch gegen den wahren Erben nach den Vorschriften über die Geschäftsführung ohne Auftrag. Im Fall der Nachlassinsolvenz oder der Nachlassverwaltung und der damit einhergehenden Nachlasssonderung (Separation) steht dem Erben ein Anspruch auf Ersatz seiner Aufwendungen zu (§ 1978 Abs. 3 BGB).

Haftungsbeschränkende Maßnahmen des Erben

Zunächst ist zu unterscheiden zwischen vorläufigen und endgültigen Beschränkungen der Haftung gegenüber Nachlassgläubigern.

Vorläufige Haftungsbefreiung

Die sehr kurz bemessene sechswöchige Ausschlagungsfrist genügt oft nicht, um sich über den Bestand des Nachlasses, das heißt über alle Aktiva und Passiva, einen ausreichenden Überblick zu verschaffen.

Bis zur Klärung, welche Maßnahmen zur Haftungsbeschränkung zu treffen sind, sieht das Gesetz befristet eine Schonung in der Weise vor, dass der Erbe für eine Übergangszeit Nachlassgläubiger mittels Erhebung der aufschiebenden Einreden nach §§ 2014, 2015 BGB abwehren kann.

Das Gesetz regelt zwei Fälle aufschiebender Einreden, die Dreimonatseinrede nach § 2014 BGB und die sogenannte Aufgebotseinrede nach § 2015 BGB.

Wegen der Verantwortlichkeit des Erben für die bisherige Verwaltung gemäß § 1978 BGB besteht eine Pflicht zur Geltendmachung der Schonungseinreden. Verletzt der Erbe schuldhaft diese Pflicht, kann er bei Eintritt eines Schadens wegen nicht ordnungsgemäßer Verwaltung im Fall der Anordnung einer Nachlassverwaltung oder Nachlassinsolvenz haftbar sein, § 1978 Abs. 1 Satz 1, (Satz 2) BGB.

Dreimonatseinrede

Der Erbe kann gemäß § 2014 BGB die Berichtigung der Nachlassverbindlichkeiten bis zum Ablauf von drei Monaten nach der Annahme der Erbschaft verweigern. Die Frist beginnt mit der Annahme zu laufen, das heißt spätestens nach Ablauf der Ausschlagungsfrist.

Wird der Erbe innerhalb der Frist verklagt, führt die Einrede dazu, dass nach § 305 Abs. 1 ZPO ins Urteil folgender Satz aufgenommen wird (Urteil unter Vorbehalt erbrechtlich beschränkter Haftung):

> Dem Beklagten bleibt die beschränkte Erbenhaftung bis zum ... vorbehalten, einschließlich der Kosten des Verfahrens.

Einrede des Aufgebotsverfahrens

Will sich der Erbe Gewissheit über den Umfang der Nachlassverbindlichkeiten verschaffen, kann er nach §§ 454 ff., 433 ff. FamFG i. V. m. § 1970 BGB ein Aufgebotsverfahren der Nachlassgläubiger beantragen. Hat er den Antrag innerhalb eines Jahres nach Annahme der Erbschaft gestellt und ist der Antrag zugelassen (§ 434 Abs. 2 FamFG), ist der Erbe berechtigt, die Berichtigung einer Nachlassverbindlichkeit bis zur Beendigung des Aufgebots zu verweigern, § 2015 Abs. 1, (3) BGB. 4

Die Geltendmachung der sogenannten Aufgeboteinrede dient im Fall der Zulassung des Antrags der Sicherstellung der gleichmäßigen Befriedigung der Nachlassgläubiger (evtl. in einem späteren Nachlassinsolvenzverfahren), indem sie verhindert, dass einzelne Gläubiger vorab befriedigt werden. Zur Fristwahrung genügt die Antragstellung vor Ablauf eines Jahres, die Zulassung kann später erfolgen.[88] Vor der Zulassung des Antrags kann die Einrede nicht erhoben werden.

Klagt ein Nachlassgläubiger gegen den Erben, ist aufgrund der Einrede folgender Satz ins Urteil aufzunehmen (§ 305 Abs. 1 ZPO):

> Dem Beklagten bleibt die beschränkte Erbenhaftung bis zur Beendigung des Aufgebotsverfahrens vorbehalten, einschließlich der Kosten des Verfahrens.

Die Beendigung des Verfahrens tritt, abgesehen von den Fällen der Eröffnung eines Nachlassinsolvenzverfahrens oder der Rücknahme des Antrags, mit rechtskräftigem Erlass des Ausschließungsbeschlusses oder der rechtskräftigen Zurückweisung des Antrags auf Erlass eines Ausschließungsbeschlusses ein.

Endet das Aufgebotsverfahren mit einem Ausschließungsbeschluss (§ 439 FamFG), haftet der Erbe den ausgeschlossenen Nachlass-

[88] MüKo/Küpper, § 2015 Rn 2

gläubigern nur nach Maßgabe des § 1973 BGB. Er kann die Befriedigung eines solchen Gläubigers insoweit verweigern, als der Nachlass durch die Befriedigung der nicht ausgeschlossenen Gläubiger erschöpft wird.

Wirkungen der Einreden

Die Einreden haben lediglich prozessuale bzw. vollstreckungsrechtliche Wirkung, wenn Nachlassgläubiger Ansprüche gegen den Erben geltend machen. Der Erbe kann daher trotz der Einrede in Schuldnerverzug kommen und zur Zahlung von Verzugszinsen, Schadensersatz oder einer Vertragsstrafe verpflichtet sein.

Im Erkenntnisverfahren führt die Erhebung der Einreden nicht zur Abweisung der Klage, sondern lediglich zur Aufnahme des allgemeinen Vorbehalts der Haftungsbeschränkung in die Urteilsformel (§ 305 ZPO). Der Erbe kann somit zur Leistung verurteilt werden, was sich aus §§ 305 Abs. 1, 782 ZPO herleiten lässt. Die Einrede ist (evtl. über den Klageabweisungsantrag hinaus) geltend zu machen; ein Antrag ist nicht erforderlich, aber aus Klarstellungsgründen empfehlenswert. Eine Hinweispflicht des Gerichts nach § 139 Abs. 2 ZPO besteht nicht.

Der als Erbe des Schuldners von einem Nachlassgläubiger in Anspruch genommene Beklagte kann sich demzufolge zunächst die Haftungsbeschränkung vorbehalten lassen. Das erkennende Gericht muss nicht prüfen, ob die Voraussetzungen für eine Haftungsbeschränkung gegeben sind.[89] Mit der Aufnahme des Haftungsvorbehalts ist mithin keine Entscheidung darüber getroffen, ob der Erbe zu einer Haftungsbeschränkung tatsächlich befugt ist. Dies wird erst in der Zwangsvollstreckung und dort insbesondere im Rahmen einer Vollstreckungsabwehrklage nach §§ 785, 767 ZPO zum Prüfungsgegenstand.[90] Allein die vorbehaltene Möglichkeit der Haftungsbeschränkung hindert demnach die Zwangsvollstreckung in das Eigenvermögen des Erben nicht, § 781 ZPO.

Die Erhebung der Einreden im Erkenntnisverfahren hindert den obsiegenden Nachlassgläubiger nicht, die Zwangsvollstreckung zu betreiben, unabhängig davon, ob der Vorbehalt der Haftungsbeschränkung im Urteilstenor aufgenommen wurde. Der Gläubiger kann in das gesamte Vermögen des Erben, das aus den verbliebenen

---

89 BGH NJW 1991, 2839

90 KG NJW-RR 2003, 941; OLG Oldenburg OLGR Oldenburg 2000, 207

Teilen des Nachlasses und dem Eigenvermögen besteht, vollstrecken und gepfändete Gegenstände auch verwerten (§ 781 ZPO). Der Erbe muss in einem solchen Fall mit der Vollstreckungsgegenklage gemäß §§ 782, 785, 767 ZPO erreichen, dass die Zwangsvollstreckung auf sichernde Maßnahmen beschränkt wird. Zulässig sind nach § 782 Satz 1 ZPO nur solche Maßnahmen, die zur Vollziehung eines Arrests zugelassen sind. Das ist bei beweglichen Sachen gemäß § 930 ZPO die Pfändung und bei Grundstücken die Eintragung einer Sicherungshypothek gemäß § 932 ZPO. Sinn und Zweck dieser aufgeschobenen Verwertung ist es, den Nachlass so lange zusammenzuhalten, bis die Insolvenzfrage geklärt ist.

Der Klageantrag des Erben ist darauf zu richten, die Zwangsversteigerung oder sonstige Verwertung der aufgrund des Urteils (genaue Bezeichnung) gepfändeten Gegenstände bis zum Ablauf der Dreimonatsfrist bzw. bis zum Abschluss des Aufgebotsverfahrens für unzulässig zu erklären.

Klageantrag (§§ 785, 767 ZPO) des Erben im Fall des § 782 ZPO (Nachlassgläubiger)

Die Versteigerung oder sonstige Verwertung der aufgrund Endurteils des ... Gerichts vom ... bei dem Kläger gepfändeten Gegenstände, nämlich ..., wird bis zum ... einschließlich für unzulässig erklärt.

Das aufgrund Urteils des ... Gerichts vom ... bei dem Kläger gepfändete Geld ist zu hinterlegen (§ 930 Abs. 2 ZPO).

Klageantrag (§§ 785, 767 ZPO) des Erben im Fall des § 783 ZPO (Eigengläubiger)

Die Verwertung der am ... gepfändeten Gegenstände ... ist unzulässig.

Nach Erhebung der Vollstreckungsgegenklage ist er auch vor seinen Eigengläubigern geschützt, wenn diese in Nachlassgegenstände vollstrecken wollen, § 783 ZPO. Er kann aber auch in diesem Fall die Verwertung nur zeitweilig verhindern.

Hat sich der Erbe die Haftungsbeschränkung vorbehalten und stellt er anschließend keinen Antrag auf Anordnung der Nachlassverwaltung oder auf Eröffnung des Nachlassinsolvenzverfahrens und kann er auch die Dürftigkeitseinrede nicht erheben, bleibt nach

Ablauf der Schonfristen die ausgebrachte Vollstreckungsmaßnahme eines Nachlassgläubigers in das Eigenvermögen des Erben wirksam.

Hat der Erbe vor Ablauf der Frist die Eröffnung der Nachlassinsolvenz beantragt, kann er weiter beantragen, dass die Beschränkung der Zwangsvollstreckung bis zur rechtskräftigen Entscheidung über die Eröffnung des Insolvenzverfahrens aufrechterhalten wird (§ 782 Satz 2 ZPO).

Im Verfahren der Vollstreckungsgegenklage (§ 767 ZPO) eines Erben kann gemäß §§ 785, 769 ZPO erreicht werden, dass eine einstweilige Anordnung zur Einstellung der Zwangsvollstreckung durch das Gericht getroffen wird, wenn ein dahingehender Antrag gestellt wird, was immer geschehen sollte.

4

Entwurf einer Vollstreckungsabwehrklage (§§ 782, 785 ZPO)

In Sachen ... gegen ... wird beantragt:

Die Versteigerung oder anderweitige Verwertung des bei der Klägerin aufgrund des Endurteils des angerufenen Gerichts vom ... (Az. ...) gepfändeten (Gegenstands) ... wird bis einschließlich ... für unzulässig erklärt.

Begründung: Die Klägerin ist als Alleinerbin des ... durch rechtskräftiges Urteil des erkennenden Gerichts zur Zahlung von ... EUR wegen einer ... Forderung, die die Beklagte gegen den Erblasser hatte, verurteilt worden. In dem Urteil ist ihr die beschränkte Erbenhaftung vorbehalten worden. Die Beklagte hat aufgrund dieses Urteils am ... den zum Eigenvermögen der Klägerin gehörenden (Gegenstand) ... pfänden lassen.

Beweis: ... Der (Gegenstand) ... darf zum jetzigen Zeitpunkt nicht verwertet werden, weil die Klägerin bereits am ... das Aufgebot der Nachlassgläubiger beantragt hat, welches vom Amtsgericht – Nachlassgericht – in ... am ... auch erlassen worden ist.

Beweis: Beschluss des Amtsgerichts ... vom ...

Gegenüber Pfandgläubigern und anderen dinglich Berechtigten kann der Erbe gemäß § 2016 Abs. 2 i. V. m. § 1971 BGB ebenso wie gegenüber Absonderungsberechtigten (§ 47 InsO) und Aussonderungsberechtigten (§§ 49 bis 51 InsO) im Insolvenzverfahren die Einreden dann nicht erheben, wenn diese Gläubiger nur ihre dinglichen Ansprüche geltend machen und ihr Recht schon vor dem Erbfall erworben haben. Wurde das Recht erst nach dem Erbfall erworben, etwa durch Zwangsvollstreckung, Arrestvollziehung oder durch Eintragung einer Vormerkung im Wege der einstweiligen Verfügung, müssen sie sich die Einreden jedoch entgegenhalten lassen (Ausnahme in § 2016 Abs. 2 BGB).[91]

Die Einreden versagen auch gegenüber Nachlassgläubigern, die ein Pfändungspfandrecht oder eine Sicherungshypothek im Rahmen der Zwangsvollstreckung oder Arrestvollziehung schon vor dem Erbfall erworben haben. Entsteht das Pfändungspfandrecht erst nach dem Erbfall, kann der Erbe nach §§ 782, 783, 785 ZPO im Wege der Vollstreckungsgegenklage vorgehen.

Endgültige Haftungsbefreiung gegenüber einzelnen Nachlassgläubigern

Gläubigeraufgebot

Dem Erben ist häufig der Schuldenstand des Nachlasses nicht bekannt. Für diesen Fall können die Nachlassgläubiger gemäß § 1970 BGB im Wege eines Aufgebotsverfahrens zur Anmeldung ihrer Forderungen aufgefordert werden.

Bei der Überlegung, ob ein Nachlassinsolvenzverfahren zu beantragen ist, dürfte im Falle des § 1980 Abs. 2 BGB eine Obliegenheit bestehen, das Aufgebotsverfahren zu betreiben. Der Kenntnis der Zahlungsunfähigkeit oder Überschuldung steht die auf Fahrlässigkeit beruhende Unkenntnis gleich, was insbesondere gilt, wenn der Erbe das Aufgebot der Nachlassgläubiger nicht beantragt, obwohl er Grund hat, das Vorhandensein unbekannter Nachlassverbindlichkeiten anzunehmen. Allerdings ist das Aufgebot dann nicht erforderlich, wenn die Kosten des Verfahrens dem Bestand des Nachlasses gegenüber unverhältnismäßig groß sind.

Zuständig für das Verfahren ist das Amtsgericht – Nachlassgericht am letzten Wohnsitz des Erblassers (§§ 23a Abs. 1 Nr. 2, Abs. 2 Nr. 7 GVG; 454 Abs. 2 Satz 1, 343 FamFG). Beteiligter am Verfahren ist der Antragsteller (§ 7 Abs. 1 FamFG).

Beteiligte nach § 7 Abs. 2 Nr. 1 FamFG sind die (dem Gericht bekannten; vgl. § 456 FamFG) Nachlassgläubiger, da ihre Ansprüche durch das Verfahren unmittelbar betroffen werden. Hiernach ist auch der Erbe Beteiligter, soweit er nicht schon als Antragsteller Beteiligter ist.

---

91 MüKo/Küpper, § 2016 Rn 2

Das Aufgebotsverfahren wird nur auf Antrag eingeleitet, § 434 Abs. 1 FamFG. Antragsberechtigt ist unter anderem der Erbe (§ 455 Abs. 1 FamFG), bei Miterben jeder von ihnen (vgl. § 460 FamFG); der Antrag ist allerdings erst nach Annahme der Erbschaft möglich (§ 455 Abs. 3 FamFG). Auch ein Erbschaftskäufer kann den Antrag stellen, § 463 Abs. 1 FamFG.

Der Antrag kann schriftlich oder zur Niederschrift der Geschäftsstelle des Amtsgerichts gestellt werden (§ 25 Abs. 1 FamFG). Ihm ist ein Verzeichnis der bekannten Nachlassgläubiger (mit Anschrift) beizufügen (§ 456 FamFG).

Entwurf eines Antrags auf Aufgebot der Nachlassgläubiger

Am ... ist in ..., seinem letzten Wohnsitz, mein Vater, ..., verstorben. Meine Mutter ist bereits am ... vorverstorben.

Ein Testament ist nicht vorhanden. Erben sind mein Bruder ... und ich je zu 1/2. Wir haben die Erbschaft angenommen. Das Nachlassgericht ... hat bereits einen gemeinschaftlichen Erbschein erteilt.

Keiner der Erben haftet für Nachlassverbindlichkeiten unbeschränkt. Ergänzend verweise ich auf die Nachlassakten mit dem Aktenzeichen ... des Amtsgerichts – Nachlassgerichts .... Ich überreiche in der Anlage ein Verzeichnis der bekannten Nachlassgläubiger mit Angabe ihres Wohnortes. Zur Glaubhaftmachung nehme ich Bezug auf die anliegende eidesstattliche Versicherung vom ... (siehe § 439 Abs. 1 FamFG).

Ich beantrage, die Nachlassgläubiger im Wege des Aufgebotsverfahrens zur Anmeldung ihrer Forderungen aufzufordern und den Erlass eines Ausschließungsbeschlusses.

Anlagen:
Verzeichnis der bekannten Gläubiger
Eidesstattliche Versicherung

Der Antrag wird in der Regel abgelehnt, wenn die Eröffnung des Nachlassinsolvenzverfahrens beantragt ist (§ 457 Abs. 1 FamFG). Aufgrund der Eröffnung des Nachlassinsolvenzverfahrens endet ein bereits bestehendes Aufgebotsverfahren (§ 457 Abs. 2 FamFG).

Ist der Antrag zulässig, hat das Gericht das Aufgebot zu erlassen, § 434 Abs. 2 Satz 1 FamFG. Das Aufgebot enthält zunächst den Antragsteller, § 434 Abs. 2 Satz 2 Nr. 1 FamFG. Neben der Person des Antragstellers sind seine Eigenschaft (z. B. Erbe), der Nachlass, um den es geht (Bezeichnung des Erblassers), und die Tatsache, dass es sich um die Ausschließung von Nachlassgläubigern handelt, aufzunehmen.

Das Aufgebot enthält ferner die Aufforderung an die Nachlassgläubiger, ihre Forderungen bis zu einem bestimmten Zeitpunkt (Anmeldezeitpunkt) bei Gericht anzumelden (§ 434 Abs. 2 Satz 2 Nr. 2 FamFG). Die Aufgebotsfrist, die zwischen der erstmaligen Veröffentlichung und dem Anmeldezeitpunkt liegen muss, beträgt mindestens sechs Wochen (§ 437 FamFG). Sie soll höchstens sechs Monate betragen (§ 458 Abs. 2 FamFG). Das Aufgebot enthält ferner die Bezeichnung der Rechtsnachteile, die eintreten, wenn die Anmeldung unterbleibt, §§ 434 Abs. 2 Satz 2 Nr. 3, 458 Abs. 1 FamFG.

Das Aufgebot muss durch Aushang an der Gerichtstafel und einmaliges Einrücken in den elektronischen Bundesanzeiger veröffentlicht werden (§ 435 Abs. 1 Satz 1 FamFG). Den bekannten Nachlassgläubigern ist das Aufgebot bekannt zu geben, § 41 Abs. 1 i. V. m. § 15 Abs. 2 FamFG (sie sind Beteiligte im Sinne von § 7 Abs. 2 FamFG).

Die Gläubiger können ihre Forderungen schriftlich oder zur Niederschrift der Geschäftsstelle innerhalb der Frist, längstens bis zum Erlass des Ausschließungsbeschlusses, anmelden, § 25 Abs. 1 FamFG.[92] Gegenstand und Grund der Forderung sind anzugeben (§ 459 Abs. 1 Satz 1 FamFG). Urkundliche Beweisstücke (z. B. Verträge) sind in Ur- oder Abschrift beizufügen, § 459 Abs. 1 Satz 2 FamFG.

Nach Ablauf der gesetzten Frist erlässt das Gericht nach § 440 Alt. 2 FamFG einen Ausschließungsbeschluss. Den Gläubigern, die sich gemeldet haben, werden die angemeldeten Forderungen vorbehalten und die übrigen Nachlassgläubiger mit ihren Forderungen ausgeschlossen.

Die Kosten des Verfahrens trägt der Antragsteller (§ 81 Abs. 1 FamFG); sie gelten als Nachlassverbindlichkeiten. Als Gerichtsgebühr fällt eine 0,5 Verfahrensgebühr nach KV GKG 1630 an; es entstehen Auslagen für die öffentliche Bekanntmachung nach § 435 FamFG.

Der Beschluss wird nach §§ 186, 187, 188 ZPO öffentlich bekannt gemacht, § 441 FamFG. Erforderlich ist der Aushang an der Gerichtstafel oder die Einstellung in ein elektronisches Informationssystem, das im Gericht öffentlich zugänglich ist (§ 186 Abs. 2 ZPO). Nach Ermessen kann zusätzlich ein Einrücken in den Bundesanzeiger

[92] OLG Düsseldorf Rpfleger 2012, 388

erfolgen (§ 187 ZPO). Der Beschluss gilt als zugestellt, wenn seit dem Aushang ein Monat vergangen ist (§ 188 ZPO).

Der Beschluss wird erst mit Rechtskraft wirksam (§ 439 Abs. 2 FamFG). Der Ausschließungsbeschluss ist nach § 58 ff. FamFG mit Beschwerde anfechtbar, die Frist beträgt einen Monat (§ 63 Abs. 1 FamFG). Das Rechtsmittel ist beim Nachlassgericht einzulegen, § 64 FamFG; eine Beschwerdesumme muss nicht beachtet werden, § 439 Abs. 3 i. V. m. § 61 Abs. 1 FamFG. Über das Rechtsmittel entscheidet das Oberlandesgericht (§ 119 Abs. 1 Nr. 1b GVG).

Beschwerdeberechtigt sind, da materiell in ihren Rechten beeinträchtigt, die ausgeschlossenen Nachlassgläubiger (§ 59 Abs. 1 FamFG). Die einmonatige Beschwerdefrist (§ 63 Abs. 1 FamFG), die mit Eintritt der Zustellungsfiktion nach § 188 ZPO beginnt, wird häufig bereits verstrichen sein, wenn der Gläubiger vom Ausschließungsbeschluss erfährt. Dann kann er unter Umständen Wiedereinsetzung in die versäumte Beschwerdefrist beantragen (§ 17 Abs. 1 FamFG). Abweichend von § 18 Abs. 4 FamFG beträgt die absolute Ausschlussfrist, nach deren Ablauf Wiedereinsetzung nicht mehr beantragt werden kann, fünf Jahre ab Ende der versäumten Beschwerdefrist (§ 439 Abs. 4 FamFG). Wird Wiedereinsetzung gewährt, gilt die Beschwerdefrist als nicht versäumt und die Beschwerde ist zulässig.

Nach § 1973 Abs. 1 Satz 1 BGB kann der Erbe die Befriedigung eines im Aufgebotsverfahren ausgeschlossenen Nachlassgläubigers verweigern, sobald der Nachlass durch Leistungen an die nicht ausgeschlossenen Gläubiger aufgebraucht ist. Allerdings schafft die innerhalb von fünf Jahren mögliche Wiedereinsetzung für den Erben eine Unsicherheit. Er kann sich fünf Jahre lang nicht sicher sein, ob die ausgeschlossenen Gläubiger wirklich nachrangig bleiben. Meldet sich der Gläubiger fünf Jahre lang nicht, benötigt der Erbe die Einrede des § 1973 BGB nicht, weil er dann ohnehin die praktisch inhaltsgleiche Einrede des § 1974 BGB hat.

Vom Aufgebot nicht betroffene Gläubiger

Bestimmte (gesicherte) Gläubiger werden durch den Beschluss nicht ausgeschlossen, § 1971 BGB. Nach Satz 1 dieser Vorschrift bleiben vom Aufgebotsverfahren Pfandgläubiger (§§ 1204, 1273 BGB) unberührt und solche, die Pfandgläubigern im Nachlassinsolvenzverfahren gleichstehen. Das sind Gläubiger, die an gewissen Gegenständen ein rechtsgeschäftliches, gesetzliches oder durch Pfändung erworbenes Pfandrecht gemäß § 50 InsO oder Rechte nach § 51 InsO haben (Absonderungsrechte). Unberührt bleiben auch die in der Zwangsvollstreckung gemäß § 10 ZVG realberechtigten Gläubiger. Dazu kommen nach Satz 2 Gläubiger, deren Ansprüche aufgrund einer Vormerkung gesichert sind sowie solche, die im Insolvenzverfahren ein Aussonderungsrecht haben (§ 47 InsO); diese Gegenstände gehören nicht zur Insolvenzmasse.

Verbindlichkeiten aus Pflichtteilsrechten, Vermächtnissen und Auflagen sind gemäß § 1972 BGB vom Aufgebotsverfahren ebenfalls nicht betroffen. Diese Verbindlichkeiten braucht der Erbe erst nach den anderen Nachlassgläubigern, mögen diese auch im Aufgebotsverfahren ausgeschlossen sein, zu befriedigen, was sich aus § 1991 Abs. 4 BGB, § 327 Abs. 3 InsO ergibt.

Darf der Erbe annehmen, dass der Nachlass zur Berichtigung aller Nachlassverbindlichkeiten ausreicht, kann er die in § 1972 BGB genannten Verbindlichkeiten vor anderen ihm bekannten Forderungen befriedigen. Die übrigen Nachlassgläubiger müssen diese Befriedigung gemäß § 1979 BGB als für Rechnung des Nachlasses erfolgt gegen sich gelten lassen.

Ausschließungseinrede

Die Forderung eines im Aufgebotsverfahren ausgeschlossenen Gläubigers erlischt nicht, wird jedoch nur noch aus dem verbleibenden Nachlass befriedigt. Für den Erben hat das den Vorteil, dass er aufgrund des sich ihm darstellenden Umfangs der Passiva davon ausgehen darf, andere als die angemeldeten Forderungen nicht befriedigen zu müssen. Macht ein ausgeschlossener Gläubiger seine Forderung trotzdem gegen den Erben geltend, steht diesem die Ausschließungseinrede gemäß § 1973 Abs. 1 Satz 1 BGB zu.

Der Erbe muss nur nachweisen, dass der Nachlass aufgrund der Befriedigung nicht ausgeschlossener Gläubiger bereits erschöpft ist oder durch die noch ausstehende Befriedigung solcher Gläubiger erschöpft wird.

Verklagen Gläubiger, die sich im Aufgebotsverfahren nicht gemeldet hatten, den Erben, dann ist wie folgt zu differenzieren:

- Ist nach Auffassung des Gerichts kein Nachlass mehr vorhanden (die Beweislast hat der Erbe), wird die Klage als zurzeit unzulässig abgewiesen, weil ihr derzeit das Rechtsschutzbedürfnis fehlt (das aber wieder entstehen würde, wenn z. B. neuer Nachlass auftaucht).

- Ist noch ein restlicher Nachlass vorhanden („Überschuss") und erhebt der Erbe die Einrede, wird er verurteilt, wobei ihm die beschränkte Erbenhaftung vorbehalten wird (§§ 305, 780 ZPO). Der Erbe muss dann gegen den vollstreckenden Gläubiger im Wege der Vollstreckungsgegenklage nach §§ 785, 767 ZPO vorgehen.

  Ist unstreitig, dass nur noch bestimmte Gegenstände vorhanden sind (z. B. ein wertvolles Gemälde), dann können diese Gegenstände bereits im Tenor bezeichnet werden. In diesem Fall hat der Erbe zu dulden, dass der Nachlassgläubiger in diese Nachlassgegenstände vollstreckt. Der Erbe kann aber diese Stücke behalten, wenn er den dem Wert entsprechenden Geldbetrag zur Verfügung stellt (§ 1973 Abs. 2 Satz 2 BGB). Mit seinem Eigenvermögen haftet er nicht.

  Die Verweisung des § 1973 Abs. 2 Satz 1 BGB auf die Regeln über die ungerechtfertigte Bereicherung bedeutet, dass der Umfang der Haftung des Erben durch §§ 818, 819 BGB bestimmt wird.

Nach § 1973 Abs. 2 Satz 3 BGB wirkt die rechtskräftige Verurteilung des Erben zur Befriedigung eines ausgeschlossenen Gläubigers einem anderen Gläubiger gegenüber wie die Befriedigung.

Dieser unklare Satz, der § 1991 Abs. 3 BGB entspricht, bedeutet, dass der Erbe dann, wenn er rechtskräftig verurteilt wurde, um ausgeschlossene Gläubiger zu befriedigen, diesen Betrag vom Restnachlass abziehen kann, er somit nur noch mit dem Rest des Restes anderen Gläubigern gegenüber haftet.

Die Verschweigungseinrede

Nachlassgläubiger, die ihre Forderung später als fünf Jahre nach dem Erbfall dem Erben gegenüber geltend machen, werden auch ohne vorangegangenes Aufgebotsverfahren wie Gläubiger behandelt, die nach § 1970 ff. BGB ausgeschlossen wurden (§ 1974 BGB; sog. Verschweigungseinrede); sie haben ihre Forderung nicht verloren, werden aber behandelt wie Gläubiger, welche die Aufgebotsfrist versäumt haben. Anders ist es, wenn sie sich im Aufgebotsverfahren gemeldet hatten oder dem Erben sowieso bekannt waren (was der Gläubiger beweisen muss), wie etwa in der Regel Pflichtteile, Vermächtnisse, Auflagen, oder wenn sie in bestimmter Weise gesichert waren (§§ 1974 Abs. 3, 1971 BGB; keine Verweisung auf § 1972 BGB).

Die Wirkung des § 1974 Abs. 1 Satz 1 BGB i. V. m. § 1973 Abs. 1 BGB tritt nicht ein, das heißt der Erbe haftet dem Nachlassgläubiger unbeschränkt, wenn (gemäß § 1974 Abs. 1 und 3 BGB)

- dem Erben die Forderung vor Fristablauf bekannt war,
- sie im Aufgebotsverfahren angemeldet war,
- es sich um dinglich gesicherte Forderungen handelt oder
- die Haftung nicht beschränkbar ist (Nachlasserbenschulden).

Haftungsbeschränkung gegenüber allen Nachlassgläubigern

Nach der Annahme der Erbschaft kann der Erbe die Haftung seines Eigenvermögens für Nachlassverbindlichkeiten gegenüber allen Nachlassgläubigern ausschließen, indem er die Nachlassverwaltung oder das Nachlassinsolvenzverfahren beantragt (§ 1975 BGB). 4

Ist die Anordnung der Nachlassverwaltung oder die Eröffnung des Nachlassinsolvenzverfahrens mangels einer die Kosten deckenden Masse untunlich oder wird die Anordnung der Nachlassverwaltung oder die Eröffnung des Nachlassinsolvenzverfahrens aus diesem Grund abgelehnt, kann der Erbe die Befriedigung eines Nachlassgläubigers insoweit verweigern, als der Nachlass nicht ausreicht (§ 1990 Abs. 1 Satz 1 BGB: Dürftigkeitseinrede).

Haftungsbeschränkung gegenüber allen Nachlassgläubigern		
Nachlassverwaltung	**Nachlassinsolvenz**	**Einreden**
§ 1975 BGB	§ 1975 BGB	■ Dürftigkeitseinrede § 1990 BGB ■ Erschöpfungseinrede § 1989 BGB ■ Überlastungseinrede § 1992 BGB

Wird die Nachlassverwaltung angeordnet oder das Nachlassinsolvenzverfahren eröffnet, führt dies zur rückwirkenden Trennung von Nachlass und Eigenvermögen (§ 1976 BGB). Der Erbe verliert die Verfügungsbefugnis über den Nachlass; sie geht auf den Nachlassverwalter bzw. den Nachlassinsolvenzverwalter über (§ 1984 BGB). Ein Anspruch, der sich gegen den Nachlass richtet, kann nur noch gegen den Nachlassverwalter bzw. den Nachlassinsolvenzverwalter geltend gemacht werden.

Nachlassverwaltung

4 Das Gesetz regelt die Nachlassverwaltung als eine besondere Art der Nachlasspflegschaft mit dem Ziel der Befriedigung der Nachlassgläubiger. Durch diese besondere Zweckbestimmung unterscheidet sie sich von der in den §§ 1960, 1961 BGB geregelten eigentlichen Nachlasspflegschaft. Auf die Nachlassverwaltung finden, soweit in den § 1981 ff. BGB keine Sonderregelungen getroffen sind, die allgemeinen Vorschriften über die Pflegschaft, § 1915 ff. BGB und über § 1915 Abs. 1 BGB die des Vormundschaftsrechts Anwendung mit Ausnahme von § 1785 BGB (§ 1981 Abs. 3 BGB). § 1962 BGB bestimmt, dass anstelle des Familien- oder Betreuungsgerichts das Nachlassgericht tritt, was auch für die Nachlassverwaltung als besondere Unterart der Nachlasspflegschaft gilt (§ 1981 Abs. 1 BGB).

Die Nachlassverwaltung dient bei einem ausreichenden Nachlass sowohl Interessen des Erben als auch denen der Nachlassgläubiger. Der Erbe erspart sich die Schwierigkeiten bei der Verwertung und den damit verbundenen Verwaltungsaufwand. Den Gläubigern steht, neben dem Nachlassinsolvenzverfahren, ein zweites Rechtsinstitut zur Verfügung, das die Durchsetzung ihrer Ansprüche erleichtert und eine gleichmäßige Befriedigung gewährleistet. Die Anordnung amtlicher Nachlassabsonderung führt dazu, dass die Nachlassgläubiger Befriedigung nur noch aus dem Nachlass suchen und ihre Ansprüche gemäß § 1984 Abs. 1 Satz 3 BGB nur gegen den Verwalter geltend machen können. Nach der Anordnung und der damit einhergehenden Trennung der Vermögensmassen kann der Erbe, der seine Haftungsbeschränkungsmöglichkeit noch nicht verloren hat, verlangen, dass bereits getroffene Maßnahmen der Zwangsvollstreckung zugunsten eines Nachlassgläubigers gemäß § 784 Abs. 1 ZPO in sein Eigenvermögen aufgehoben werden. Zwangsvollstreckungen und Arreste in den Nachlass sind ab diesem Zeitpunkt zugunsten eines Eigengläubigers ebenfalls ausgeschlossen, § 1984 Abs. 2 BGB. Es obliegt dem Nachlassverwalter, die Aufhebung von Vollstreckungsmaßnahmen zu verlangen, die vor der Anordnung der Nachlassverwaltung zugunsten von Eigengläubigern erfolgt sind (§ 784 Abs. 2 ZPO).

Verfahren

Die Nachlassverwaltung ist auf Antrag des Erben (oder Erbeserben[93]) vom Nachlassgericht anzuordnen (§ 1981 Abs. 1 BGB). Einer besonderen Begründung bedarf der Antrag des Erben nicht.[94] Voraussetzung ist, dass genügend „Masse" vorhanden ist, das heißt Mittel, um die Gerichtskosten (einschließlich der Bekanntmachungskosten, § 1983 BGB) sowie die Vergütung und Auslagen des Verwalters bezahlen zu können. Fehlt diese Masse, wird die Anordnung abgelehnt, § 1982 BGB.

Die Annahme der Erbschaft ist nicht Voraussetzung für die Antragstellung. Mehrere Miterben können den Antrag nur gemeinschaftlich und nur vor der Teilung des Nachlasses stellen (§ 2062 BGB).

Der Antrag des Erben ist zeitlich unbegrenzt möglich. Allerdings ist die Anordnung der Nachlassverwaltung grundsätzlich ausgeschlossen, wenn der Erbe allgemein unbeschränkt haftet, somit die Möglichkeit einer Haftungsbeschränkung gegenüber allen Nachlassgläubigern verloren hat (§ 2013 BGB). Das ist der Fall bei Versäumung der Inventarfrist (§ 1994 Abs. 1 BGB) oder bei Inventaruntreue (§ 2005 BGB). Ausgeschlossen ist die Anordnung der Nachlassverwaltung auch bei Eröffnung des Nachlassinsolvenzverfahrens (§ 1988 BGB) sowie nach Teilung des Nachlasses unter den Miterben (§ 2062 BGB).

Auch auf Antrag eines Nachlassgläubigers ist die Nachlassverwaltung anzuordnen, wenn Grund zur Annahme besteht, dass die Befriedigung der Nachlassgläubiger aus dem Nachlass durch das Verhalten oder die Vermögenslage des Erben gefährdet wird (§ 1981 Abs. 2 Satz 1 BGB). Die Frage, ob die genannten Voraussetzungen für die Anordnung auf Gläubigerantrag vorliegen, ist im Wesentlichen tatsächlicher Natur.[95] Ein Gläubigerantrag kann nicht mehr gestellt werden, wenn seit der Annahme der Erbschaft zwei Jahre verstrichen sind. Der Gläubiger kann den Antrag auch noch stellen, wenn der Erbe schon unbeschränkt haftet, denn in § 2013 Abs. 1 Satz 1 BGB wird nicht auf § 1981 Abs. 2 BGB verwiesen.

---

93 OLG Jena FamRZ 2009, 1096

94 LG Aachen NJW 1960, 46

95 BayObLG NJW-RR 2002, 871

Antrag des Erben auf Anordnung der Nachlassverwaltung

Am ... verstarb ... in ..., seinem letzten Wohnsitz, ... Nach seinem bei den Akten des zuständigen Nachlassgerichts ... befindlichen notariellen Testament (Az. ...) bin ich zum Alleinerben eingesetzt worden. Einen Erbschein habe ich beantragt. Ein Nachlassverzeichnis werde ich umgehend vorlegen. Schon jetzt ist absehbar, dass die Nachlassmasse die Verfahrenskosten übersteigt. Ich beantrage, die Verwaltung des Nachlasses des ... anzuordnen.

Bei der Auswahl des Nachlassverwalters sollte berücksichtigt werden, dass zum Nachlass ein Bauunternehmen gehört.

Antrag auf Anordnung der Nachlassverwaltung durch einen Gläubiger

Am ... verstarb in ..., seinem letzten Wohnsitz, der ..., geb. am ... . Nach dem von dem Amtsgericht ... und bei den Akten (Az. ...) befindlichen Testament sind seine Kinder, Frau ..., wohnhaft in ..., und Herr ..., wohnhaft in ..., je zur Hälfte seine Erben geworden. Sie haben die Erbschaft angenommen.

4

Eine den Kosten entsprechende Masse ist vorhanden, weil der Erblasser ein Guthaben auf mehreren Konten in Höhe von mindestens 100.000 EUR hinterlassen hat, während die derzeit bekannten Nachlassverbindlichkeiten nur etwa 60.000 EUR betragen. Der Nachlass ist noch nicht geteilt. Zur Glaubhaftmachung der Richtigkeit meiner Angaben nehme ich Bezug auf die Nachlassakten des Amtsgerichts ..., auf den dort befindlichen Erbschein sowie das darin enthaltene Nachlassverzeichnis.

Ich hatte gegen den Erblasser eine fällige Forderung wegen erbrachter Handwerkerleistungen in Höhe von 5.000 EUR. Diese Forderung hatte der Erblasser mir gegenüber schriftlich anerkannt. Dieses Schriftstück füge ich in der Anlage als Kopie bei.

Wie das anliegende Pfandprotokoll zeigt, haben bereits mehrere Eigengläubiger der Miterbin Nachlassgegenstände, insbesondere die zum Nachlass gehörende Büroeinrichtung gepfändet. Die Miterbin, die bis zu dem Tod ihres Vaters Zahlungen nach Hartz IV bezog, macht seit dem Erbfall Reisen und entnimmt dazu aus dem Nachlass laufend erhebliche Beträge. Hierzu führe ich im Einzelnen aus: ...

Es besteht Grund zu der Annahme, dass durch die ungünstige Vermögenslage der Miterbin die Befriedigung der Nachlassgläubiger aus dem Nachlass gefährdet wird.

Ich versichere die Richtigkeit meiner Angaben über das Verhalten der Miterbin ... an Eides statt.

Ich beantrage deshalb, die Verwaltung des Nachlasses des ... anzuordnen.

Stellung des Nachlassverwalters

Mit der Anordnung der Nachlassverwaltung hat das Nachlassgericht den Nachlassverwalter zu bestellen. Auf diesen geht die Verwaltungs- und Verfügungsbefugnis hinsichtlich des Nachlasses über (§§ 1984, 1985 BGB). Er ist nicht gesetzlicher Vertreter des Erben, sondern Träger eines Amtes und im Prozess Partei kraft Amtes. Eine Klage des Nachlassgläubigers ist zu richten gegen „X, als Nachlassverwalter im Nachlass Y."

Der Nachlassverwalter hat die Nachlassverbindlichkeiten aus dem Nachlass zu berichtigen. Dies allerdings erst dann, wenn er annehmen darf, dass der Nachlass zur Berichtigung aller Nachlassverbindlichkeiten ausreicht (§ 1985 Abs. 2 i. V. m. § 1979 BGB). Dazu muss der Nachlassverwalter einerseits sorgfältig prüfen, welche Nachlassverbindlichkeiten vorhanden sind und noch entstehen können sowie andererseits, welche Aktiva zum Nachlass gehören und welchen Erlös er aus deren Verwertung erlangen wird. Er hat die Nachlassgläubiger zu ermitteln, notfalls durch Aufgebot (§ 1970 ff. BGB). Ohne ein solches Vorgehen darf er nicht von der Zulänglichkeit des Nachlasses ausgehen. Die Darlegungs- und Beweislast für diejenigen Umstände, die dazu geführt haben sollen, dass Zulänglichkeit angenommen werden durfte, trägt der Nachlassverwalter.[96]

Reicht der Nachlass nicht aus, um alle Nachlassverbindlichkeiten zu berichtigen, ist der Nachlassverwalter verpflichtet, die Eröffnung des Nachlassinsolvenzverfahrens zu beantragen, sobald er von der Zahlungsunfähigkeit oder der Überschuldung des Nachlasses Kenntnis erlangt (§ 1985 Abs. 2 i. V. m. § 1980 BGB). Das gilt auch dann, wenn damit zu rechnen ist, dass die Eröffnung des Nachlassinsolvenzverfahrens mangels Masse abgelehnt wird.[97]

Vollstreckungsabwehrklage des Erben

Soweit ein Nachlassgläubiger ungeachtet der angeordneten Nachlassverwaltung in das Eigenvermögen des Erben vollstreckt, kann sich dieser dagegen mit der Vollstreckungsabwehrklage zur Wehr setzen (§§ 781, 785, 767 ZPO).

Dabei ist der Klageantrag darauf zu richten, die Zwangsvollstreckung in einen bestimmten Gegenstand, der dem Eigenvermögen

[96] BGH NJW 1985, 140
[97] OLG Stuttgart Rpfleger 1984, 416

des Erben zuzurechnen ist, für unzulässig zu erklären. Steht fest, dass kein übernommenes Vermögen gegeben ist, der Nachlass folglich erschöpft ist, kann auch begehrt werden, die Zwangsvollstreckung aus einem Titel insgesamt für unzulässig zu erklären.[98] Vollstreckungsmaßnahmen, die vor der Anordnung der Nachlassverwaltung zugunsten eines Nachlassgläubigers in das Eigenvermögen des Erben vorgenommen wurden, sind auf dessen Verlangen aufzuheben (§ 784 Abs. 1 ZPO). Die Anordnung der Nachlassverwaltung ist seitens der Vollstreckungsorgane nicht von Amts wegen zu beachten.[99]

Verantwortlichkeit des Erben für die bisherige Verwaltung

Ist Nachlassverwaltung angeordnet worden, wird rückwirkend differenziert zwischen der Zeit vor Annahme der Erbschaft und der
4 Zeit danach.

Für die Zeit von der Annahme der Erbschaft bis zum Wirksamwerden der Anordnung der Nachlassverwaltung, während der der Erbe den Nachlass verwaltet hatte, wird der Erbe als Beauftragter der Nachlassgläubiger betrachtet (§ 1978 Abs. 1 Satz 1 BGB); Folge: Anwendung von § 662 ff. BGB, Schadensersatzpflicht nach §§ 280, 276 BGB; selbst gezogene Nutzungen hat er herauszugeben (§ 667 BGB); Rechenschaft hat er abzulegen (§§ 666, 259, 260 BGB).

Für die Zeit vom Erbfall bis zur Annahme der Erbschaft wird Geschäftsführung ohne Auftrag angenommen (§ 1978 Abs. 1 Satz 2 BGB), wenn der Erbe den Nachlass verwaltet hat; Folge: Anwendung von §§ 677 bis 684, 259, 260 BGB.

Aus Auftrag bzw. Geschäftsführung ohne Auftrag können die Gläubiger somit Ansprüche wegen Schlechtverwaltung gegen den Erben haben; die Ansprüche gelten als zum Nachlass gehörig (§ 1978 Abs. 2 BGB) und werden somit (nur) vom Nachlassverwalter verwaltet (§ 1985 Abs. 1, Abs. 2 Satz 2 BGB), das heißt, gegenüber dem Erben (notfalls gerichtlich) geltend gemacht; hieraus können dann Gläubiger bezahlt werden.

Ausnahme: § 1978 kommt nicht zur Anwendung, wenn der Erbe bereits endgültig auch mit seinem Privatvermögen haftet (§ 2013 Abs. 1 Satz 1 BGB).

---

98 OLG Frankfurt/M. NJW-RR 1992, 31; OLG Celle NJW-RR 1988, 133
99 OLG Frankfurt/M. OLGR Frankfurt 1997, 250

Beispiel:

Erbe hat die Erbschaft angenommen, dann ein wertvolles Schmuckstück aus dem Nachlass (Wert 10.000 Euro) verloren; anschließend ist auf Antrag des Erben Nachlassverwaltung angeordnet und ein Verwalter bestellt worden. Ein Nachlassgläubiger fordert 10.000 Euro vom Verwalter; im Nachlass sind nur noch wenige Mittel vorhanden. Für die fahrlässige Verringerung des Nachlasses haftet der Erbe aus § 280 BGB, muss also an den Verwalter aus seinem Eigenvermögen 10.000 Euro bezahlen (§ 1978 BGB), woraus der Gläubiger befriedigt wird. Im Prozess wird zu klären sein, ob der Erbe tatsächlich fahrlässig gehandelt hat.

Ende der Nachlassverwaltung

Die Nachlassverwaltung als solche endet unter anderem, wenn das Nachlassgericht sie durch Beschluss aufhebt (§§ 1919, 1915, 1975 BGB).

Das geschieht, wenn der Grund für ihre Anordnung weggefallen ist. Voraussetzung ist, dass die bekannten Nachlassverbindlichkeiten berichtigt sind (§ 1986 Abs. 1 BGB; bei derzeit nicht berichtigungsfähigen Verbindlichkeiten ist § 1986 Abs. 2 zu beachten). Anschließend rechnet der Verwalter ab (§ 1915 Abs. 1, 1890 BGB) und gibt dem Erben das restliche Vermögen heraus, § 1986 Abs. 1 BGB. Meldet sich nun noch ein Gläubiger, haftet an sich der Erbe mit Nachlass und Eigenvermögen; doch kann er sich auf die Dürftigkeit des Nachlasses berufen (analog § 1990 BGB), ohne dass er ein neues Nachlassverwaltungsverfahren beantragen müsste;[100] letztlich haftet er daher nicht mit seinem Privatvermögen.

Das Nachlassgericht hebt ferner durch Beschluss auf, wenn eine den Kosten entsprechende Masse nicht mehr vorhanden ist (§ 1988 Abs. 2 BGB); die Kosten bestehen im Wesentlichen in der Vergütung des Verwalters. Die Aufhebung hat zur Folge, dass der Erbe nur noch mit dem Nachlass haftet (Dürftigkeitseinrede, §§ 1990, 1992 BGB).

Aufgehoben wird auch, wenn das Nachlassinsolvenzverfahren eröffnet wurde (§ 1988 Abs. 1 BGB) oder weil der Erbe und alle noch nicht befriedigten Nachlassgläubiger zustimmen.[101]

---

[100] BGH NJW 1954, 634

[101] BayObLG FamRZ 1977, 487

Nachlassinsolvenzverfahren

Die Haftung des Erben beschränkt sich auf den Nachlass, wenn das Nachlassinsolvenzverfahren eröffnet ist, § 1975 BGB.

Antragspflicht

Hat der Erbe von der Zahlungsunfähigkeit oder Überschuldung des Nachlasses Kenntnis erlangt, muss er unverzüglich die Eröffnung des Nachlassinsolvenzverfahrens beantragen (§ 1980 Abs. 1 Satz 1 BGB). Verletzt er diese Pflicht, ist er den Gläubigern für den daraus entstehenden Schaden verantwortlich (§ 1980 Abs. 1 Satz 2 BGB). Vor der Annahme der Erbschaft besteht diese Verpflichtung nicht und damit auch kein Schadenersatzanspruch der Gläubiger.[102]

4 Der zu ersetzende Schaden entspricht der Differenz zwischen dem Erlös, der bei rechtzeitiger Antragstellung hätte erzielt werden können, und dem Betrag, der im Rahmen der verspäteten Antragstellung an die Gläubiger ausbezahlt werden kann (Quotenschaden). Auch der Ersatz unnötig aufgewandter Prozesskosten kann ggf. verlangt werden. Die Antragspflicht des Erben endet mit Anordnung einer Nachlassverwaltung, die Antragspflicht trifft dann aber den Nachlassverwalter (§ 1985 Abs. 2 BGB); § 1980 BGB findet entsprechende Anwendung.

Antragsberechtigt ist jeder Erbe, daneben unter anderem der Nachlassverwalter und jeder Nachlassgläubiger, § 317 Abs. 1 InsO; ein Miterbe auch allein (§ 317 Abs. 2 InsO). Das Antragsrecht eines Nachlassgläubigers entfällt, wenn seit der Annahme der Erbschaft zwei Jahre vergangen sind, § 319 InsO.

Voraussetzung für die Eröffnung

Grund für die Eröffnung des Verfahrens ist die Überschuldung des Nachlasses oder die Zahlungsunfähigkeit, § 320 Satz 1 InsO; es genügt Glaubhaftmachung. Wird der Antrag nicht von einem Gläubiger gestellt, genügt drohende Zahlungsunfähigkeit als Eröffnungsgrund, § 320 Satz 2 InsO.

Es muss eine ausreichende Masse vorhanden sein, um die Gerichtskosten und die Kosten des Insolvenzverwalters zu decken, §§ 26 Abs. 1, 54 InsO; bei fehlender Masse kommt es zur Abweisung des Antrags.

---

[102] BGH WM 2005, 237

Mit der Eröffnung des Nachlassinsolvenzverfahrens hat das Insolvenzgericht den Insolvenzverwalter zu bestellen, auf den die Verwaltungs- und Verfügungsbefugnis hinsichtlich des die Insolvenzmasse bildenden Nachlasses übergeht (§§ 80, 81 InsO). Während des eröffneten Insolvenzverfahrens können Nachlassverbindlichkeiten nur durch deren Anmeldung zur Insolvenztabelle geltend gemacht werden (§§ 325, 87, 174 InsO). Masseverbindlichkeiten im Sinne von §§ 324, 54, 55 InsO sind vorab aus der Insolvenzmasse zu befriedigen, § 53 InsO (z. B. Beerdigungskosten oder Ansprüche des Erben aus §§ 1978, 1979 BGB).

Beendigung des Insolvenzverfahrens

Nach Schlussverteilung (bzw. dem Insolvenzplan) endet das Insolvenzverfahren durch Aufhebungsbeschluss (§§ 200 Abs. 1, 258 Abs. 1 InsO). Folge: §§ 1989, 1973 BGB. Der Erbe kann sich auf die Erschöpfung des Nachlasses berufen, er muss die Verbindlichkeiten folglich nicht aus seinem Eigenvermögen bezahlen. Beim Insolvenzplan gelten in erster Linie dessen Regelungen. Sollte sich ergeben, dass alle Gläubiger befriedigt wurden, erhält der Erbe den Rest des Nachlasses ausgehändigt.

Wenn sich später zeigt, dass nicht mehr genügend Masse für die Kosten vorhanden ist, endet das Verfahren durch Einstellung, § 207 InsO. Folge: Der Erbe haftet wieder nach den allgemeinen Grundsätzen; er beruft sich also auf die Dürftigkeit des Nachlasses (§§ 1990, 1991 BGB) und verweigert die Zahlung aus seinem Eigenvermögen.

Zeigt sich später, dass in Wirklichkeit keine Überschuldung bzw. Zahlungsunfähigkeit vorlag, wird das Verfahren eingestellt, § 212 InsO. Nun kann der Erbe alle Nachlassgläubiger befriedigen.

Wenn alle Nachlassgläubiger zustimmen und der Erbe den Antrag stellt, wird ebenfalls eingestellt, § 213 InsO. Folge: Die Haftung des Erben richtet sich zunächst nach den geschlossenen Verzichtsvereinbarungen; im Übrigen kommen §§ 1990, 1992 BGB zur Anwendung.

Einreden des Erben

Möchte der Erbe seine Haftung für Nachlassverbindlichkeiten außerhalb einer Nachlassverwaltung oder eines Nachlassinsolvenzverfahrens auf den Nachlass beschränken, so stellt ihm das Gesetz verschiedene Einredemöglichkeiten zur Verfügung. Sie sind unter anderem für den Fall gedacht, dass eine Nachlassverwaltung oder

Nachlassinsolvenz mangels kostendeckender Masse nicht eröffnet werden kann oder ein entsprechendes Verfahren abgeschlossen ist.

Die normierten Einreden stellen ein Leistungsverweigerungsrecht dar, die der Erbe außergerichtlich oder im Erkenntnisverfahren erheben kann. Im Zwangsvollstreckungsverfahren sind die dem Erben zustehenden Einreden regelmäßig mit der Vollstreckungsabwehrklage geltend zu machen (§§ 781, 785 ZPO). Bei einem gegen den Erben ergangenen Urteil setzt dies allerdings voraus, dass ihm die Beschränkung der Erbenhaftung vorbehalten wurde (§ 780 ZPO).

Dürftigkeitseinrede

Sowohl eine Nachlassverwaltung wie auch ein Nachlassinsolvenzverfahren kosten viel Geld (Gebühren und Auslagen des Gerichts; Vergütung und Aufwendungen des Verwalters). Ist im Nachlass nicht einmal soviel Substanz vorhanden, um diese Kosten zu decken, liegt Dürftigkeit vor. Ist daher die Anordnung der Nachlassverwaltung oder die Eröffnung des Nachlassinsolvenzverfahrens mangels einer die Kosten deckenden Masse untunlich oder wird die Anordnung der Nachlassverwaltung oder die Eröffnung des Nachlassinsolvenzverfahrens aus diesem Grund abgelehnt, kann der Erbe die Befriedigung eines Nachlassgläubigers insoweit verweigern, als der Nachlass nicht ausreicht, § 1990 Abs. 1 Satz 1 BGB.

Der Erbe ist verpflichtet, den Nachlass zum Zwecke der Befriedigung des Gläubigers im Wege der Zwangsvollstreckung herauszugeben. Dazu gehört auch das aus dem Eigenvermögen des Erben aufgrund dessen Verwalterhaftung Geschuldete. Mit der Herausgabe des Nachlasses an denjenigen Nachlassgläubiger, der den Erben als Erster im Wege der Zwangsvollstreckung in Anspruch nimmt, wird der Erbe gegenüber den anderen Nachlassgläubigern befreit. Den später kommenden Nachlassgläubigern kann der Erbe die Erschöpfungseinrede entgegenhalten – gemäß § 1991 Abs. 3 BGB bereits dann, wenn er zur Befriedigung des zuerst kommenden Nachlassgläubigers rechtskräftig verurteilt wurde.

Voraussetzung

Überschuldung ist für die Anwendung des § 1990 BGB nicht Voraussetzung, liegt aber in der Regel vor. Maßgebend ist, dass Dürftigkeit vorliegt; wenn es zum Prozess kommt, ist der Zeitpunkt der Entscheidung des Gerichts über die Einrede maßgebend.[103] Nach anderer Ansicht muss die Unzulänglichkeit des Nachlasses im Zeitpunkt der Geltendmachung der Einrede gegeben sein.[104] Klagen verschiedene Gläubiger, sind verschiedene Zeitpunkte denkbar. Nicht notwendig ist daher, dass der Nachlass schon beim Erbfall dürftig war. War er anfangs bemittelt und ist dann durch schlechtes Verwalten seitens des Erben dürftig geworden, können allerdings eventuelle Ersatzansprüche der Gläubiger entstanden sein (§§ 1991 Abs. 1, 1979, 1978 BGB), die dem scheinbar dürftigen Nachlass hinzugerechnet werden (§ 1978 Abs. 2 BGB), so dass er dann unter Umständen nicht mehr als dürftig gilt, der Erbe somit die Einrede des § 1990 BGB nicht hat.

Untunlichkeit im Sinne des § 1990 BGB ist nicht nur dann gegeben, wenn Anträge auf Nachlassverwaltung oder Eröffnung des Nachlassinsolvenzverfahrens zurückgewiesen werden.[105] Vielmehr liegt sie auch vor, wenn es an einer kostendeckenden Masse fehlt. Der Erbe ist demnach nicht gezwungen, die ihn persönlich mit den Kosten belastende Verfahrensablehnung dadurch herbeizuführen, dass er einen entsprechenden Antrag stellt. Wird ein entsprechender Antrag nicht gestellt, hat der Erbe das Fehlen einer kostendeckenden Masse zu beweisen, falls der Gläubiger dies bestreitet.[106] Ob dem Erben für den Antrag auf Eröffnung des Nachlassinsolvenzverfahrens Prozesskostenhilfe zu bewilligen ist, wenn dieser damit die Unzulänglichkeit des Nachlasses feststellen lassen will, ist umstritten.[107]

Verfahrensablauf

Fordert der Nachlassgläubiger den Erben zur Bezahlung auf, wird dieser auf die Dürftigkeit hinweisen und sie durch Vorlage der gerichtlichen Beschlüsse über die Ablehnung von Nachlassverwaltung oder Insolvenzverfahren bzw. deren Aufhebung mangels Kostendeckung belegen. Hat er keine solchen Beschlüsse, wird er dem Gläubiger ein privat erstelltes Nachlassverzeichnis zusenden. Oft kommt es dann zu einer außergerichtlichen Einigung.

---

[103] BGH NJW 1983, 1485

[104] OLG Oldenburg OLGR Oldenburg, 2000, 207

[105] OLG Düsseldorf OLGR Düsseldorf 2000, 126

[106] KG NJW-RR 2003, 941

[107] Bejahend: LG Göttingen ZInsO 2000, 619; verneinend: LG Neuruppin ZInsO 2004, 1090

Klagt der Nachlassgläubiger gegen den Erben, wird der Erbe die Dürftigkeit einwenden. Das Prozessgericht kann, je nach Sachlage, entscheiden:

- Es kann darüber Beweis erheben und die Klage abweisen.[108] Der Erbe muss in diesem Fall darlegen und beweisen, welche Gegenstände im Nachlass verblieben sind und für die Zwangsvollstreckung in Betracht kommen. Wenn keine Nachlassgegenstände vorhanden sind oder alle ursprünglich vorhandenen Gegenstände durch die Befriedigung anderer Gläubiger aus dem Nachlass entfernt sind und kein Anspruch aufgrund des § 1991 BGB gegen den Erben besteht, ist die Klage abzuweisen. Sind Nachlassgegenstände vorhanden, kann das Gericht im Urteil die Zwangsvollstreckung auf diese beschränken.

4

- Ist Nachlass vorhanden, aber Dürftigkeit gegeben, wird der Erbe verurteilt, wegen eines Betrags von ... die Zwangsvollstreckung in die Nachlassgegenstände zu dulden (§ 1990 Abs. 1 Satz 2 BGB). Das Gericht hat die Möglichkeit, im Urteil diese Gegenstände einzeln aufzuführen. Das Gericht kann aber auch den Erben zur Zahlung verurteilen, die Feststellung der Unzulänglichkeit dem Zwangsvollstreckungsverfahren überlassen und einfach den Vorbehalt nach § 780 Abs. 1 ZPO in das Urteil aufnehmen. Das Gericht muss nicht prüfen, ob der Nachlass erschöpft ist oder nicht (keine sachliche Prüfung). Dies wird erst in der Zwangsvollstreckung geklärt, wenn der Erbe die Dürftigkeitseinrede im Wege der Vollstreckungsgegenklage geltend macht.

Ob das Gericht den einen oder den anderen Weg wählt, steht in seinem Ermessen.[109]

Das Prozessgericht kann sich im vom Nachlassgläubiger geführten Erkenntnisverfahren darauf beschränken, dem beklagten Erben auf dessen Dürftigkeitseinrede (§ 1990 BGB) gemäß § 780 Abs. 1 ZPO dessen Haftungsbeschränkung vorzubehalten. Es steht im freien Ermessen des Gerichts, die behauptete Erschöpfung des Nachlasses materiell zu prüfen, geboten ist diese Prüfung indes nicht. Das beruht auf der Überlegung, das Erkenntnisverfahren nicht noch zusätzlich mit vollstreckungsrechtlichen Fragen zu belasten und dadurch die Entscheidungsreife zulasten des Gläubigers hinaus-

---

[108] BGH NJWE-FER 2000, 211; BGH NJW 1983, 2378; OLG Oldenburg FamRZ 2001, 179

[109] BayObLG NJW-RR 2000, 306; KG NJW-RR 2003, 941

zuzögern. In den Fällen, in denen der Erbe zu einem schnellen Ende des Erkenntnisverfahrens beiträgt, indem er sich auf den Haftungsvorbehalt beschränkt, mag es deshalb angebracht sein, die Dürftigkeitseinrede im Erkenntnisverfahren zu erledigen. Anderes hat nur bei Entscheidungsreife der Haftungsbeschränkung zu gelten, sprich: wenn die Dürftigkeit des Nachlasses entweder unstreitig oder liquide bewiesen ist.

Antrag auf Klageabweisung durch Erhebung der Unzulänglichkeitseinrede gemäß § 1990 BGB

In Sachen ... gegen ... beantrage ich, die Klage gegen den ... als Alleinerben seiner am ... verstorbenen Mutter, ..., abzuweisen.

Begründung: Der Nachlass ist erschöpft. Die Erblasserin hat jahrelang nur eine geringe Rente in Höhe von ... EUR bezogen. Bei ihrem Tode verfügte sie lediglich noch über ein Kontenvermögen auf ihrem Girokonto Nr. ... bei der ... Bank in Höhe von 300 EUR. Davon hat der Beklagte einen Teil der Beerdigungskosten gezahlt. Der Betrag reichte bei Weitem nicht aus, um alle Kosten zu decken.

Beweis: ... Der Hausrat der Erblasserin war wertlos, so dass der Beklagte ihn und die persönlichen Sachen der Erblasserin entsorgen ließ. Weitere Nachlassgegenstände waren nicht vorhanden.

Beweis: ... Damit ist der gesamte Nachlass verbraucht.

Herbeiführung des Vorbehalts der Haftungsbeschränkung im Urteil durch Erhebung der Unzulänglichkeitseinrede gemäß § 1990 BGB

In Sachen ... gegen ... beantrage ich, dem Beklagten als Alleinerben seiner am ... verstorbenen Mutter, ..., die Beschränkung der Haftung auf den Nachlass vorzubehalten.

Begründung: Der Nachlass ist erschöpft. Die Erblasserin hat jahrelang nur eine geringe Rente in Höhe von ... EUR bezogen. Bei ihrem Tode verfügte sie über ein Girokonto Nr. ... bei der ... Bank in Höhe von 800 EUR. Davon hat der Beklagte die Beerdigungskosten gezahlt. Daneben besteht noch ein Sparkonto mit der Nr. ... bei der ... Bank mit einer Einlage von 2.823,13 EUR. Der Betrag reicht bei Weitem nicht aus, um die Gläubigerforderung zu befriedigen. Der Hausrat der Erblasserin ist überwiegend wertlos. Vorhanden ist noch ein Fernsehgerät der Marke ... mit einem geschätzten Wert von 300 EUR und eine Waschmaschine der Marke ... mit einem geschätzten Wert von 400 EUR. Weitere Nachlassgegenstände sind nicht vorhanden.

§ 1990 Abs. 1 Satz 2 BGB besagt somit nicht (entgegen dem Wortlaut), dass der Erbe den Gläubigern den dürftigen Nachlass herauszugeben hat; er hat nur zu dulden, dass etwa vom Gerichtsvollzieher gepfändet und versteigert wird.

Wurden die Voraussetzungen der Haftungsbeschränkung nach § 1990 BGB bereits im Erkenntnisverfahren bejaht, kann sich der Erbe gegen die Zwangsvollstreckung des Nachlassgläubigers in nachlassfremde Gegenstände mit der Vollstreckungserinnerung nach § 766 zur Wehr setzen.[110]

Ist im Erkenntnisverfahren nur der Vorbehalt nach § 780 ZPO aufgenommen worden und vollstreckt ein Nachlassgläubiger in einen nachlassfremden Gegenstand, kann der Erbe hiergegen im Wege der Vollstreckungsabwehrklage vorgehen (§§ 781, 785, 767 ZPO). Dabei trifft den Erben die Beweislast.[111]

Beispiel:

Pfändet der Gerichtsvollzieher einen nicht geerbten Gegenstand, kann der Erbe gegen den Kläger (Nachlassgläubiger) Vollstreckungsgegenklage erheben (§§ 781, 785, 767 ZPO); in diesem Verfahren wird dann geprüft (z. B. mittels Vorlage von Rechnungen, Zeugenvernehmung), ob der Gegenstand tatsächlich nicht zum Nachlass gehört.

Vollstreckungsabwehrklage unter Geltendmachung der Unzulänglichkeitseinrede gemäß § 1990 BGB

In Sachen ... gegen ... beantrage ich, die Zwangsvollstreckung aus dem Urteil des Landgerichtes vom ... (Az. ...) in das Grundstück der Klägerin durch Eintragung einer Sicherungshypothek in Abt. III lfd. Nr. ... des Grundbuchs von ... Bl. ... für unzulässig zu erklären.

Begründung: Die Klägerin ist die einzige Tochter und Alleinerbin des am ... verstorbenen ... Die Beklagte hatte noch zu Lebzeiten des Erblassers gegen diesen ein rechtskräftiges Urteil des Landgerichts (Az. ...) erwirkt, mit dem der Erblasser zur Zahlung von Werklohn für den Einbau einer Heizungsanlage in seine Mietwohnung in Höhe von 8.000 EUR verurteilt worden ist.

Beweis: ... Die Klägerin ist Alleineigentümerin des im Grundbuch von ... eingetragenen Grundstücks ... Die Beklagte hat wegen ihrer Werk-

110 BayObLG NJW-RR 2000, 306
111 BGH NJW 1964, 2298

lohnforderung in Abt. III des Grundbuchs eine Sicherungshypothek eintragen lassen.

Beweis: ... Bei der Sichtung des Nachlasses hat die Klägerin festgestellt, dass der Nachlass hoffnungslos überschuldet ist. Gegen den Erblasser lagen zahlreiche rechtskräftige Titel vor, aus denen Gläubiger bereits fruchtlos die Zwangsvollstreckung betrieben hatten. Die Klägerin hat daraufhin am ... die Eröffnung eines Nachlassinsolvenzverfahrens beantragt, das durch Beschluss des Amtsgerichts – Insolvenzgericht – ... wegen Fehlens einer die Kosten deckenden Nachlassmasse abgelehnt worden ist.

Beweis: ... Der Nachlass ist dürftig. Die Voraussetzungen einer Vollstreckung in das Eigenvermögen der Klägerin sind nicht gegeben.

Aufwendungsersatz des Erben

Der Erbe kann seine bisherigen Aufwendungen vor den Nachlassgläubigern[112] dem Nachlass entnehmen, §§ 1991 Abs. 1, 1978 Abs. 3 BGB.

Beispiel 1:

Hat der Erbe nach Annahme der Erbschaft eine schadhafte Wasserleitung reparieren lassen und die Rechnung des Installateurs in Höhe von 300 EUR aus seinem Vermögen bezahlt, kann er dem Nachlasskonto diesen Betrag vorweg entnehmen, auch wenn er einem Nachlassgläubiger gegenüber bereits die Dürftigkeitseinrede erhoben hat, §§ 1991 Abs. 1, 1978 Abs. 3 BGB.

Beispiel 2:

Hat der Erbe nach Annahme der Erbschaft einen Nachlassgläubiger aus seinem Vermögen befriedigt, weil er annehmen konnte, alle Gläubiger könnten letztlich aus dem Nachlass Befriedigung erlangen, kann er den geleisteten Betrag auch nach Erhebung der Dürftigkeitsklage dem Nachlass entnehmen, §§ 1991 Abs. 1, 1979 BGB.

Ersatzpflicht des Erben

Nach §§ 1991 Abs. 1, 1978 Abs. 1, Abs. 2, 1979 BGB haftet der Erbe als fiktiver Beauftragter der Gläubiger aus §§ 1991 Abs. 1, 1978 Abs. 1,

[112] RG 82, 278; BGH NJW 1983, 1485 (1487); MüKo/Küpper, § 1991 Rn 2

662 ff., 280 BGB für Fehler bei der Verwaltung des Nachlasses. Beruft sich der Erbe auf die Dürftigkeit, können die Nachlassgläubiger einwenden, der Nachlass sei nicht dürftig, weil Ansprüche gegen den Erben bestehen. In diesem Fall haftet der Erbe letztlich bis zur Höhe des Nachlasses, dem die Ansprüche gegen ihn zuzurechnen sind. Eine unbeschränkte Haftung mit dem Eigenvermögen des Erben scheidet aus, weil dies den Gläubiger begünstigen würde.[113]

Reihenfolge der Befriedigung der Nachlassgläubiger

Stellt der Erbe Überschuldung fest, muss er Nachlassinsolvenz beantragen, wenn genügend Mittel dafür vorhanden sind (§§ 1980, 1990 BGB). Stellt er Überschuldung fest, sind aber nicht ausreichend Mittel für das Nachlassinsolvenzverfahren im Nachlass vorhanden, muss er bei der Befriedigung der Gläubiger § 1991 Abs. 3 und 4 BGB beachten.

§ 1991 Abs. 3 BGB

Die rechtskräftige Verurteilung des Erben zur Befriedigung eines Gläubigers wirkt einem anderen Gläubiger gegenüber wie die Befriedigung.

Er besagt, dass schon die Verurteilung, nicht erst die Zahlung fingiert, dass der titulierte Betrag nicht mehr im Nachlass vorhanden ist. Folge ist, dass der Erbe diejenigen Gläubiger bevorzugt befriedigen muss, die eine rechtskräftige Verurteilung bzw. einen anderen rechtskräftigen Titel (§ 794 ZPO) erwirkt haben.[114] Ein rechtskräftiger Titel gegen den Erblasser, der nach § 727 ZPO gegen den Erben umgeschrieben wurde, steht dem gleich.

Beispiel:

Stehen dem Nachlass Ansprüche von Gläubigern (z. B. Vermieter, Bestatter, Stromanbieter) gegenüber, welche den Nachlass weit übersteigen, wartet der Erbe, bis der erste Gläubiger einen Titel erwirkt hat und vollstreckt. Gegenüber den anderen Gläubigern wendet er dann, wenn diese klagen, Dürftigkeit ein. Er überlässt somit den Ablauf dem Zufall und dem Geschick der einzelnen Gläubiger. Würde der Erbe an einen beliebigen Gläubiger freiwillig zuerst auszahlen, setzt er sich der Gefahr der Verwalterhaftung (§§ 1991, 1978, 1979 BGB) aus.

113 Zimmermann, Erbrecht, 3. Aufl. Rn 624

114 Palandt/Weidlich, § 1991 Rn 4; MüKo/Küpper, § 1991 Rn 8

Da der Erbe sich selbst nicht verklagen kann, darf er eine ihm gegen den Nachlass zustehende Forderung zuvor noch dem Nachlass entnehmen.[115]

§ 1991 Abs. 4 BGB befasst sich mit Verbindlichkeiten aus Pflichtteilsrechten, Vermächtnissen und Auflagen. Diese hat der Erbe im Falle der Dürftigkeit in der Reihenfolge des § 327 Abs. 1 bis 3 InsO zu befriedigen, sprich: grundsätzlich erst nach den übrigen Gläubigern. Verstößt der Erbe dagegen, haftet er den besserrangigen Gläubigern für deren Ausfall (§§ 1978, 1979 BGB), muss sie finanziell so stellen, wie sie stünden, wenn er die Pflichtteile usw. nicht voreilig ausbezahlt hätte. Rangfolge nach § 327 Abs. 1 Nr. 1 und 2 InsO: Pflichtteil vor Vermächtnis und Auflage.

Erschöpfungseinrede

Ist das Nachlassinsolvenzverfahren durch Verteilung der Masse oder durch einen Insolvenzplan beendet, kann der Erbe die Befriedigung der Nachlassgläubiger insoweit verweigern, als der Nachlass erschöpft ist (§§ 1989, 1973 BGB). Wird das Insolvenzverfahren nach § 207 InsO (mangels Masse) eingestellt, findet § 1989 BGB mangels Masseverteilung keine Anwendung. Der Erbe kann sich dann ggf. auf § 1990 BGB berufen. Die Einrede kann sowohl denjenigen Nachlassgläubigern entgegengehalten werden, die am Insolvenzverfahren teilnahmen, als auch denjenigen, die ihre Forderung nicht angemeldet haben. Voraussetzung für die sich ergebende Beschränkung der Erbenhaftung ist jedoch, dass der Erbe zum Zeitpunkt der Insolvenzeröffnung nicht bereits unbeschränkbar haftete.

Überschwerungseinrede

Beruht die Überschuldung des Nachlasses auf Vermächtnissen und Auflagen, ist der Erbe gemäß § 1992 BGB, auch wenn die Voraussetzungen des § 1990 BGB nicht vorliegen, berechtigt, die Berichtigung dieser Verbindlichkeiten nach den Vorschriften der §§ 1990, 1991 zu bewirken. Auf Pflichtteilsansprüche ist die Überschwerungseinrede nicht (auch nicht analog) anzuwenden.[116] (Pflichtteilsansprüche entstehen kraft Gesetzes unabhängig vom Anordnungswillen des Erblassers.)

---

[115] BGH NJW 1983, 120; MüKo/Küpper, § 1991 Rn 8

[116] MüKo/Küpper, § 1992 Rn 4; BeckOK/Lohmann, § 1992 Rn 2

§ 1992 BGB ist nicht anwendbar, wenn der Nachlass auch ohne Auflage und Vermächtnis überschuldet ist. Bei der Frage, ob eine Pflicht des Erben zum Insolvenzantrag besteht, bleiben Verbindlichkeiten aus Vermächtnissen und Auflagen unberücksichtigt (§ 1980 Abs. 1 Satz 3 BGB). Beruht die Überschuldung des Nachlasses somit nur auf Vermächtnissen und Auflagen,[117] muss der Erbe zur Haftungsbeschränkung kein Insolvenzverfahren beantragen, selbst wenn genügend Mittel dafür im Nachlass vorhanden wären (§ 1992 Satz 1 BGB).

Im Rahmen der Durchführung der Haftungsbeschränkung ist der Erbe gemäß § 1992 Satz 1 BGB berechtigt, die Befriedigung der Vermächtnisnehmer und Auflagenberechtigten nach den Vorschriften der §§ 1990, 1991 BGB zu bewirken. Die Verweisung in § 1992 BGB auf § 1991 Abs. 4 BGB, der wiederum auf § 327 InsO („bei gleichem Rang im Verhältnis ihrer Beträge ...") verweist, erfordert eine gleichmäßige Befriedigung der Vermächtnisnehmer und Auflagenbegünstigten. Eine vom Erblasser angeordnete Reihenfolge ist allerdings vorrangig (§ 2189 BGB; § 327 Abs. 2 Satz 2 InsO).

Die Haftung für diese Verpflichtungen beschränkt sich auf den nach § 1991 BGB zu ermittelnden aktiven Nachlass. Der Erbe kann Vollstreckungsmaßnahmen, die wegen eines Anspruchs aus einem Vermächtnis oder einer Auflage in sein Eigenvermögen erfolgt sind, mit der Überschwerungseinrede entgegentreten.

Obwohl der Erblasser niemals Schuldner der von ihm angeordneten Vermächtnisse und Auflagen gewesen ist, findet § 780 Abs. 1 ZPO Anwendung. Der Erbe muss sich gegenüber Vermächtnisnehmern und Auflagenbegünstigten die Beschränkung seiner Haftung auf den Nachlass im Urteil vorbehalten lassen.

Nach § 1992 Satz 2 BGB kann der Erbe die Herausgabe der noch vorhandenen Nachlassgegenstände durch Zahlung des Werts abwenden. Mit dem Begriff „Herausgabe" ist die in § 1990 Abs. 1 Satz 2 BGB erwähnte Herausgabe des Nachlasses zum Zwecke der Befriedigung des Gläubigers im Wege der Zwangsvollstreckung gemeint.

---

[117] RG JW 1912, 40; OLG München ZEV 1998, 100

Beispiel:

Das Aktivvermögen beträgt 50.000 EUR, die Nachlassschulden 40.000 EUR; daneben bestehen drei Vermächtnisse, die sich auf 3.000 EUR, 9.000 EUR und 18.000 EUR (zusammen 30.000 EUR) belaufen.

Es besteht keine Insolvenzantragspflicht (§ 1980 Abs. 1 Satz 3 BGB). Die drei Vermächtnisnehmer erhalten nach § 1992 BGB zusammen nur 10.000 EUR, jedes Vermächtnis wird somit um 2/3 gekürzt. Damit ergeben sich folgende Beträge: 1.000 EUR, 3.000 EUR und 6.000 EUR.

Haftungsproblematik bei einer Erbengemeinschaft

4

Die Haftung der Miterben für Nachlassverbindlichkeiten regelt sich nach §§ 2058 bis 2063 BGB. Diese Vorschriften sind als Ergänzung derjenigen Regelungen zu verstehen, mit denen die Haftung des Alleinerben normiert wird.

Vor Annahme der Erbschaft kann weder der Erbe noch der Miterbe von den Nachlassgläubigern in Anspruch genommen werden (§ 1958 BGB). Zieht sich die Annahme hin, bleibt dem Gläubiger nur, die Bestellung eines Nachlasspflegers zu beantragen (§ 1961 BGB) und dann „die unbekannten Erben des [Erblassers], gesetzlich vertreten durch den Nachlasspfleger, zu verklagen".

Nach der Annahme der Erbschaft ist zu unterscheiden, ob der Nachlass schon geteilt ist oder noch nicht.

Haftung der Miterben vor der Teilung	Haftung der Miterben nach der Teilung
zwei Vermögensmassen: ■ ungeteilter Nachlass ■ Eigenvermögen des Miterben (einschließlich des Miterbenanteils am Nachlass)	eine Vermögensmasse des Miterben
Gesamthänderische Haftung nur mit dem Nachlass, § 2059 Abs. 2 BGB	§ 2059 Abs. 2 BGB nicht mehr anwendbar

Haftung der Miterben vor der Teilung	Haftung der Miterben nach der Teilung
Gesamtschuldnerische Haftung mit Nachlassanteil und Eigenvermögen ■ beschränkbar nach §§ 1973 bis 1975 BGB, 1989, 1990 und § 2059 Abs. 1 Satz 1 BGB auf den Nachlassanteil	Gesamtschuldnerische Haftung mit dem Gesamtvermögen ■ allgemeine Haftungsbeschränkungen gelten, jedoch ohne Nachlassverwaltung (§ 2062 BGB)
Falls die gesamtschuldnerische Haftung unbeschränkbar geworden ist: ■ Haftung mit Erbanteil, § 2059 Abs. 1 Satz 1 BGB ■ anteilig mit Eigenvermögen, § 2059 Abs. 1 Satz 2 BGB	Gesamtschuldnerische Haftung, welche unbeschränkbar geworden ist, bleibt bestehen ■ § 2059 Abs. 1 Satz 2 BGB nicht mehr anwendbar
	In den Fällen der §§ 2060 und 2061 BGB besteht die Haftung nur in Höhe der Erbquote mit dem Privatvermögen.

4

Haftung der Miterben vor der Teilung

Die Miterben haften für die gemeinschaftlichen Nachlassverbindlichkeiten als Gesamtschuldner (§ 2058 BGB); der Gläubiger kann somit nach Gutdünken alle Miterben als Gesamtschuldner verklagen, er kann sich auch nur einen oder mehrere Miterben heraussuchen und diese auf den vollen Betrag verklagen (§ 421 BGB), sprich: nicht nur auf einen der Erbquote entsprechenden Teilbetrag.

Beim Miterben sind zwei Vermögensmassen zu unterscheiden: der ungeteilte Nachlass als Gesamthandsvermögen (folglich nicht die Einzelgegenstände oder Anteile daran) und das Eigenvermögen des Erben (wozu auch der Miterbenanteil gehört).

Je nach Sachlage und sich daraus ergebendem Klage- und Vollstreckungsziel kommt für den Nachlassgläubiger die Gesamthands- oder die Gesamtschuldklage in Betracht.

Gesamthandsklage oder Gesamtschuldklage

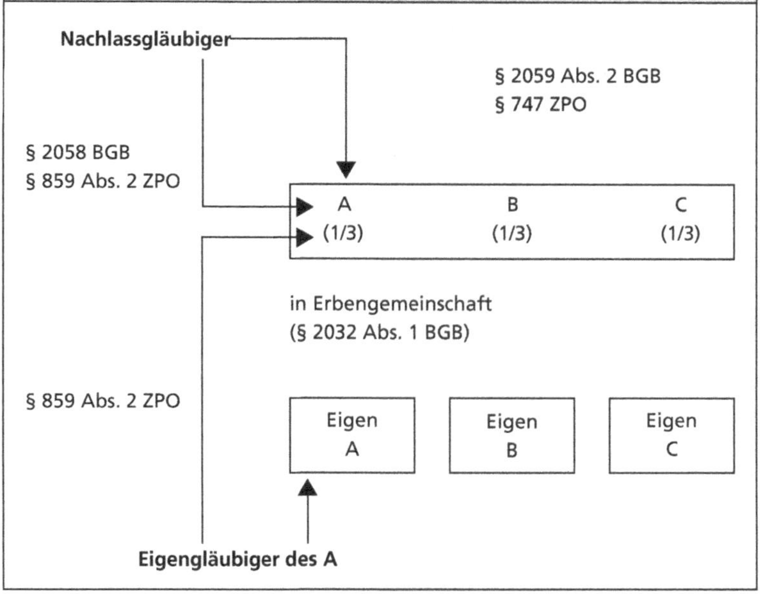

Gesamthänderische Haftung bis zur Teilung des Nachlasses

Im Fall der sogenannten Gesamthandsklage will der Kläger (Gläubiger) etwas, was die Erben nur in ihrer Verbundenheit als Gesamthand aus dem ungeteilten Nachlass erbringen können, wie etwa die Auflassung eines Nachlassgrundstücks, Eintragung einer Sicherungshypothek oder eine Grundbuchberichtigung, weil aufgrund § 2040 BGB nur alle Erben gemeinsam „verfügen" und somit den Anspruch erfüllen können. Die einzelnen Miterben können das Nachlassgrundstück nicht „als Gesamtschuldner" leisten, weil sie nicht als Bruchteilseigentümer, sondern im Grundbuch „als Erbengemeinschaft" eingetragen sind (§ 47 GBO). Der Nachlassgläubiger muss wegen § 747 ZPO alle Miterben verklagen (nicht „die Erbengemeinschaft", weil diese nicht passiv parteifähig ist). Die Miterben sind notwendige Streitgenossen im Sinne von § 62 ZPO.[118]

[118] BGH LM ZPO § 62 Nr. 2; RG 71, 366

Gesamtschuldnerische Haftung bis zur Teilung des Nachlasses

Will der Nachlassgläubiger dagegen Geld, kann sowohl aus dem Nachlass wie aus dem Eigenvermögen erfüllt werden; dem Gläubiger ist dies gleichgültig. Er wird in der Regel alle Miterben als Gesamtschuldner auf Zahlung verklagen (§§ 2058, 421 Satz 1 BGB), und kann bei einem Titel gegen alle Miterben in die einzelnen Nachlassgegenstände vollstrecken (§ 747 ZPO).[119] Außerdem hat er dann die Chance, auch in das Privatvermögen der Miterben vollstrecken zu können.

Solange der Miterbe noch beschränkbar haftet, hat er ein besonderes Verweigerungsrecht. Er haftet nur mit seinem Anteil am Nachlass, nicht mit seinem Eigenvermögen (§ 2059 Abs. 1 Satz 1 BGB). Das wird aber nicht von Amts wegen berücksichtigt; es handelt sich um eine Einrede, die vom verklagten Miterben im Prozess zu erheben und dann vom Gericht im Urteil vorzubehalten ist (§ 780 ZPO):

> Der Beklagte wird verurteilt, an den Kläger ... zu zahlen. ... Dem Beklagten wird die Beschränkung seiner Haftung auf den Nachlass des ... vorbehalten.

Wenn der Gläubiger vernünftig ist, vollstreckt er dann nur in den Erbteil (§ 859 Abs. 2 ZPO). Er kann aber trotz des Vorbehalts in das gesamte Vermögen des Miterben vollstrecken. Tut er das, kann der Beklagte (Miterbe) durch eine neue Klage nach §§ 785, 781, 767 ZPO die beschränkte Haftung (nämlich nur mit dem Erbanteil) geltend machen.

Wenn der Gläubiger alle Miterben verklagt und gegen alle obsiegt, ist es möglich, in einzelne Nachlassgegenstände zu vollstrecken (§ 747 ZPO), nicht mehr nur in die einzelnen Erbanteile. Hat der Gläubiger alle Miterben verklagt und haben alle mit Erfolg die Einrede des § 2059 Abs. 1 Satz 1 BGB i. V. m. § 780 ZPO erhoben, kann der Gläubiger nicht in das Privatvermögen der Miterben vollstrecken.

Haftet der Miterbe bereits unbeschränkt (das heißt auch mit seinem Eigenvermögen), steht ihm das Verweigerungsrecht nach § 2059 Abs. 1 Satz 1 BGB nicht mehr zu (§ 2059 Abs. 1 Satz 2 BGB). Ein Miterbe haftet allen Gläubigern zum Beispiel unbeschränkt (§ 2013 BGB), wenn er die ihm vom Nachlassgericht gesetzte Frist zur Errichtung eines Nachlassverzeichnisses versäumt hat (§§ 1994 Abs. 1

[119] MüKo/Ann, § 2059 Rn 19

Satz 2, 2005 BGB). Haftet ein Miterbe nach diesen Grundsätzen unbeschränkt, muss er trotzdem nicht voll mit seinem Eigenvermögen für eine Nachlassverbindlichkeit einstehen, sondern nur mit seiner Erbquote; denn wegen der noch nicht vollzogenen Teilung besteht noch ein Sondervermögen „Nachlass", so dass dem Gesetzgeber die Interessen der Nachlassgläubiger ausreichend gewahrt erscheinen.

Beispiel:

Eine Bank hat eine Forderung von 30.000 EUR gegen den Erblasser; dieser wird von A, B und C zu je 1/3 beerbt. Der Nachlass ist noch nicht geteilt. Wenn die Bank nur A auf Zahlung von 30.000 EUR verklagt, ist zu unterscheiden:

- Wenn A den Vorbehalt der Haftungsbeschränkung (§ 2059 Abs. 1 Satz 1 BGB) nicht erhebt, kann die Bank in das Eigenvermögen von A und in seinen Erbanteil vollstrecken.
- Wenn von A der Haftungsvorbehalt eingewandt wird und dieser im Urteil aufgenommen ist, kann die Bank letztlich nur in den Erbteil vollstrecken, soweit A die Vollstreckungsabwehrklage erhebt.

Wenn die Bank A, B und C als Gesamtschuldner auf Zahlung von 30.000 EUR verklagt, kann sie

- in das Eigenvermögen von A, B und C sowie in die einzelnen Nachlassgegenstände vollstrecken (§ 747 ZPO), wenn die Miterben den Vorbehalt der Haftungsbeschränkung (§ 2059 Abs. 1 Satz 1 BGB) nicht erheben.
- nur in die einzelnen Nachlassgegenstände vollstrecken (da ein Titel gegen alle vorliegt, entfällt der Umweg über die Pfändung der Erbanteile), wenn der Haftungsvorbehalt eingewandt wird und im Urteil aufgenommen ist.

Haftet der Miterbe A bereits unbeschränkt, weil er das geforderte Inventar nicht rechtzeitig errichtet hat (§ 1994 Abs. 1 Satz 2 BGB), kann die Bank in den Miterbenanteil von A vollstrecken (§ 859 Abs. 2 ZPO) und in sein sonstiges Eigenvermögen (aber nur) wegen 10.000 EUR (§ 2059 Abs. 1 Satz 2 BGB).

Klage gegen einen Miterben

→ Miterbe erhebt den Vorbehalt nach § 2059 Abs. 1 Satz 1 BGB nicht; Gläubiger kann vollstrecken:

- in Eigenvermögen des Miterben
- in Erbanteil des Miterben

→ Miterbe erhebt den Vorbehalt nach § 2059 Abs. 1 Satz 1 BGB (Aufnahme im Urteil ist erfolgt); Gläubiger kann vollstrecken:

- (nur) in Erbanteil des Miterben

Klage gegen alle Miterben als Gesamtschuldner

→ Miterben erheben den Vorbehalt nach § 2059 Abs. 1 Satz 1 BGB nicht; Gläubiger kann vollstrecken:

- in alle Eigenvermögen der Miterben
- in die einzelnen Nachlassgegenstände

→ Miterben erheben den Vorbehalt nach § 2059 Abs. 1 Satz 1 BGB (Aufnahme im Urteil ist erfolgt); Gläubiger kann vollstrecken:

- in die einzelnen Nachlassgegenstände

→ Ein Miterbe haftet bereits unbeschränkbar; Gläubiger kann vollstrecken:

- in Erbanteil des Miterben (§ 859 Abs. 2 ZPO)
- in sonstiges Eigenvermögen des Miterben, aber nur in Höhe seines Quotenanteils am Nachlass (§ 2059 Abs. 1 Satz 2 BGB)

Vollstreckungsabwehr des Miterben

Für die Vollstreckungsabwehrklage nach §§ 785, 767 ZPO gilt, dass diese grundsätzlich von jedem Miterben gesondert zu erheben ist, um die Zwangsvollstreckung eines Nachlassgläubigers in das Eigenvermögen des Miterben abzuwehren. Wird aus einem gegen alle Erben (§ 2059 Abs. 1 Satz 1 BGB) ergangenen Titel (Gesamthandtitel) die Zwangsvollstreckung betrieben und beschränkt sich die Vollstreckung so bereits nach § 747 ZPO auf den Nachlass,[120] kann der Miterbe, in dessen Eigenvermögen aus einem derartigen Titel vollstreckt wird, dagegen die Drittwiderspruchsklage (§ 771 ZPO) erheben.

---

[120] BGH MDR 1988, 653

Mit der Vollstreckungsabwehrklage kann jeder Miterbe seine auf den Nachlassanteil beschränkte Haftung geltend machen. Hierzu kann er sich auf die oben genannten Beschränkungsmöglichkeiten beziehen, die in der Person des jeweiligen Erben gegeben sein müssen. Der Miterbe darf somit noch nicht unbeschränkbar haften. Auch muss ihm in einem gegen ihn gerichteten Urteil (Gesamtschuldtitel) die Haftungsbeschränkung vorbehalten worden sein.[121]

Gesamtschuldklage, § 2058 BGB

- Verklagt wird/werden einer, mehrere oder alle Miterben als Gesamtschuldner zum Beispiel auf Zahlung.
- Es kann die Vollstreckung in das Eigenvermögen erreicht werden, wenn die Erben den Haftungsvorbehalt nicht einwenden.
- Bei Einwendung des Haftungsvorbehalts ist Vollstreckung in den Erbanteil möglich (§ 859 Abs. 2 ZPO).
- Werden alle Miterben verklagt, ist Vollstreckung in einzelne Nachlassgegenstände möglich.
- Miterben sind grundsätzlich einfache Streitgenossen.

Gesamthandsklage, § 2059 Abs. 2 BGB

- Verklagt werden müssen alle Miterben als Mitglieder der Gemeinschaft, zum Beispiel auf Auflassung eines Grundstücks und Bewilligung der Grundbucheintragung.
- Es kann nur die Vollstreckung in den ungeteilten Nachlass erreicht werden.
- Miterben sind grundsätzlich notwendige Streitgenossen.

Haftung der Miterben nach der Teilung des Nachlasses

Nach der Teilung gibt es beim Miterben nur noch eine Vermögensmasse; § 2059 Abs. 2 BGB ist nach seinem Wortlaut nicht mehr anwendbar.

Volle Haftung

Die gesamtschuldnerische Haftung der Miterben bleibt auch nach der Teilung bestehen (§ 2058 BGB), beschränkbar nach den all-

[121] OLG Köln OLGR Köln 1997, 25

gemeinen Regeln (§§ 1973, 1974, 1989, 1990 BGB); eine Nachlassverwaltung gemäß § 1975 BGB kann nicht mehr beantragt werden (§ 2062 BGB), wohl aber noch ein Insolvenzverfahren (§ 316 Abs. 2 InsO). § 2059 Abs. 1 Satz 1 BGB ist nicht mehr anwendbar.

Anteilige Haftung

Ausnahmsweise haftet ein Miterbe nur für den Teil der Schuld, der seiner Erbquote entspricht (Begrenzung der Schuld der Höhe nach), wenn

- ein Gläubiger im gerichtlichen Aufgebotsverfahren ausgeschlossen wurde (§ 2060 Nr. 1 BGB).
- der Gläubiger bestimmte Fristen versäumt hat (§ 2060 Nr. 2 BGB).
- das eröffnete Nachlassinsolvenzverfahren durch Verteilung der Masse oder durch einen Insolvenzplan beendet wurde (§ 2060 Nr. 3 BGB); die Einstellung des Insolvenzverfahrens nach §§ 207, 213 InsO hat diese Wirkung nicht.
- der Miterbe in bestimmter Weise die Gläubiger privat (z. B. im Bundesanzeiger, Bekanntmachungszeitung) aufgefordert hat und keine Anmeldung erfolgt (§ 2061 BGB).

Öffentliches Aufgebotsverfahren durch das Nachlassgericht

Eine Teilschuld tritt nach § 2060 Nr. 1 BGB gegenüber solchen Nachlassgläubigern ein, die durch Ausschließungsbeschluss des Nachlassgerichts ausgeschlossen sind. Der Beschluss muss vor der Teilung ergangen sein.[122]

Die teilschuldnerische Haftung ist gemäß § 460 Abs. 1 Satz 2 FamFG den Nachlassgläubigern besonders anzudrohen. Nach § 460 Abs. 2 FamFG kann auch der bereits unbeschränkbar haftende Miterbe das Aufgebotsverfahren mit Androhung des in § 460 Abs. 1 Satz 2 FamFG bestimmten Rechtsnachteils beantragen. Das Aufgebot erstreckt sich dann auch auf die Nachlassgläubiger, denen der Miterbe unbeschränkbar haftet.[123] Der unbeschränkbar haftende Miterbe kann dadurch zwar nichts mehr an seiner unbeschränkten Haftung ändern, jedoch eine Teilschuld herbeiführen.

---

122 Palandt/Weidlich, § 1960 Rn 2; MüKo/Ann, § 2060 Rn 8

123 MüKo/Ann, § 2060 Rn 7

Öffentliches Privataufgebot

Eine teilschuldnerische Haftung tritt auch ein, wenn der Nachlassgläubiger seine Forderung in einem öffentlichen Privataufgebot nicht angemeldet hat und diese Forderung bis zur Teilung unbekannt war (§ 2061 BGB). Zu dieser Rechtsfolge kommt es, wenn die Teilung erst nach Aufforderung und Fristablauf erfolgt ist.[124] Das Privataufgebot führt zur Schuldbegrenzung der bis dahin gesamtschuldnerisch haftenden Erben. Eine Haftungsbeschränkung auf den Nachlass kann nicht erreicht werden, so dass auch der bereits unbeschränkbar haftende Erbe das Privataufgebot beantragen kann. Er haftet dann nur in Höhe seines Erbteils mit seinem Eigenvermögen.

Verspätete Geltendmachung von Forderungen

Die Teilschuld tritt auch gegenüber solchen Nachlassgläubigern ein, die erst nach Ablauf von fünf Jahren (gerechnet ab dem Zeitpunkt des Erbfalls) ihre Forderung geltend machen (§ 2060 Nr. 2 BGB). Es genügt die außergerichtliche Geltendmachung, wenn der Wille, befriedigt zu werden, hinreichend zum Ausdruck kommt.[125] Das gilt nicht gegenüber dinglich gesicherten Nachlassgläubigern im Sinne von § 1971 BGB, die ihre Forderung durch Verwertung des haftenden Gegenstands auch nach Fristablauf verfolgen können (§ 2060 Nr. 2 2. Halbsatz BGB).

Masseverteilung im Rahmen des Nachlassinsolvenzverfahrens

Eine Teilschuld tritt nach § 2060 Nr. 3 BGB gegenüber allen Gläubigern nach Durchführung eines Nachlassinsolvenzverfahrens ein, wenn dieses durch Masseverteilung oder Insolvenzplan beendet wurde. Das Nachlassinsolvenzverfahren muss vor der Teilung eröffnet worden sein.[126]

Teilweise wird vertreten, dass die Vorschrift des § 2060 Nr. 3 BGB sinngemäß auch Anwendung findet nach Beendigung eines Nachlassverwaltungsverfahrens.[127]

---

[124] MüKo/Ann, § 2061 Rn 5; BeckOK/Lohmann, § 2061 Rn 5

[125] MüKo/Ann, § 2060 Rn 10

[126] MüKo/Ann, § 2060 Rn 15; Palandt/Weidlich, § 260 Rn 4; BeckOK/Lohmann, § 2060 Rn 6

[127] MüKo/Ann, § 2060 Rn 16

Besonderheiten einzelner Beschränkungsmöglichkeiten

Jeder Miterbe kann die Eröffnung des Nachlassinsolvenzverfahrens beantragen (§ 317 InsO). Die damit verbundene Wirkung tritt gegenüber allen anderen Miterben ein. Sie können sich auf die Haftungsbeschränkung berufen, soweit sie noch nicht unbeschränkbar haften.

Die Nachlassverwaltung können die Miterben nur gemeinschaftlich und nur bis zur Teilung des Nachlasses beantragen (§ 2062 BGB). Ist auch nur einer der Miterben nach § 2013 BGB nicht berechtigt, die Anordnung der Nachlassverwaltung zu beantragen, verbietet sich dies auch für die übrigen Miterben.

Jeder Miterbe kann die Zulassung des Aufgebotsverfahrens beantragen, sofern er noch nicht unbeschränkbar gegenüber allen Nachlassgläubigern haftet.

Die Inventarfrist ist jedem Miterben zu bestimmen. Errichtet jedoch ein Miterbe über den gesamten Nachlass rechtzeitig ein Inventar, gelten die sich hieraus ergebenden positiven Folgen auch für die übrigen Miterben (§ 2063 BGB).

Auseinandersetzung der Miterbengemeinschaft

Anspruch auf Auseinandersetzung

Die Miterbengemeinschaft ist nicht auf Dauer geschaffen, sondern dient von vorneherein nur der Abwicklung und Aufteilung der Erbschaft (sog. Liquidationsgemeinschaft).

Die Auseinandersetzung im Sinne von § 2042 Abs. 1 BGB umfasst die gesamten Vorgänge zur Gemeinschaftsaufhebung. Im Einzelnen geht es vor allem um die Zustimmung zur Verwertung von Nachlassgegenständen, die Befriedigung von Nachlassgläubigern und die Verteilung des verbleibenden Überschusses nach den Teilungsregeln.

Beispiel:

5 Die Erbengemeinschaft nach E besteht aus der Witwe W sowie den Kindern A und B je zu 1/3. Der Erblasser hat in seinem Testament angeordnet, dass W im Wege der Teilung das Hausgrundstück erhalten soll und die Erbengemeinschaft im Hinblick auf den einzelkaufmännisch betriebenen Buchhandel nicht auseinandergesetzt werden darf, bevor Sohn B das 30. Lebensjahr vollendet hat (derzeit 20 Jahre alt). Der Nachlass besteht aus dem Hausgrundstück, dem Buchhandel, Kontenvermögen und einer Gemäldesammlung.

Der Anspruch auf Auseinandersetzung ist nach § 2042 Abs. 1 BGB jederzeit fällig (Grundsatz). Er unterliegt nicht der Verjährung, § 2042 Abs. 2 i. V. m. § 758 BGB, jedoch ergeben sich Schranken aus der Pflicht zur Rücksichtnahme auf die Miterben. Wird hiergegen ohne hinreichenden Grund verstoßen, kann das Auseinandersetzungsverlangen rechtsmissbräuchlich sein.[128] Ein Miterbe kann grundsätzlich nicht verlangen, dass eine persönlich auf ihn beschränkte Teilauseinandersetzung stattfindet. Dem steht der Zweck einer Auseinandersetzung, in einem einzigen Verfahren alle Abwicklungsfragen zu klären, entgegen.[129]

Auch eine gegenständliche Teilerbauseinandersetzung kann grundsätzlich nicht verlangt werden.[130] Grundsätzlich kann jeder Miterbe jederzeit die Auseinandersetzung gemäß § 2042 Abs. 1 BGB ver-

128 RGZ 65, 10
129 BGH NJW 1985, 51; OLG Koblenz NJW-RR 2013, 584
130 OLG Rostock ZEV 2009, 465

langen, soweit sich aus den §§ 2043 bis 2045 BGB keine Ausnahmen ergeben. Es handelt sich um einen gesetzlichen Anspruch.

Anspruch auf Auseinandersetzung haben neben einem Miterben

- der anstelle des betreffenden Miterben für einen Erbteil eingesetzte Testamentsvollstrecker (§ 2204 BGB),[131]
- der Abwesenheitspfleger für einen bekannten Erben sowie
- der Anteilserwerber (§ 2033 BGB).[132]

Nießbraucher am Miterbenanteil (§ 1066 Abs. 2 BGB) und Pfandgläubiger vor Pfandreife (§ 1258 Abs. 2 BGB) können die Auseinandersetzung nur zusammen mit dem betreffenden Miterben gemeinschaftlich verlangen, der Pfandgläubiger nach Pfandreife (Eintritt der Fälligkeit des Anspruchs) auch allein.[133]

Nicht befugt, das Auseinandersetzungsverlangen zu stellen, sind:

- ein Nachlassgläubiger[134]
- ein Nacherbe
- der für den Gesamtnachlass eingesetzte Nachlasspfleger[135]
- ein Miterbe, der seinen Erbteil übertragen hat[136]

Der Anspruch ist gegen die übrigen Miterben gerichtet[137] bzw. die übrigen Mitglieder der Gemeinschaft, nicht gegen den Nachlass, so dass insoweit auch kein Nachlasspfleger gemäß § 1961 BGB bestellt werden kann.[138]

---

131 RGZ 61, 355; KG KGJ 28, A 16; OLGE 10, 313
132 KG OLGE 14, 154
133 BGH NJW 1969, 1347
134 BayObLGZ 28, 817, 819
135 RGZ 154, 110; KG DFG 40, 26; BayObLGZ 1950/51 Nr. 91
136 BGH NJW 1986, 931
137 RG JW 1904, 61
138 KG NJW 1971, 565

Anspruch auf Auseinandersetzung		
jederzeitige Fälligkeit nach § 2042 Abs. 1 BGB	keine Verjährung nach § 2042 Abs. 2 i. V. m. § 758 BGB	Anspruchsberechtigte: ■ jeder Miterbe ■ Anteilserwerber ■ Abwesenheitspfleger für einen bekannten Miterben ■ Testamentsvollstrecker anstelle eines Miterben ■ Pfandgläubiger nach Pfandreife ■ Nießbraucher (§ 1066 Abs. 2 BGB) und Pfandgläubiger vor Pfandreife (§ 1258 Abs. 2 BGB) nur mit dem betreffenden Miterben nicht berechtigt sind: ■ Nachlassgläubiger ■ Nacherbe ■ Nachlasspfleger für den Gesamtnachlass ■ Miterbe nach Übertragung seines Anteils an Dritten

Von der Regel des § 2042 Abs. 1 BGB (jederzeitiges Verlangen) gibt es Ausnahmen.

Unbestimmtheit der Erbanteile

Die Auseinandersetzung der Miterbengemeinschaft ist ausgeschlossen, soweit und solange die Erbteile wegen der zu erwartenden Geburt eines Miterben noch unbestimmt sind (der Miterbe muss gemäß § 1923 Abs. 2 BGB schon gezeugt sein). Die Auseinandersetzung ist aber nur soweit ausgeschlossen, wie die Unbestimmtheit reicht. Ist beispielsweise nur die Person eines Erben innerhalb eines Stamms unbestimmt, kann im Übrigen auseinandergesetzt werden (der betroffene Stamm setzt sich später noch auseinander – kein Fall des § 2043 Abs. 1 BGB).

Die Auseinandersetzung nach § 2043 Abs. 2 BGB ist auch ausgeschlossen, soweit die Erbteile deshalb noch unbestimmt sind, wenn die Entscheidung über

- einen Antrag auf Annahme als Kind,
- die Aufhebung des Annahmeverhältnisses oder
- die Anerkennung einer vom Erblasser errichteten Stiftung als rechtskräftig

noch aussteht. Wird die Auseinandersetzung entgegen § 2043 BGB vorgenommen, so ist sie nicht gemäß § 134 BGB nichtig, da § 2043 BGB kein gesetzliches Verbot enthält, sondern nur den Auseinandersetzungsanspruch aus § 2042 BGB zeitweilig beschränkt. Eine einvernehmliche Auseinandersetzung wird somit nicht verhindert. Das Nachlassgericht darf aber im Fall des § 2043 BGB nicht gemäß § 363 ff. FamFG vermitteln. Tritt ein weiterer Miterbe hinzu, ist er nicht an einen schuldrechtlichen Auseinandersetzungsvertrag zwischen den übrigen Miterben gebunden. Er kann den Vertrag nach § 177 BGB jedoch genehmigen, was in Betracht zu ziehen sein wird, falls er im Vertrag berücksichtigt wurde. Wird der zunächst nicht Vorhandene nicht Miterbe, ist eine schon vorgenommene Auseinandersetzung gültig, was die übrigen Miterben ihm vorbehalten haben, ist noch Gesamthandsvermögen, das der Verteilung in einer Nachtragsauseinandersetzung bedarf.

Anordnung des Erblassers

Der Erblasser kann die Auseinandersetzung ausschließen oder von Voraussetzungen abhängig machen, insbesondere von einer Kündigungsfrist oder einem Mehrheitsbeschluss der Miterben. Der Ausschluss kann den ganzen Nachlass umfassen oder auch nur einzelne Nachlassgegenstände (z. B. einen vorhandenen Betrieb).

Laut § 2044 Abs. 1 Satz 1 BGB müssen die Anordnungen des Erblassers durch einseitige Verfügung von Todes wegen, das heißt durch Testament oder einseitig im Erbvertrag, erfolgen. Die Ausschließung ist auch bei gesetzlicher Erbfolge möglich.[139]

---

[139] BayObLG NJW 1967, 1136

Die Ausschlussverfügung wird regelmäßig in 30 Jahren nach Eintritt des Erbfalls unwirksam. Besteht der Ausschluss nur auf Zeit, endet er gemäß § 2044 Abs. 1 Satz 2 i. V. m. § 750 BGB im Zweifel mit dem Tod eines Miterben. Die Aufhebung ist trotz Ausschlusses aus wichtigen Gründen möglich, § 2044 Abs. 1 Satz 2 i. V. m. § 749 Abs. 2 und 3 BGB (z. B. bei Eintritt der Volljährigkeit eines Miterben, wenn eine Gesellschaft zum Nachlass gehört, entsprechend § 723 Abs. 1 Satz 3, 4 BGB).

Das Auseinandersetzungsverbot des Erblassers hat wie eine entsprechende Miterbenvereinbarung schuldrechtliche Wirkung. Es beschränkt den Auseinandersetzungsanspruch aus § 2042 BGB. Damit werden untersagt:

- Veräußerungen von Nachlassgegenständen an Dritte
- Teilungsmaßnahmen unter Miterben
- die Umwandlung von Gesamthands- in Miteigentum der Miterben

- die Veräußerung von Miterbenanteilen[140]

Wegen des nur schuldrechtlichen Charakters können die Miterben sich einverständlich über die Erblasseranordnung abändernd hinwegsetzen. Ein Testamentsvollstrecker ist nach § 2204 Abs. 1 BGB an das Erblasserverbot gebunden, kann sich aber mit Zustimmung aller Miterben und etwaiger Vermächtnisnehmer oder Auflagenbegünstigter darüber hinwegsetzen.

Sind alle Erben einig, berühren Verletzungen der Erblasseranordnung nicht die Wirksamkeit von schuldrechtlichen oder dinglichen Rechtsgeschäften mit Dritten oder unter Miterben.[141] Das Verbot des Erblassers wirkt nicht dinglich, weil die Verfügungsmacht nicht rechtsgeschäftlich ausgeschlossen oder beschränkt werden kann, § 137 Satz 1 BGB. Da auch kein Verbot im Sinne der §§ 134 bis 136 BGB vorliegt, handelt es sich um eine schuldrechtliche Unterlassungsverpflichtung im Sinne von § 137 Satz 2 BGB.[142] Der Notar hat seine Vermittlungstätigkeit gemäß den § 363 ff. FamFG abzulehnen, wenn das Auseinandersetzungsverbot von einem Miterben vorgebracht wird.

---

[140] MüKo/Ann, § 2044 Rn 8
[141] BayObLG Rpfleger 1982, 467
[142] BGH NJW 1963, 2320

Aufschub während der Gläubigerermittlung

Gemäß § 2045 BGB kann jeder Miterbe bis zur Beendigung der Gläubigerermittlung (gerichtliches Aufgebotsverfahren nach § 1970 BGB oder außergerichtliche öffentliche Aufforderung nach § 2061 BGB) verlangen, dass die Auseinandersetzung unterbleibt (Aufschub). Es handelt sich um eine Einrede eines jeden Miterben und es erfolgt keine Berücksichtigung von Amts wegen.

Die Vorschrift ist vor dem Hintergrund der Besonderheiten der Erbenhaftung und der Regelung des § 2046 BGB zu sehen. Zur Ermittlung der Nachlassverbindlichkeiten gibt es zwei Wege, nämlich das gerichtliche Aufgebotsverfahren nach den § 1970 ff. BGB ,§ 454 ff. FamFG sowie den privaten Gläubigeraufruf nach § 2061 BGB. Denjenigen Gläubigern, die im Aufgebotsverfahren ausgeschlossen sind oder sich auf das Privataufgebot von Miterben nicht gemeldet haben, sind die Miterben nach der Teilung nur für den ihrem Anteil entsprechenden Forderungsteil verantwortlich, auch wenn sie unbeschränkbar haften, §§ 2060, 2061 Abs. 2 Satz 2 BGB (zur entsprechenden Androhung siehe § 460 Abs. 1 Satz 2 FamFG).

Vereinbarung der Miterben

Die Miterben können einstimmig die Auseinandersetzung auf Dauer oder auf Zeit durch formlose Vereinbarung ausschließen, §§ 2042 Abs. 2, 749 Abs. 2, 3, 750 ff. BGB[143] oder von besonderen Voraussetzungen abhängig machen, etwa von einer Kündigung, § 2042 Abs. 2, § 749 Abs. 2 BGB. Eine solche Vereinbarung ist keine Verwaltungsmaßnahme im Sinne von § 2038 BGB, so dass kein Mehrheitsbeschluss in Betracht kommt. Für eine Miterbenvereinbarung gilt die 30-Jahre-Grenze des § 2044 Abs. 2 BGB nicht. Sie kann sich auf alle oder nur einzelne Nachlassgegenstände erstrecken oder nur eine bestimmte Art der Aufhebung ausschließen.

Der Vereinbarung kommt nur schuldrechtliche Wirkung zu. Treffen nur einige Miterben die Vereinbarung, so wirkt sie lediglich zwischen ihnen. Sie wirkt auch für und gegen einen Anteilssondernachfolger, beispielsweise Erbteilserwerber (§ 751 BGB). Keine Wirkung besteht gegenüber einem Miterbengläubiger, der den Anteil aufgrund eines nicht nur vorläufig vollstreckbaren Titels hat pfänden lassen, § 751 BGB,[144] auch nicht gegenüber einem Vertragspfand-

---

[143] BGH WM 1968, 1172

[144] BayObLGZ 28, 817

gläubiger, §§ 1258 Abs. 2 Satz 2 2. Halbsatz, 1273 Abs. 2 BGB. Der Nießbraucher ist hingegen gebunden, da er nur Miterbenrechte ausübt. Der vertragliche Ausschluss ist bei wichtigem Grund kündbar, entgegenstehende Vereinbarungen sind nach § 749 Abs. 2 und 3 BGB nichtig.[145]

Ist Testamentsvollstreckung lediglich als Abwicklungsvollstreckung gemäß §§ 2203, 2204 BGB (nicht auch als Dauervollstreckung gemäß § 2209 BGB) angeordnet, führt eine derartige Vereinbarung der Miterben ipso jure zur Beendigung der Testamentsvollstreckung, ohne dass es weiterer Maßnahmen, insbesondere einer Aufhebung der Testamentsvollstreckung oder einer Entlassung des Testamentsvollstreckers durch das Nachlassgericht bedarf. Ein Erbschein, der die Beschränkung der Erben durch die Anordnung der Testamentsvollstreckung ausweist (§ 2364 Abs. 1 BGB) wird insoweit unrichtig und ist einzuziehen.

Miterben können durch Vereinbarung untereinander die Auseinandersetzung des Nachlasses auch nur hinsichtlich eines bestimmten Nachlassgegenstandes auf Dauer ausschließen. In diesem Fall endet eine vom Erblasser angeordnete Testamentsvollstreckung gemäß §§ 2203, 2204 BGB nur hinsichtlich des betreffenden Nachlassgegenstands; hinsichtlich der übrigen Nachlassgegenstände besteht sie – nunmehr als gegenständlich beschränkte Testamentsvollstreckung (§ 2208 Abs. 1 Satz 2 BGB) – fort.[146] Wichtig ist vor dem Abschluss einer Auseinandersetzungsvereinbarung ein Darlegen aller Vorausempfänge und ggf. eines Erbverzichts. Im Verschweigen eines Erbverzichts liegt eine arglistige Täuschung gegenüber den gesetzlichen Miterben; insoweit besteht auch ungefragt eine Aufklärungsfrist. Auch das Verschweigen von Tatsachen kann eine Täuschung darstellen, wenn hinsichtlich der verschwiegenen Tatsache eine Aufklärungspflicht besteht. Für die Frage, zwischen wem und in welcher Weise eine Erbengemeinschaft auseinandergesetzt wird, ist es von ausschlaggebender Bedeutung, dass einer der im Erbschein genannten Erben in Wahrheit gar nicht Miterbe ist; mithin er also an einer Auseinandersetzung gar nicht teilhaben darf. Zudem besteht auch im Hinblick auf die familiäre Verbundenheit ein Vertrauensverhältnis, welches eine Aufklärungspflicht begründet.[147]

---

145 BGH WM 1968, 1172

146 OLG Nürnberg FamRZ 2010, 1203

147 OLG München FamRZ 2010, 1196

Auseinandersetzungsanordnungen (Teilungsanordnung) des Erblassers

Der Erblasser kann nach § 2048 BGB durch Verfügung von Todes wegen bestimmen, wie die Auseinandersetzung vorgenommen werden soll. Er kann auch anordnen, dass die Auseinandersetzung nach dem billigen Ermessen eines Dritten zu erfolgen hat.

Beispiel: Auseinandersetzungsanordnung

Meine Söhne A, B und C sind zu gleichen Teilen meine Erben. Zu meinem Nachlass gehören das Mietshaus in München, das Einfamilienhaus in Nürnberg und mein sonstiges Vermögen. A soll das Haus in München erhalten, B das Haus in Nürnberg und C das gesamte restliche Vermögen.

Das Haus in München hat beim Erbfall einen Wert von ca. 900.000 EUR, das Haus in Nürnberg einen Wert von 600.000 EUR und das restliche Vermögen ist 300.000 EUR wert.

Ergebnis: Erben sind A, B und C je zu 1/3. Den Nachlass haben sie gemäß der Teilungsanordnung nach § 2048 BGB zu verteilen; die unterschiedlichen Werte müssen ausgeglichen werden.

5

Die unterschiedlichen Werte der zugewiesenen Gegenstände können aber im Wege der Auslegung auch eine unterschiedliche Erbquote hervorrufen.

Beispiel:

Meine Söhne A, B und C sollen meine Erben sein. Zu meinem Nachlass gehören das Mietshaus in München, das Einfamilienhaus in Nürnberg und mein sonstiges Vermögen. A soll das Haus in München erhalten, B das Haus in Nürnberg und C das gesamte restliche Vermögen.

Es stellt sich heraus, dass zum Zeitpunkt der Testamentserrichtung das Haus in München einen Wert von ca. 900.000 EUR, das Haus in Nürnberg einen Wert von ca. 600.000 EUR und das restliche Vermögen einen Wert von ca. 300.000 EUR hatte.

Ergebnis: A erbt 1/2, B 1/3 und C 1/6, wenn man die Werte der zugeordneten Gegenstände zugrunde legt. Außerdem liegt eine Teilungsanordnung nach § 2048 BGB vor.

Wichtig: Auseinandersetzungsanordnungen können als solche nur testamentarisch oder einseitig[148] im Erbvertrag (§ 2299 BGB) angeordnet werden, und zwar auch ohne Erbeinsetzung.[149]

Eine Auseinandersetzungsanordnung wirkt nur schuldrechtlich im Verhältnis der Miterben zueinander, hat somit keine dingliche Zuordnung zur Folge.[150] Sie begründet insbesondere keine Sondererbfolge an einzelnen Nachlassgegenständen. Durch Auseinandersetzungsanordnung zugewiesene Gegenstände gehören demnach zum Nachlass, bis sie dem betreffenden Miterben im Auseinandersetzungsvollzug in einer ggf. vorgeschriebenen Form übertragen werden.

Die Zuweisung eines Nachlassgegenstands hat zweifache Verpflichtungswirkung:

- Der betreffende Miterbe kann von den übrigen eine entsprechende Auseinandersetzung, das heißt eine entsprechende Ausrichtung des Teilungsplans verlangen.[151]
- Zugleich wird er zur Übernahme des Gegenstands verpflichtet, es sei denn, der Erblasser hat nur ein Recht zur Übernahme gewährt.

Ist ein Miterbe nicht zur Übernahme des zugewiesenen Gegenstands verpflichtet, sondern steht es ihm nach der Erblasseranordnung frei, ob er den betreffenden Nachlassgegenstand gegen Wertausgleich übernimmt oder nicht, spricht man von einem Übernahmerecht.

Hier wird dem betreffenden Miterben ein Gestaltungsrecht eingeräumt, so dass erst die Miterbenerklärung, vom Übernahmerecht Gebrauch machen zu wollen, den Anspruch auf Übertragung des fraglichen Nachlassgegenstands im Auseinandersetzungsverfahren zum festgesetzten bzw. geschätzten Übernahmepreis begründet. Der Erblasser kann einem Miterben auch eine Übernahmepflicht gegen Anrechnung auf den Erbteil auferlegen. Damit entstehen Pflicht und Recht zur Übernahme sofort mit dem Erbfall.

---

148 BGH LM § 2278 Nr. 6 = NJW 1982, 441

149 BGH FamRZ 1985, 62; BayObLG FamRZ 1988, 660

150 RGZ 110, 271; 170, 163; BGH NJW 2002, 2712

151 BGH NJW 1981, 1837

Beispiel: Übernahmepflicht

Mein Sohn Anton hat bei der Auseinandersetzung der Erbengemeinschaft das Grundstück in München zu übernehmen. Einen eventuellen Mehrwert hat er den übrigen Miterben auszugleichen.

Beispiel: Übernahmerecht

Mein Sohn Benno kann bei der Auseinandersetzung der Erbengemeinschaft das Grundstück in Starnberg beanspruchen. Sofern er davon Gebrauch macht, hat er einen eventuellen Mehrwert mit den übrigen Miterben auszugleichen.

Beschränkt wird das Recht des Erblassers, Auseinandersetzungsanordnungen zu treffen, durch § 2306 Abs. 1 BGB.

Beispiel:

Der verwitwete Erblasser hat seine drei Kinder als Erben im Testament eingesetzt, nämlich A zu 1/2 sowie B und C zu je 1/4. Daneben hat er angeordnet, dass A bei der Erbteilung das Nachlassgrundstück allein erhalten soll und wertmäßig nur zur Hälfte ausgleichen muss.

In diesem Fall können B und C nach § 2306 Abs. 1 BGB die Erbschaft ausschlagen und jeweils den Pflichtteil von quotenmäßig 1/6 verlangen.

Wegen ihrer nur schuldrechtlichen Wirkung können sich die Miterben einverständlich über die Auseinandersetzungsanordnung hinwegsetzen. Ein Testamentsvollstrecker ist an die Anordnung gebunden, nicht hingegen an davon abweichende Miterbenvereinbarungen. Für eine Erbteilungsklage ist der Wille des Erblassers zwingend. Die Teilungsanordnung des Erblassers steht einer Teilungsversteigerung eines Grundstücks entgegen.[152]

[152] OLG Oldenburg ZEV 2014, 417

Abgrenzungsfragen

Die rechtliche Einordnung von Anordnungen des Erblassers zur Auseinandersetzung kann schwierig sein. Entscheidend ist der durch Auslegung zu ermittelnde Wille des Erblassers. Handelt es sich nur um unverbindliche Erwägungen oder Ratschläge des Erblassers, fehlt die verpflichtende Wirkung.

Eine Auflage zulasten aller Miterben ist anzunehmen, wenn der Erblasser sie an seine Auseinandersetzungsanordnung soweit binden will, dass auch die Vereinbarung aller Miterben sie nicht ausräumen kann. Ihre Vollziehung ist in diesen Fällen regelmäßig nur dann sicher, wenn der Erblasser gemäß § 2194 BGB zugleich einen Ersatzerben für den Fall des Verstoßes gegen seine Anordnung eingesetzt hat.

Sehr schwierig kann die Abgrenzung der Auseinandersetzungsanordnung zum Vorausvermächtnis nach § 2150 BGB sein.

Bei der Auseinandersetzungsanordnung beschränkt sich die Bestimmung des Erblassers auf die bloße Abwicklung der Auseinandersetzung ohne vermögensmäßige Begünstigung eines Miterben. Ein Vorausvermächtnis verlangt demgegenüber die Zuweisung eines objektiven Vermögensvorteils sowie einen entsprechenden Begünstigungswillen des Erblassers. Hat der Erblasser einem Miterben einen Nachlassgegenstand zugewiesen, dessen Wert objektiv höher ist, als dem Miterben bei der Auseinandersetzung gebührt, kommt es bei der Abgrenzung von Teilungsanordnung und Vorausvermächtnis deshalb darauf an, ob der Erblasser dem betreffenden Miterben den Mehrwert zusätzlich zu seinem Erbteil zuwenden wollte (Vorausvermächtnis) oder er eine Wertverschiebung dadurch ausschließen wollte, dass der Bedachte den übrigen Miterben einen entsprechenden Wertausgleich zu leisten hat (Teilungsanordnung).

Entscheidender Gesichtspunkt für die Auslegung ist die vom Erblasser gewollte wertmäßige Verteilung des Nachlasses. War die Begünstigung eines Miterben durch die Zuweisung eines den Wert des Erbteils übersteigenden Gegenstandes nicht gewollt, hat dieser den Mehrwert gegenüber den anderen Miterben auszugleichen.[153]

Kann dies nicht unter Aufrechterhaltung der Teilungsanordnung im Rahmen der Nachlassauseinandersetzung geschehen und ist der betreffende Miterbe auch nicht bereit, den Mehrwert aus seinem

---

[153] BGH NJW 1985, 51; BGH FamRZ 1987, 475

eigenen Vermögen zu begleichen, ist die Teilungsanordnung insoweit unbeachtlich,[154]

als sie ohne Ausgleich vom Begünstigten nicht erzwungen werden kann. Denn der Erblasser kann einen Miterben durch Teilungsanordnung nicht über den Nachlass hinaus mit seinem Privatvermögen verpflichten. Es gelten dann die gesetzlichen Auseinandersetzungsregeln. Verbindet der Erblasser die Zuteilung eines Nachlassgegenstands mit einer Anrechnungspflicht, ist im Umfang der Verrechnung eine reine Auseinandersetzungsanordnung anzunehmen, im Übrigen ein Vorausvermächtnis.[155]

Ist die Anrechnungssumme höher als der Wert des Zugewandten, könnte in Höhe der Differenz ein Vorausvermächtnis für die anderen Miterben vorliegen.

Die Unterscheidung von Auseinandersetzungsanordnung und Vorausvermächtnis hat verschiedene rechtliche Konsequenzen: Nur das Vermächtnis kann für sich ausgeschlagen und (§ 2180 BGB) schon vor der Auseinandersetzung geltend gemacht werden (§ 2176 BGB). Der durch Auseinandersetzungsanordnung zugewiesene Gegenstand gehört bei beschränkter Erbenhaftung zum haftenden Nachlass, nicht hingegen der vorausvermachte, dem Vermächtnisnehmer bereits verschaffte Gegenstand, unbeschadet von § 322 InsO, § 5 AnfG. Nur der durch die Auseinandersetzungsanordnung zugewiesene Gegenstand unterliegt dem Recht des Nacherben, nicht hingegen im Zweifel das Vorausvermächtnis, § 2110 Abs. 2 BGB.[156]

Beispiel:

Die Erbengemeinschaft nach E besteht aus der Witwe W sowie den Kindern A und B je zu 1/3. Auf den Anteil der W ist Nacherbfolge angeordnet, die mit dem Tod oder der Wiederverheiratung der W eintritt; Nacherben sind A und B je zur Hälfte. Der Erblasser hat in seinem Testament angeordnet, dass W über ihren Anteil am Nachlass hinaus allein das Hausgrundstück erhalten soll.

In Bezug auf das Hausgrundstück liegt ein Vorausvermächtnis vor (§ 2150 BGB), das (im Zweifel) nicht der Nacherbfolge unterliegt (§ 2110 Abs. 2 BGB).

[154] BGH NJW-RR 1996, 577
[155] BGH NJW 1985, 51 f.
[156] MüKo/Ann, § 2048 Rn 18

Auseinandersetzungsverfahren

Es gibt verschiedene Möglichkeiten, die Auseinandersetzung einer Erbengemeinschaft zu betreiben:

<table>
<tr><th colspan="4">Möglichkeiten der Auseinandersetzung</th></tr>
<tr><td>durch einen Testamentsvoll-strecker
§ 2204 BGB</td><td>durch eine vertragliche Vereinbarung aller Miterben
§ 311 BGB</td><td>durch eine Teilungsanordnung des Erblassers
§ 2048 BGB
(§ 2049 BGB)</td><td>durch eine Teilung nach gesetzlichen Regeln
§ 2046 BGB,
§ 2047 BGB,
§§ 2042 Abs. 2, 752 BGB,
§§ 2042 Abs. 2, 753 BGB</td></tr>
<tr><td></td><td colspan="3">■ Vermittlungsverfahren nach § 363 ff. FamFG
■ Klageverfahren auf Auseinandersetzung
■ Zuweisung nach § 13 ff. GrdstVG durch Landwirtschaftsgericht</td></tr>
</table>

Auseinandersetzung durch den Testamentsvollstrecker

Hat der Erblasser eine Testamentsvollstreckung angeordnet, so hat der Testamentsvollstrecker auch die Auseinandersetzung unter den Miterben zu bewirken, § 2204 BGB. Er stellt den Auseinandersetzungsplan auf und hört die Miterben vor der Ausführung an, § 2204 Abs. 2 BGB.

Darüber hinaus muss er die gesetzlichen Auseinandersetzungsregeln beachten, soweit er nicht an Anordnungen des Erblassers gebunden ist. Der Testamentsvollstrecker erstellt den Teilungsplan und vollzieht die Teilung.

Wichtig: Vereinbarungen der Miterben binden ihn, soweit sie die Fortsetzung der Miterbengemeinschaft betreffen[157] und nicht gegen Anordnungen des Erblassers verstoßen.

Vertragliche Auseinandersetzungsmöglichkeiten der Miterben

Den Miterben stehen mehrere vertragliche Möglichkeiten offen, um die Auseinandersetzung der Gemeinschaft zu erlangen:

[157] RG Warn 1934, Nr. 21

Vereinbarungen der Miterben	
Vereinbarung aller Miterben § 311 BGB gerichtet auf Übertragung aller Gegenstände und Forderungen ↓ dinglicher Vollzug	Übertragung aller Miterbenanteile auf einen Miterben ↓ Abtretung der jeweiligen Anteile
	Verzicht auf die Erbanteile zugunsten eines Miterben ↓ Anwachsung aller Anteile an den/die Verbliebenen

Auseinandersetzungsvertrag

- verpflichtender Vertrag, § 311 BGB
- keine Bindung an Erblasseranordnungen (z. B. §§ 2044, 2048 BGB)
- keine Bindung an gesetzliche Auseinandersetzungsregeln (z. B. §§ 2042 Abs. 2, 752, 753, 2046, 2047 BGB)
- grundsätzlich formfrei (Ausnahmen z. B. § 311b BGB, § 15 GmbHG)

Die Mitglieder der Erbengemeinschaft können die Auseinandersetzung, ganz oder teilweise, vertraglich nach ihren Wünschen regeln (sog. einverständliche Auseinandersetzung).[158] Für diese Vereinbarung nach § 311 BGB gibt es grundsätzlich keine gesetzlichen Beschränkungen. Die Miterben können sich einstimmig auch über Anordnungen des Erblassers hinwegsetzen (z. B. §§ 2044, 2048 BGB).

Der Auseinandersetzungsvertrag ist schuldrechtliche Grundlage für die dingliche Teilung aller Nachlassgegenstände (Vollzug der Auseinandersetzung) und kann zugleich Pflichten für die Abwicklung bestimmen. Er hat deklaratorische Wirkung, wenn er sich an die Erblasseranordnungen oder die gesetzlichen Regeln hält, konstitutive Wirkung, wenn er von ihnen abweicht.

Soweit ein Vormund, Pfleger oder Betreuer einen Erbauseinandersetzungsvertrag schließt, unterliegt er der gerichtlichen Genehmigung nach § 1822 Nr. 2 BGB (§§ 1915 Abs. 1, 1908i Abs. 1 BGB). Eltern bedürfen keiner familiengerichtlichen Genehmigung, da in § 1643 Abs. 1 BGB nicht auf § 1822 Nr. 2 BGB verwiesen wird. Soweit aller-

[158] BGHZ 40, 115

dings die Eltern selbst oder ein Elternteil für sich oder in Vertretung mehrerer minderjähriger Abkömmlinge der Vertrag schließen möchten, sind sie von der Vertretung ausgeschlossen, §§ 1629 Abs. 2, 1795 Abs. 2, 181 BGB. In diesem Fall müsste jedes minderjährige Kind ein Ergänzungspfleger bestellt werden, § 1909 Abs. 1 BGB.

Der Vertrag ist grundsätzlich formfrei, jedoch kann sich ein Formzwang aus dem Gegenstand der Auseinandersetzung ergeben (z. B. § 311b BGB bei Grundstücksbeteiligung; § 15 GmbHG beim Vorhandensein von Gesellschaftsanteilen).

Zu einer solchen Vereinbarung ist ein Miterbe nur verpflichtet, wenn er sich nach der Art und Weise richtet, die das Gesetz vorsieht.[159]

Teilauseinandersetzung

Zulässig ist eine einverständliche Teilauseinandersetzung entweder nur bezüglich eines Teils des Nachlasses (objektive oder gegenständliche Teilauseinandersetzung)[160] oder mit einzelnen Erben (subjektive oder persönliche Teilauseinandersetzung). Der zweite Fall kann auch eine „Abschichtung" sein; bei ihm scheiden einzelne Erben aus der Erbengemeinschaft aus.[161] Die Teilauseinandersetzung ist nur im allseitigen Einverständnis und unter Mitwirkung aller Erben möglich.[162]

[159] BGHZ 21, 229
[160] BGH WPM 1965, 345; 1977, 271
[161] OLGZ 11, 230; KG OLGZ 1965, 247; FamRZ 2010, 2069
[162] OLG München NJW-RR 1991; BGH NJW-RR 1990, 1220; OLG Rostock ZEV 2009, 464

Möglichkeiten der Teilauseinandersetzung	
gegenständliche Auseinandersetzung (objektive)	persönliche Auseinandersetzung (subjektive)
■ Auseinandersetzung hinsichtlich einzelner Nachlassgegenstände ■ Restliche Gegenstände bleiben gemeinschaftlich	Abschichtung: ■ Einzelne Miterben verzichten auf ihre Mitgliedschaft an der Erbengemeinschaft und scheiden aus. ■ Aufgegebene Anteile wachsen kraft Gesetzes den verbleibenden Miterben an. Erbteilsübertragung: ■ Einzelne Miterben übertragen ihre Anteile und scheiden aus. ■ Die übertragenen Anteile erhöhen die Anteile des/der erwerbenden Miterben.

5

Da der Anspruch eines jeden Miterben auf Auseinandersetzung sich gegen den gesamten Nachlass richtet, kann grundsätzlich keine gegenständliche oder persönliche Teilauseinandersetzung verlangt werden.[163] Ausnahmsweise kann eine gegenständliche Teilauseinandersetzung gefordert werden, wenn besondere Gründe vorliegen und eine verständige Verwaltung dies erfordert, sowie keine schutzwürdigen Interessen widersprechender Erben oder Belange der Gemeinschaft verletzt werden.[164] Bei noch vorhandenen Nachlassschulden oder Streit über nicht nur völlig nebensächliche Fragen ist eine Teilauseinandersetzung ausgeschlossen.

Mögliche Gestaltung des Auseinandersetzungsvertrags			
Teilung aller Nachlassgegenstände entsprechend der Erbquoten	Übertragung aller Gegenstände auf einen Miterben	Ausscheiden aller Miterben bis auf einen durch Verzicht auf ihre Mitgliedschaften	Übertragung aller Erbanteile auf einen (bestimmten) Miterben

[163] RGZ 108, 422; OLG Köln MDR 1958, 517; OLGE 18, 330; OLG München NJW-RR 1991, 1097; OLG Koblenz NJW-RR 2013, 584

[164] BGH NJW 1985, 51; NJW 1963, 1541; NJW 1963, 1610; WM 1965, 343; WM 1965, 1150; KG NJW 1961, 733; OLG Koblenz NJW-RR 2013, 584

Mögliche Gestaltung des Auseinandersetzungsvertrags			
(reale Teilung)		(Abschichtung)	(Erbteilsübertragung)
oder Verkauf von Nachlassgegenständen und Teilung des Erlöses	gegen Abfindung der übertragenden Miterben durch den Erwerber	gegen Abfindung der ausscheidenden Miterben aus dem Nachlass und Freistellung von gemeinsamen Verbindlichkeiten	gegen Abfindung der übertragenden Miterben durch den Erwerber

Wenn das Nachlassvermögen ausschließlich aus beweglichen Gegenständen besteht, kann die Vereinbarung auf gegenständlich reale Aufteilung oder (nach Bewertung) auf Verkauf und Teilung des Veräußerungserlöses gemäß der Erbquoten zwischen den Erben erfolgen.

5 Die Vereinbarung kann auch auf Übertragung des gesamten beweglichen Nachlassvermögens gegen Abfindungsleistung auf einen Miterben zu dessen Alleinberechtigung gerichtet sein. Der Charakter der freien Auseinandersetzung wird hier nicht verlassen. Es handelt sich hierbei um einen Fall außergerichtlicher und formfreier Auseinandersetzung und nachfolgender Aufhebung der Erbengemeinschaft. Bei der dinglichen Zuweisung der Nachlassgegenstände ist § 2040 BGB zu beachten. Ausnahmsweise kann ein Kaufvertrag begründet werden, wenn einzelne Nachlassgegenstände der Erbengemeinschaft von einem Miterben gegen Abfindungsleistungen erworben werden.[165]

Immobilien können in gleicher Weise Gegenstand der frei vereinbarten Erbauseinandersetzung durch alle Miterben sein, wobei die Form nach den gesetzlichen Vorschriften zu beachten ist (z. B. § 311b BGB). Der Vertragsgegenstand (z. B. Grundstück, Wohnungseigentum) wird aus dem Gesamthandsvermögen der Erbengemeinschaft in das Eigentum eines oder mehrerer Miterben überführt, oder mehreren Miterben in Bruchteilsgemeinschaft zugeordnet.

Mehrere zeitlich versetzte Teilauseinandersetzungsverträge zwischen einigen Miterben über Teilbereiche des Nachlassvermögens

[165] BGH DNotZ 1955, 406

können mit dem Ziel abgeschlossen werden, durch den rechtlichen, zeitlichen und sachlichen Zusammenhang der Vereinbarungen eine völlige Nachlassteilung herbeizuführen. Mehrere Teilauseinandersetzungsvereinbarungen führen daher stufenweise zur gesetzlich vorgesehenen Totalauseinandersetzung.

Praxis-Tipp:
Die Erbauseinandersetzung durch Totalauseinandersetzung erfordert großen Aufwand, weil die wirtschaftlichen Bestandteile des Nachlassvermögens aus der Erbengemeinschaft endgültig auf die anderen Miterben verteilt werden müssen, um die Aufhebung der Gesamthandsgemeinschaft zu bewirken. Hier können sich mehrere aufeinanderfolgende Teilauseinandersetzungen empfehlen.

Befinden sich im Nachlass der Erbengemeinschaft ausschließlich Mobilien ohne marktwirtschaftliche Abhängigkeit (Wertverlust oder Wertanstieg), ist aber die vollständige Auseinandersetzung zwecks abschließender Aufhebung der Erbengemeinschaft einschließlich des Ausgleichs sämtlicher gemeinschaftlicher Nachlassverbindlichkeiten eine gute Strategieempfehlung.

Soweit eine einvernehmliche (außergerichtliche) Erbauseinandersetzung durch Vereinbarung aller Miterben scheitert, kann das notarielle Vermittlungsverfahren nach FamFG beantragt oder es muss unter Umständen eine Auseinandersetzungsklage erhoben werden. Das Klageverfahren hat nur dann Erfolg, wenn ein guter Teilungsplan durch den Kläger erstellt wird, der zustimmungsfähig ist. Das Gericht kann nicht nach freiem Ermessen Nachlassgegenstände zuteilen und Rechte an ihnen schaffen.[166]

Beispiel:
Bernd Bauer, geb. am 11.03.1962, zuletzt wohnhaft in München, ist am 10.08.2015 verstorben. Eine Verfügung von Todes wegen ist nicht vorhanden. Gesetzliche Erben sind laut Erbschein des Amtsgerichts München vom 17.09.2015 (Az. VI 123/15) die Witwe Wilma Bauer, geb. 20.12.1966, zu 1/2 und die beiden Kinder Anton Bauer, geb. 05.10.1992 und Bastian Bauer, geb. 26.07.2004, je zu 1/4. Zum Nachlass gehören das im

[166] OLG Düsseldorf OLG-Report 1993, 92

Alleineigentum des Erblassers eingetragene Hausgrundstück Heimgartenstraße 4 in München, Kontenvermögen, bewegliche Gegenstände und eine fällige Pflichtteilsforderung; außerdem besteht eine Darlehensforderung der X-Bank, gesichert durch eine Grundschuld am Nachlassgrundstück. Testamentsvollstreckung ist nicht angeordnet. Der Erblasser war mit Wilma Bauer in einziger am 15.09.1988 geschlossener Ehe verheiratet. In der Ehe galt der gesetzliche Güterstand der Zugewinngemeinschaft.

Der Auseinandersetzungsvertrag zwischen den Miterben kann beispielhaft wie folgt aufgebaut werden:

I. Darstellung der Erbschaftslage

II. Zusammensetzung des Nachlasses

  A. Aktiva

    1. Grundstücke

    2. Konten

    3. Forderungen

  B. Passiva

    Darlehensforderung

III. Quotenverteilung

  1. Ehegatte

  2. Abkömmlinge

IV. Teilungsplan

  1. Zuordnung des Grundstücks

  2. Gegenleistung
    – Übernahme der Darlehensschuld
    – Ausgleichszahlung an Kinder

  3. Zuordnung
    – Kontenforderung
    – Pflichtteilsforderung
    – bewegliche Sachen

V. Beendigung der Gemeinschaft

VI. Kostentragung

Beispiel:

Auseinandersetzungsvertrag

I. Bernd Bauer, zuletzt wohnhaft in München, Heimgartenstraße 4, ist am 10.08.2015 verstorben und laut Erbschein des Amtsgerichts München (Az. VI 123/15) vom 17.09.2015 aufgrund Gesetzes beerbt worden von seiner Witwe Wilma Bauer, geb. Müller, geb. 20.12.1966, zu 1/2, sowie von seinen Kindern Anton Bauer, geb. 05.10.1992 und Bastian Bauer, geb. 26.07.2004, zu je 1/4. Eine Testamentsvollstreckung ist nicht angeordnet. Der Erblasser war mit Wilma Bauer in einziger am 15.09.1988 geschlossener Ehe verheiratet. In der Ehe galt der gesetzliche Güterstand der Zugewinngemeinschaft.

II. Der Nachlass setzt sich nach Tilgung aller bekannten Nachlassverbindlichkeiten wie folgt zusammen:

A. Aktiva

1. Das im Grundbuch des Amtsgerichts München für Haidhausen Blatt 6024 vorgetragene Anwesen Heimgartenstraße 4, Gemarkung Haidhausen Fl.Nr. 200/1, beschrieben als Wohnhaus mit Grünfläche zu 824 m^2. Der Verkehrswert beläuft sich laut Wertgutachten auf 400.000 EUR.
2. Festgeldguthaben bei der Y-Bank Kontonummer 889977 mit einem Kontostand von 20.000 EUR, bei einer Jahresverzinsung von 4 %.
3. Forderung aus Pflichtteilsrecht gegen Maria Meier nach dem Tod der Mutter des Erblassers, Petra Meier, gestorben am 24.12.2014, in Höhe von 24.000 EUR.

Summe der Aktiva: 444.000 EUR

Mobiliar und Hauseinrichtungsgegenstände im Wert von 500 EUR, Kleider, Schmuck und Wäsche im Wert von etwa 2.000 EUR sind bereits verteilt. Der Voraus der Witwe (§ 1932 BGB) ist berichtigt.

B. Passiva

Darlehensforderung der X-Bank in Höhe von ursprünglich 100.000 EUR bei Zinsen von jährlich 5,25 %; Schuld am 30.10.2015 einschließlich aufgelaufener Zinsen 80.000 EUR.

5

Für die Darlehensforderung besteht eine Grundschuld zu 100.000 EUR auf dem zu A 1 bezeichneten Anwesen zugunsten der Dresdner Bank.

Summe der Passiva: 80.000 EUR

Die Beerdigungs- und Grabsteinkosten in Höhe von 2.500 EUR sind mit dem am Todestag vorhandenen Bargeld gedeckt worden. Sonach beträgt der Reinnachlass 364.000 EUR.

III. Von der Teilungsmasse zu 364.000 EUR entfallen:

1. auf Wilma Bauer 182.000 EUR,
2. auf Anton und Bastian Bauer jeweils 91.000 EUR.

IV. Die Beteiligten heben die Erbengemeinschaft auf und setzen sich wie folgt auseinander: Der minderjährige Bastian Bauer wird vertreten durch den vom Familiengericht München am 24.09.2015 (Aktenzeichen VIII 468/15) bestellten Ergänzungspfleger Erich Ende.

1. Wilma Bauer erhält das oben beschriebene Grundstück allein. Die Vertragsbeteiligten verpflichten sich, eine entsprechende Einigung vor einem Notar zu erklären. Besitz, Nutzungen und Lasten gehen von heute an auf die Erwerberin über.
2. Wilma Bauer hat für die Übernahme des Hausgrundstücks folgende Gegenleistung zu erbringen:

   a) Sie übernimmt zur alleinigen Verzinsung, Tilgung und Rückzahlung die unter B. bezeichnete Darlehensschuld zugunsten der X-Bank von heute an in dinglicher und persönlicher Haftung. Sie verpflichtet sich, die Miterben von dieser Schuld zu befreien.

   b) Wilma Bauer zahlt an Anton Bauer einen Betrag von 67.000 EUR und an Bastian Bauer einen Betrag von 71.000 EUR. Die Auszahlungsbeträge sind von heute an mit 4 % jährlich verzinslich.

   Der Auszahlungsbetrag an Anton Bauer und die Zinsen werden bis zum 31.12.2015 gestundet. Der Ausgleichungsbetrag an Bastian Bauer samt Zinsen wird bis zum Eintritt der Volljährigkeit am 26.07.2022 gestundet.

Beide Beträge sind jedoch spätestens beim Tod der Wilma Bauer fällig.

Anton und Bastian Bauer verzichten auf dingliche Sicherstellung der Auszahlungsbeträge.

3. Anton Bauer erhält die Forderung aus Pflichtteilsrecht gegen Maria Meier in Höhe von 24.000 EUR; die Beteiligten treten den Anspruch an Anton Bauer ab.
4. Bastian Bauer erhält den Anspruch gegen die Y-Bank aus der Festgeldanlage in Höhe von 20.000 EUR; die Beteiligten treten den Anspruch an Bastian Bauer ab.
5. Der Ergänzungspfleger Erich Ende beantragt beim Familiengericht München die erforderliche gerichtliche Genehmigung für den Abschluss des Auseinandersetzungvertrags (§§ 1915 Abs. 1 Satz 1, 1822 Nr. 2 BGB).

V. Ungeteilter Nachlass ist nicht mehr vorhanden, es bestehen auch keine weiteren Nachlassverbindlichkeiten mehr. Mit der heute erfolgten Auseinandersetzung sollen alle den Beteiligten aufgrund der Erbengemeinschaft zustehenden Ansprüche ausgeglichen sein.

VI. Die Kosten dieses Vertrags und seiner Ausführung tragen die Vertragsteile im Verhältnis der Werte ihrer Erbanteile.

Erbteilsübertragung

Übertragen die Miterben alle Erbteile auf eine Person (meist auf einen in der Gemeinschaft befindlichen Miterben, möglich aber auch auf einen Dritten), erlischt die Erbengemeinschaft. Übertragen Miterben ihre Anteile am Nachlass jeweils zu gleichen Bruchteilen auf mehrere Erwerber, entsteht eine Bruchteilsgemeinschaft nur an den Erbteilen, hinsichtlich des Nachlasses bleiben die Inhaber der Erbteile gesamthänderisch gebunden.[167]

Soweit das Grundgeschäft eine Abfindung der Veräußerer durch den Erwerber vorsieht, kann darin ein Erbteilskauf gesehen werden, der notariell beurkundet sein muss, §§ 2371, 1922 Abs. 2 BGB. Sieht man jedoch schuldrechtlich einen formfreien Auseinandersetzungsvertrag als mögliche Grundlage der Erbteilsübertragung, ist die

[167] BGH Rpfleger 2016, 215

notarielle Beurkundung nur erforderlich, sofern sich ein Grundstück oder GmbH-Anteil im Nachlass befinden (§ 311b BGB, § 15 GmbHG). Erfolgt die Übertragung zwischen Miterben, könnte häufig ein Auseinandersetzungsvertrag vorliegen, wird auf einen Gemeinschaftsfremden übertragen, dürfte der Erbteilskauf die Regel sein. Die (dingliche) Übertragung des Anteils ist gemäß § 2033 Abs. 1 Satz 2 BGB formbedürftig.

Abschichtung

Bei der sogenannten Abschichtung (persönliche Teilauseinandersetzung), bei der einzelne Miterben aus der Gemeinschaft ausscheiden, ist typisch, dass sich die Personenzahl der Erbengemeinschaft verändert, der Nachlassbestand der Gemeinschaft gleich bleibt, sich die Anteilsverhältnisse aber verschieben.

Abschichtung ist nach herrschender Meinung nur die persönliche und formfreie Teilauseinandersetzung der Erbengemeinschaft über das einvernehmliche Ausscheiden eines Miterben oder mehrerer Miterben mit der Folge, dass der aufgegebene Erbteil des oder der ausscheidenden Miterben kraft Gesetzes den verbleibenden Mitgliedern der Erbengemeinschaft anwächst. Soweit nur noch ein Miterbe übrig bleibt, ist die Erbengemeinschaft beendet.

Der BGH sieht in der Abschichtung ein Aufgeben von Mitgliedschaftsrechten an der Erbengemeinschaft, insbesondere ein Aufgeben des Auseinandersetzungsguthabens. Diese Art der Auseinandersetzung ist nach seiner Ansicht keine Verfügung über den Erbteil im Sinne des § 2033 Abs. 1 Satz 1 BGB. Die Abschichtung ist danach vergleichbar mit der (formfreien) Regelung des § 738 BGB (Ausscheiden gegen Abfindung unter Befreiung von gemeinschaftlichen Schulden). Der BGH hält § 311b Abs. 1 Satz 1 BGB nicht für anwendbar, auch wenn ein Grundstück zum verbleibenden Nachlass gehört.[168]

Der BGH[169] stellt klar, dass ein Miterbe im Wege der Abschichtung formfrei gegen Abfindung einverständlich aus der Erbengemeinschaft ausscheiden kann, zu der auch ein Grundstück gehört. Er hält dieses Ausscheiden unter erleichterten Umständen aber nur dann für möglich, wenn tatsächlich auch von einer Abschichtung gesprochen werden kann. Zur Unterscheidung von der Übertragung

168 BGHZ 86, 367, 369; BGH FamRZ 1998, 673; OLG Hamm DNotZ 2014, 695
169 FamRZ 1998, 673

des Erbteils führt er aus, dass bei der Abschichtung aus der Erbengemeinschaft der ausscheidende Erbe lediglich auf seine Rechte als Mitglied verzichtet, während die Verfügung im Sinne des § 2033 Abs. 1 BGB bedeutet, dass der Miterbe den Erbanteil auf einen bestimmten Rechtsnachfolger überträgt.

Ausnahmsweise besteht bei der Abschichtung Formzwang, wenn als Abfindung die Leistung eines Gegenstands vereinbart wird, der nur durch ein formbedürftiges Rechtsgeschäft übertragen werden kann (z. B. ein Grundstück, dann § 311b Abs. 1 BGB).[170]

Der BGH[171] hat sich erneut zur Rechtsnatur der Abschichtung geäußert. Er hat sie als eine dem Erbfall vergleichbare Universalsukzession angesehen, die dazu führt, dass eine zweigliedrige Erbengemeinschaft kraft Gesetzes erlischt und der Übernehmer aus der Abschichtung Alleineigentümer wird, alles jeweils außerhalb des Grundbuchs. Aufgrund dieser Gesamtrechtsnachfolge kann der Übernehmer aus der Abschichtung ohne Voreintragung analog § 40 GBO verfügen; gegen ihn kann ohne Voreintragung analog § 17 Abs. 1 Fall 2 ZVG die Zwangsvollstreckung betrieben werden.

Achtung: Auch wenn nach BGH von der Formfreiheit bei einer Abschichtungsvereinbarung auszugehen ist, sollte wegen der nicht immer vorhersehbaren Einzelfallrechtsprechung vorsorglich die Form des § 311b Abs. 1 BGB beachtet werden, wenn im Nachlass ein Grundstück enthalten ist.

Beispiel:

Auseinandersetzungsvertrag (Abschichtungsvereinbarung)

I. Der Bäcker Bernd Bauer, zuletzt wohnhaft in München, Heimgartenstraße 4, ist am 10.08.2015 verstorben und laut Erbschein des Amtsgerichts München (Az. VI 123/15) vom 17.09.2015 aufgrund Gesetzes beerbt worden von seiner Witwe Wilma Bauer, geb. Müller, geb. 20.12.1966, zu 1/2, sowie von seinen Kindern Anton Bauer, geb. 05.10.1992 und Bastian Bauer, geb. 26.07.2004, zu je 1/4. Eine Testamentsvollstreckung ist nicht angeordnet. Der Erblasser war mit Wilma Bauer in einziger am 15.09.1988 geschlossener Ehe verheiratet. In der Ehe galt der gesetzliche Güterstand der Zugewinngemeinschaft.

[170] So auch OLG Rostock ZEV 2009, 464
[171] FamRZ 2010, 2069

II. Das vorliegende Nachlassverzeichnis vom 30.10.2015 wird von allen Beteiligten als richtig und vollständig anerkannt.

Demnach beträgt der reine Wert des Nachlasses 364.000 EUR, der auf Wilma Bauer treffende Teil somit 182.000 EUR, der auf jedes Kind treffende Anteil 91.000 EUR.

III. Wilma Bauer erklärt sich bereit, die Erbanteile der zwei minderjährigen Erben gegen Zahlung einer Abfindungssumme von je 90.000 EUR zu übernehmen.

IV. Wilma Bauer, Anton Bauer und Bastian Bauer, dieser vertreten durch den vom Familiengericht München am 24.09.2015 (Az. VIII 468/15) bestellten Ergänzungspfleger Erich Ende, vereinbaren, dass die Kinder mit Wirkung zum Ende des heutigen Tages im Wege der Abschichtung aus der Erbengemeinschaft nach Bernd Bauer ausscheiden. Die Anteile der beiden Kinder wachsen dadurch bei der Witwe Wilma Bauer an.

V. Die Witwe ist im Besitz des Nachlasses. Sie übernimmt zur alleinigen Verzinsung, Tilgung und Rückzahlung die Darlehensschuld in Höhe von 80.000 EUR zugunsten der X-Bank von heute an in dinglicher und persönlicher Haftung. Sie stellt die Miterben von dieser Schuld frei.

VI. Wilma Bauer verpflichtet sich, die zwei Abfindungsbeträge von je 90.000 EUR von heute ab mit 5 % jährlich in vierteljährlichen Nachtragsraten zu verzinsen und gegen halbjährige Kündigung zu bezahlen.

Der Zinslauf und die Kündbarkeit in Bezug auf Bastian Bauer ruhen, solange dieser minderjährig ist und von Wilma Bauer unterhalten wird. Bei Veräußerung des Hausgrundstücks werden die Beträge ohne Einhaltung einer Kündigungsfrist, auch bei Minderjährigkeit eines Kindes, fällig.

Die ausscheidenden Miterben werden von allen, auch ungewissen Schulden freigestellt, § 758 BGB.

VII. Die Witwe bestellt an dem Nachlassanwesen Heimgartenstraße 4, Gemarkung Haidhausen Fl.Nr. 200/1, das im Grundbuch des Amtsgerichts München für Haidhausen Blatt 6024 eingetragen ist, an nächst offener Rangstelle zugunsten der beiden Kinder jeweils eine Sicherungshypothek zu

90.000 EUR nebst Nebenleistungen gleichrangig zu obigen Bedingungen.

VIII. Die Forderungen der Kinder erhöhen sich entsprechend, falls nachträgliche Nachlasswerte bekannt werden, die bei dieser Berechnung nicht berücksichtigt wurden.

IX. Der Ergänzungspfleger nimmt die Erklärungen der Witwe Wilma Bauer im Namen von Bastian Bauer an. Die zu den Rechtsgeschäften erforderliche familiengerichtliche Genehmigung holt der Ergänzungspfleger unverzüglich ein.

X. Die Kosten dieses Vertrags trägt Wilma Bauer, ebenso eine etwa anfallende Erbschaftsteuer.

XI. Den Beteiligten ist Art, Umfang und Beschaffenheit des zum ungeteilten Nachlass gehörenden Vermögens bekannt. Jede Haftung wird ausgeschlossen. Die Beteiligten sind über die rechtliche Wirkung der Abschichtung aufgeklärt. Ihnen ist bekannt, dass dabei alle im ungeteilten Nachlass befindlichen Vermögenswerte, aber auch Nachlassverbindlichkeiten übergehen.

Vermittlungsverfahren nach FamFG durch den Notar

Zur Erleichterung der Nachlassteilung hat das Gesetz auf Antrag eine behördliche Mitwirkung im Verfahren der freiwilligen Gerichtsbarkeit vorgesehen. Nach § 363 ff. FamFG kann von den Beteiligten der Notar zur Vermittlung der Auseinandersetzung angerufen werden. Vor dem 01.09.2013 waren primär die Nachlassgerichte für die Vermittlung der Auseinandersetzung zuständig, nach der Gesetzesänderung ist ausschließlich der Notar zuständig und nimmt nach § 492 Abs. 1 Satz 2 FamFG die Aufgaben der Gerichtsperson wahr.

Örtlich zuständig ist nach § 344 Abs. 4a FamFG jeder Notar, der seinen Amtssitz im Bezirk des Amtsgerichts hat, in dem der Erblasser seinen letzten gewöhnlichen Aufenthalt hatte. Hatte der Erblasser keinen gewöhnlichen Aufenthalt im Inland, ist jeder Notar zuständig, der seinen Amtssitz im Bezirk seines Amtsgerichts hat, in dem sich Nachlassgegenstände befinden.

Voraussetzungen der Vermittlung

Das Bestehen einer Erbengemeinschaft und Vorhandensein von (ungeteiltem) Nachlass ist Voraussetzung. Der Vermittlung steht nicht entgegen, dass die Erben schon außergerichtlich eine Teilauseinandersetzung herbeigeführt haben oder schon eine Vermittlung der Auseinandersetzung über einen Teil (objektiv oder subjektiv) des Nachlasses stattgefunden hat. Es darf kein weiteres Auseinandersetzungsverfahren anhängig sein.

Die Vermittlung unterbleibt, wenn

- kein die Todesfallkosten übersteigender Nachlass vorhanden ist,
- ein zur Bewirkung der Auseinandersetzung berechtigter Testamentsvollstrecker (kann auch Miterbe sein) vorhanden ist,
- der Fall des § 2048 BGB vorliegt,
- die Erbteilungsklage erhoben ist und solange die Auseinandersetzung gemäß den §§ 2042 Abs. 2, 749 Abs. 2, 3; 2043 bis 2045 BGB ausgeschlossen ist,
- Nachlassverwaltung oder Nachlassinsolvenzverfahren laufen oder
- das Erbrecht eines Beteiligten bestritten ist.

Antrag

Die Vermittlung der Auseinandersetzung setzt einen Antrag voraus (§ FamFG), der schriftlich oder zur Niederschrift des Notars (§§ 25, 492 Abs. 1 Satz 2 FamFG) gestellt werden kann. Antragsberechtigt ist jeder Miterbe, soweit er noch der Erbengemeinschaft angehört, auch wenn sein Erbrecht bestritten ist. Eltern, Vormund, Pfleger oder Betreuer bedürfen keiner gerichtlichen Genehmigung zur Antragstellung.[172]

Ebenfalls berechtigt sind beim Tod eines Miterben dessen Rechtsnachfolger sowie der Erwerber eines Erbteils oder auch der weitere Erwerber (derjenige, dem ein Pfandrecht, etwa durch Vertrag oder Pfändung, oder ein Nießbrauch an einem Erbteil zusteht). Nicht berechtigt sind Nacherben vor Eintritt des Nacherbfalls, Nachlassgläubiger, Testamentsvollstrecker und Nachlasspfleger.

---

[172] OLG Frankfurt Rpfleger 1993, 505

Im Antrag (§ 363 FamFG) ist Name, Stand, Staatsangehörigkeit, Todestag, letzter inländischer Wohnsitz, ersatzweise Aufenthalt des Erblassers anzugeben. Ebenfalls aufzunehmen sind Name, Stand, Anschrift der Beteiligten oder ihres gesetzlichen Vertreters sowie Angabe ihrer erbrechtlichen Stellung. Die Vorlage eines Erbscheins ist nicht nötig.

Beteiligte sind die Miterben, soweit sie noch der Erbengemeinschaft angehören, und der Rechtsnachfolger eines Miterben. Neben dem Miterben derjenige, dem ein Pfandrecht, Pfändungspfandrecht oder Nießbrauch an seinem Erbteil zusteht.

Außerdem ist die Teilungsmasse zu bezeichnen (§ 363 Abs. 3 FamFG); auf genaue Angabe der einzelnen Nachlassgegenstände oder die Vorlage eines vollständigen Nachlassverzeichnisses kann nicht bestanden werden kann. Auch die Vorlage eines Teilungsplans ist nicht nötig.

Beispiel:

Antrag auf Vermittlung der Erbauseinandersetzung:

Antragsteller: Anton Bauer

I. Der Bäcker Bernd Bauer, zuletzt wohnhaft in München, Heimgartenstraße 4, ist am 10.08.2015 verstorben und laut Erbschein des Amtsgerichts München (Az. VI 123/15) vom 17.09.2015 aufgrund Gesetzes beerbt worden von seiner Witwe Wilma Bauer, geb. Müller, geb. 20.12.1966, zu 1/2, sowie von seinen Kindern Anton Bauer, geb. 05.10.1992 und Bastian Bauer, geb. 26.07.2004, zu je 1/4. Eine Testamentsvollstreckung ist nicht angeordnet. Der Erblasser war mit Wilma Bauer in einziger am 15.09.1988 geschlossener Ehe verheiratet. In der Ehe galt der gesetzliche Güterstand der Zugewinngemeinschaft.

   Der Erbschein wird in Anlage beigefügt.

   Es wird beantragt, die Erbauseinandersetzung gemäß § 363 ff. FamFG zu vermitteln.

II. Der zu verteilende Nachlass setzt sich nach Tilgung aller bekannten Nachlassverbindlichkeiten wie folgt zusammen:

5

5

A. Aktiva

1. Das im Grundbuch des Amtsgerichts München für Haidhausen Blatt 6024 vorgetragene Anwesen Heimgartenstraße 4, Gemarkung Haidhausen Fl.Nr. 200/1, beschrieben als Wohnhaus mit Grünfläche zu 824 m^2. Der Verkehrswert beläuft sich laut Wertgutachten auf 400.000 EUR.
2. Festgeldguthaben bei der Y-Bank, Kontonummer 889977 mit einem Kontostand von 20.000 EUR, bei einer Jahresverzinsung von 4 %.
3. Forderung aus Pflichtteilsrecht gegen Maria Meier nach dem Tod der Mutter des Erblassers, Petra Meier, gestorben am 24.12.2011, in Höhe von 24.000 EUR.

Summe der Aktiva: 444.000 EUR

Mobiliar und Hauseinrichtungsgegenstände im Wert von 500 EUR, Kleider, Schmuck und Wäsche im Wert von etwa 2.000 EUR sind bereits verteilt. Der Voraus der Witwe (§ 1932 BGB) ist berichtigt.

B. Passiva

Darlehensforderung der X-Bank in Höhe von ursprünglich 100.000 EUR bei Zinsen von jährlich von 5,25 %;

Schuld am 30.10.2015 einschließlich aufgelaufener Zinsen 80.000 EUR.

Für die Darlehensforderung besteht eine Grundschuld zu 100.000 EUR auf dem zu A 1 bezeichneten Anwesen zugunsten der X-Bank.

Summe der Passiva: 80.000 EUR

Die Beerdigungs- und Grabsteinkosten in Höhe von 2.500 EUR sind mit dem am Todestag vorhandenen Bargeld gedeckt worden. Sonach beträgt der Reinnachlass 364.000 EUR

III. Von der Teilungsmasse zu 364.000 EUR entfallen:

1. auf Wilma Bauer 182.000 EUR,
2. auf Anton und Bastian Bauer jeweils 91.000 EUR.

IV. Für die Teilung ergeht folgender Vorschlag:

Die Beteiligten heben die Erbengemeinschaft auf und setzen sich wie folgt auseinander:

1. Das oben beschriebene Nachlassgrundstück geht je zur Hälfte an Wilma Bauer und Anton Bauer. Die Vertragsbeteiligten verpflichten sich, eine entsprechende Einigung vor einem Notar zu erklären.
2. Das Festgeldguthaben bei der Y-Bank und die Forderung aus Pflichtteilsrecht gegen Maria Meier werden auf Bastian Bauer übertragen.
3. Die Darlehensschuld zugunsten der X-Bank in Höhe von 80.000 EUR wird in Höhe von 18.000 EUR von Wilma Bauer übernommen und in Höhe von 62.000 EUR von Anton Bauer.
4. Anton Bauer erbringt eine Geldzahlung an seinen Bruder Bastian Bauer in Höhe von 47.000 EUR, welche mit Eintragung des Anton Bauer im Grundbuch als Miteigentümer zu 1/2 fällig wird.

   Für den minderjährigen Bastian Bauer wird vorsorglich die Bestellung eines Ergänzungspflegers durch das Familiengericht München angeregt zur Mitwirkung bei einer außergerichtlichen Vereinbarung gemäß § 366 FamFG.
5. Die Kosten der Auseinandersetzung einschließlich der Kosten für das Vermittlungsverfahren tragen die Beteiligten entsprechend ihrer Erbquoten.

Verfahren

Der Notar hat bei seiner gesamten Prüfung von Amts wegen bestehende Unklarheiten aufzuklären und dabei ggf. auch den Kreis der Beteiligten festzustellen, §§ 26, 492 Abs. 1 Satz 2 FamFG. Aufgrund von § 492 Abs. 1 Satz 2 i. V. m. §§ 27 bis 29 FamFG kann der Notar dem Antragsteller auch die Beschaffung der Unterlagen, wie etwa Personenstandsurkunden, Auszüge aus dem Grundbuch, Erbschein usw. aufgeben, und außerdem die Aufnahme eines Nachlassverzeichnisses anordnen, falls die Miterben nicht widersprechen.

Der Notar wird das Verfahren soweit vorbereiten, dass selbst bei Ausbleiben aller Beteiligten außer dem Antragsteller der Teilungsplan im ersten Termin aufgestellt werden kann.

Wichtig: Der Notar darf nur vermitteln, nicht entscheiden. Er kann Auseinandersetzungsvorschläge machen. Diese werden jedoch nur verbindlich, wenn alle Miterben zustimmen. Der Widerspruch eines Miterben lässt das Vermittlungsverfahren scheitern.

Ein mittelbarer Zwang auf nicht zum Termin erscheinende Miterben besteht allerdings darin, dass der Notar den Vorschlägen der Erschienenen zu folgen hat (§ 366 FamFG) und deren Auseinandersetzungsplan den Säumigen aufzwingen kann, wenn diese nicht fristgerecht einen neuen Termin beantragen und dazu auch erscheinen (§§ 368 Abs. 1 und 2, 366 Abs. 3 und 4 FamFG).

Der vom Notar bestätigte Auseinandersetzungsplan wirkt mit Rechtskraft des Bestätigungsbeschlusses wie ein Auseinandersetzungsvertrag der Miterben, § 371 Abs. 1 FamFG. Er kann Verpflichtungen und Verfügungen enthalten und ist zugleich Vollstreckungs-
5 titel, § 371 Abs. 2 FamFG.

Das Vermittlungsverfahren vor dem Notar steht der Auseinandersetzungsklage vor dem Prozessgericht im Range nach. Es ist daher ausgeschlossen bzw. auszusetzen, sobald eine solche Klage anhängig ist.[173] Das gilt allerdings nur, solange das Vermittlungsverfahren nicht durch rechtskräftigen Bestätigungsbeschluss beendet ist.

Kosten

Für das Vermittlungsverfahren fällt eine 6,0 Verfahrensgebühr aus dem Nachlasswert an, KV 23900 GNotKG. Im Bespielsfall wären dies schon 16.920 EUR. Zusätzlich können weitere Gebühren für Beurkundungen, Aufnahme von Vermögensverzeichnissen, Schätzungen und Versteigerungen anfallen. Die Gebühr ermäßigt sich auf 1,5, soweit das Verfahren vor Eintritt in die Verhandlung durch Zurücknahme oder auf andere Weise endet oder der Notar das Verfahren wegen Unzuständigkeit an einen anderen Notar verweist. Im letztgenannten Fall beträgt die Gebühr höchstens 100 EUR. Die Gebühr ermäßigt sich auf 3,0, wenn das Verfahren nach Eintritt in die Verhandlung ohne Bestätigung der Auseinandersetzung abge-

[173] Bumiller/Harder/Schwamb, § 363 Rn 4

schlossen oder wegen einer Vereinbarung der Beteiligten über die Zuständigkeit an einen anderen Notar verwiesen wird.

Klage auf Auseinandersetzung

Kommt keine einverständliche Teilung unter den Miterben zustande oder scheitert ein Vermittlungsverfahren nach den § 363 ff. FamFG, kann jedes Mitglied der Erbengemeinschaft vor dem Prozessgericht gegen die übrigen auf Zustimmung zu einem von ihm nach den gesetzlichen Regeln erstellten und vorgelegten Auseinandersetzungsplan klagen (Zuständigkeit: § 27 ZPO – kein ausschließlicher Gerichtsstand). Ein Vermittlungsverfahren nach § 363 ff. FamFG ist nicht Voraussetzung für die Klageerhebung.

Die Klage ist auf die Zustimmung der verklagten, nicht teilungswilligen Miterben zu einem im Prozess vorgelegten Teilungsplan gerichtet, das heißt eine Leistungsklage auf Abgabe einer Willenserklärung (§ 894 ZPO); die Klageschrift richtet sich nach § 253 ZPO. Unterliegen Willenserklärungen familien- oder betreuungsgerichtlichen Genehmigungen (z. B. § 1821 BGB), müssen diese vor der Entscheidung beigebracht werden.[174] Sind vorab Schulden zu bezahlen und ist hierzu die Verwertung von Nachlassgegenständen erforderlich, muss auch die Einwilligung hierzu eingeklagt werden. Mit der Klage können Anträge auf den dinglichen Vollzug des schuldrechtlichen Teilungsplans verbunden werden (z. B. Zustimmung zur Auflassung).

Der Auseinandersetzungsplan muss allen bindenden Teilungsregeln entsprechen, somit Anordnungen des Erblassers (§ 2048 BGB),[175] wirksamen Vereinbarungen der Miterben (§ 311 BGB) und den gesetzlichen Auseinandersetzungsvorschriften (§§ 2042 Abs. 2 i. V. m. §§ 752, 753, 2043 ff. BGB). Andernfalls ist die Klage nicht begründet.

Die Klage eines Miterben auf Auseinandersetzung des Nachlasses der Erbengemeinschaft verlangt die sogenannte Teilungsreife des gesamten Nachlasses. Gemeint sind sämtliche Nachlasspositionen der Erbengemeinschaft.[176]

Teilungsreife liegt vor, wenn sämtliche Nachlassverbindlichkeiten erfüllt sind (§ 2046 BGB) und der dann noch vorhandene Rest des

---

[174] Palandt/Weidlich, § 2042 Rn 21

[175] OLG Jena FamRZ 2009, 458

[176] Palandt/Weidlich, § 2042 Rn 20

5

Nachlasses entsprechend den Erbquoten in gleichartige Teile ohne Wertverlust aufgeteilt werden kann (§§ 2042 Abs. 2, 752 BGB). Dabei müssen vorrangig bereits vorhandene Vereinbarungen der Miterben, Teilungsanordnungen des Erblassers und ausgleichungspflichtige Vorempfänge gemäß § 2050 ff. BGB berücksichtigt werden. Ist eine Teilung des Nachlasses in Natur (§ 2042 Abs. 2 i. V. m. § 752 Satz 1 BGB) ausgeschlossen und sind sich die Erben über einen freihändigen Verkauf nicht einig, ist der Nachlass noch nicht teilungsreif. Ob vor Erhebung der Teilungsklage bei Nachlassimmobilien die Teilungsversteigerung (§ 180 ff. ZVG) und bei beweglichen Sachen der Pfandverkauf (§ 1233 ff. BGB) durchgeführt werden muss, ist strittig.

Teilungsreife ist regelmäßig dann zu bejahen, wenn feststeht oder zumindest im Rechtsstreit festgestellt werden kann, welche Aktiva und Passiva vorhanden sind, so dass eine den gesetzlichen Regeln entsprechende Auseinandersetzung möglich erscheint. Der Teilungsplan ist in der Regel nur dann zustimmungsfähig, wenn von einer Berichtigung der Nachlassverbindlichkeiten vor Teilung (siehe

§ 2046 BGB) ausgegangen wird.[177] Die Aufstellung des Auseinandersetzungsplans durch den Kläger kann dann schwierig sein, wenn noch Nachlassschulden zu befriedigen sind und deshalb ein Teil des Nachlasses verwertet werden muss.

Zur Vorbereitung der Klage müssen alle Miterben mit ihren Quoten sowie alle Aktiva und Passiva ermittelt sein. Hierbei sind alle Auskunftsansprüche auszuschöpfen und Erkenntnisse über den Bestand der Erbschaft und den Verbleib von Nachlassgegenständen zu sammeln. Dabei müssen häufig Akteneinsichten erfolgen (zum berechtigten Interesse siehe § 13 FamFG).

Zur Feststellung von bisher nicht bekannten Nachlassgläubigern kann der teilungswillige Miterbe (allein) das gerichtliche Aufgebotsverfahren nach § 1970 ff. BGB i. V. m. §§ 433 ff., 455 Abs. 1 FamFG beantragen. Darüber hinaus kann jeder Miterbe das Privataufgebot nach § 2061 BGB in die Wege leiten.

Der Klageantrag sollte

- den Gesamtnachlass mit einem genauen Teilungsplan erfassen (Vollständigkeitsprinzip/Teilungsreife),

[177] OLG Celle FamRZ 1998, 1521

- Vorschläge bei streitiger Bewertung enthalten (Bewertungsgebot),
- sämtliche Anrechnungs- und Ausgleichsposten sowie sämtliche Nachlassverbindlichkeiten erfassen (Anrechnungs- und Bereinigungsprinzip) und
- eventuell Hilfsanträge für alternative Teilungsmöglichkeiten bieten (Alternativprinzip).

Dem Richter ist gemäß § 308 ZPO grundsätzlich jeder gestaltende Eingriff in den Abwicklungsplan verwehrt. Er kann lediglich über den Antrag des Klägers entscheiden (beachte aber § 139 ZPO).[178]

Zum Teilungsplan hat das Thüringer Oberlandesgericht[179] folgende Regeln aufgestellt: Der auf Nachlassauseinandersetzung klagende Miterbe muss bestimmte Anträge stellen und dazu einen detaillierten Teilungsplan vorlegen. Dieser muss das Ergebnis der vorzunehmenden Auseinandersetzung zutreffend wiedergeben, weil der klagende Miterbe nur dann die Zustimmung des/der anderen Miterben zu der begehrten Auseinandersetzung verlangen kann. Einen nicht korrekten Plan darf das Gericht nicht von sich aus abändern; vielmehr hat es nach § 139 ZPO auf eine sachgerechte Antragstellung hinzuwirken. Bei erfolglos gebliebenem Hinweis ist die – auf einen unzutreffenden Teilungsplan gestützte – Auseinandersetzungsklage zwingend abzuweisen. Liegt eine (wirksame) Teilungsanordnung des Erblassers vor, ist diese bei der Auseinandersetzung zu berücksichtigen, denn damit legt der Erblasser fest, welche Gegenstände aus dem Nachlass die einzelnen Miterben bei der Auseinandersetzung erhalten sollen.

Der Teilungsplan entspricht dem schuldrechtlichen Auseinandersetzungsvertrag, das Urteil ersetzt gemäß § 894 ZPO die Zustimmung des beklagten Miterben, sobald es rechtskräftig ist.

Die zahlreichen Probleme der Erbauseinandersetzungsklage machen es häufig unmöglich, alle Streitigkeiten in einem einzigen Auseinandersetzungsprozess auszuräumen.

Dementsprechend ist anerkannt, dass ein Miterbe zum Zwecke der Auseinandersetzung eine Klage auf Feststellung einzelner Streitpunkte erheben kann, wenn eine solche Feststellung einer sinnvollen Klärung der für die Auseinandersetzung maßgebenden Grund-

---

[178] KG NJW 1961, 733

[179] FamRZ 2009, 458

lagen dient, § 256 ZPO (Feststellungsklage). Für solche Fälle ist die Feststellungsklage gegenüber der Leistungsklage der einfachere und billigere Weg und deshalb das prozesswirtschaftlich sinnvollere Verfahren.[180]

Als Prozessvoraussetzungen für die Feststellungsklage müssen vorliegen:

- noch keine Teilungsreife für eine endgültige Erbauseinandersetzung
- rechtliches Feststellungsinteresse
- Erforderlichkeit einer alsbaldigen gerichtlichen Feststellung

5

Beispiel:

Als E am 10.10.2015 in München verstirbt, hinterlässt er seine Ehefrau F und die beiden Kinder A (20 Jahre) und B (24 Jahre). Eröffnet wurde ein wirksam errichtetes Testament, in dem er seine Ehefrau als Erbin zur Hälfte einsetzt und bestimmt, dass ihr bei der Auseinandersetzung des Nachlasses das Hausgrundstück .... einschließlich des Inventars zufallen soll. Außerdem hat F die am Grundstück gesicherten Bankverbindlichkeiten zu übernehmen.

Durch das Nachlassgericht werden F als Erbin zu 1/2, die Kinder A und B zu je 1/4 festgestellt (§ 2088 Abs. 1, § 1924 BGB).

Nachlassverzeichnis:

Aktiva:

a)	Hausgrundstück	400.000 EUR (einschließlich Inventar)
b)	PKW	40.000 EUR (Händlerschätzwert)
c)	Bankguthaben	80.000 EUR (Kontobelege Y-Bank)

Passiva:

Darlehensschuld zum 10.10.2015 bei X-Bank in Höhe von 100.000 EUR (einschließlich aufgelaufener Zinsen), gesichert durch eine Grundschuld am Nachlassgrundstück.

180 BGH FamRZ 1987, 475; 1990, 1112; OLG Düsseldorf FamRZ 1996, 1338

Teilungsklage

In Sachen

Kläger: F und A

Beklagte: B

wird beantragt, die Beklagte zu verurteilen,

1. zur Herbeiführung der Erbauseinandersetzung nach dem am 10.10.2015 in München verstorbenen E dem folgenden Teilungsplan zuzustimmen:

a) Die Klägerin F erhält das im Grundbuch von München Blatt 1000 Gemarkung Haidhausen Fl.Nr. 16 eingetragene Grundstück einschließlich des gesamten Inventars zu Alleineigentum.

b) Die Klägerin F übernimmt die im Grundbuch von München Blatt 1000 in Abteilung III unter laufender Nummer 1 durch Grundschuld gesicherte Darlehensschuld zu 100.000 EUR zugunsten der XBank, München, einschließlich laufender und etwa rückständiger Zinsen zur alleinigen weiteren Verzinsung und Tilgung mit schuldbefreiender Wirkung für die Kinder A und B.

c) Die Konten bei der Y-Bank werden aufgelöst; der Erlös wird verteilt mit 40.000 EUR an F sowie jeweils 20.000 EUR an A und B.

d) Der PKW mit einem Schätzpreis von 40.000 EUR wird über einen Händler veräußert; der Erlös wird verteilt mit der Hälfte an F sowie jeweils einem Viertel an A und B.

e) F hat Ausgleichszahlungen zu erbringen, und zwar an A und B je in Höhe von 75.000 EUR.

2. sich mit der Klägerin F einig zu erklären, dass das im Klageantrag zu 1. näher bezeichnete Grundstück in das Alleineigentum der Klägerin F übertragen wird und in die Umschreibung im Grundbuch einzuwilligen;

3. hilfsweise zu Ziffer 1d dahingehend, dass eine öffentliche Versteigerung des PKW nach den Vorschriften des Pfandverkaufs gemäß § 1235 Abs. 1 BGB zu erfolgen hat und Verteilung des Erlöses wie unter Ziffer 1d dargestellt, vorgenommen wird.

Begründung:

I. Die Parteien sind die Witwe und die einzigen Kinder des am 10.10.2015 in München verstorbenen E. Dieser wird laut Erbschein des Amtsgerichts München (Az. VI 1601/12) vom 21.10.2015 beerbt von seiner Witwe F zu 1/2 sowie von seinen Kindern A und B zu je 1/4. Eine Testamentsvollstreckung ist nicht angeordnet.

II. Der zu verteilende Nachlass setzt sich nach Tilgung aller bekannten Nachlassverbindlichkeiten zusammen wie folgt:

A. Aktiva

1. Das im Grundbuch des Amtsgerichts München Blatt 1000 vorgetragene Anwesen Gemarkung Haidhausen Fl.Nr. 16, beschrieben als Wohnhaus mit Grünfläche zu 318 m^2. Der Verkehrswert beläuft sich laut Wertgutachten auf 400.000 EUR samt Inventar.
2. PKW Marke ABC Baujahr 2014; gemäß Schätzgutachten durch das Autohaus Z mit einem Wert von 40.000 EUR.
3. Festgeldguthaben bei der Y-Bank, Kontonummer 12345, mit einem Kontostand von 80.000 EUR, bei einer Jahresverzinsung von 4 %.

Summe der Aktiva: 520.000 EUR

B. Passiva

Darlehensforderung der X-Bank in Höhe von ursprünglich 180.000 EUR bei Zinsen von jährlich 5,25 %.

Schuld am 10.10.2015 einschließlich aufgelaufener Zinsen 100.000 EUR.

Für die Darlehensforderung besteht eine Grundschuld zu 180.000 EUR auf dem Nachlassgrundstück zugunsten der X-Bank.

Summe der Passiva: 100.000 EUR

III. Der Erblasser hat in einem eigenhändigen Testament unter anderem bestimmt, dass nach seinem Tode die Klägerin das Grundstück unter Übernahme der gesicherten Darlehensschuld einschließlich des vorhandenen Inventars erhalten soll, § 2048 BGB.

Beweis: Beglaubigte Abschrift der Testamentsurkunde Die Parteien haben die persönlichen Sachen, eine Münzsammlung sowie den Bargeldbestand unmittelbar nach dem Tod des Erblassers unter sich aufgeteilt und sämtliche Nachlassverbindlichkeiten, mit Ausnahme der Darlehensforderung der X-Bank, beglichen. Die Beerdigungs- und Grabsteinkosten wurden aus dem am Todestag vorhandenen Bargeldbestand gedeckt.

Der Teilungsplan hat zunächst zu berücksichtigen, ob zu Einzelpunkten bereits eine Einigung der Miterben oder eine Teilungsanordnung des Erblassers vorliegt. Soweit dies nicht der Fall ist, muss er aus den gesetzlichen Teilungsregeln abgeleitet werden.

Vorrangig sind aus dem Nachlass die Verbindlichkeiten zu erfüllen. Der Teilungsplan muss deshalb zunächst angeben, welche unstrittigen und fälligen Nachlassverbindlichkeiten bestehen. Reicht die Liquidität des Nachlasses nicht aus, muss der Plan vorsehen, welche Nachlasswerte in Geld umgesetzt werden können, und wie dies zu geschehen hat.

Gesetzliche Auseinandersetzungsregeln

§ 2046 BGB Berichtigung der Nachlassverbindlichkeiten	**§ 2047 BGB Verteilung des Überschusses**	
	Teilung in Natur	Teilung des Erlöses
	§§ 2042 Abs. 2, 752 BGB	§§ 2042 Abs. 2, 753 BGB
	▪ ohne Wertminderung ▪ in gleichartige Teile ▪ entsprechend der Erbquoten	Nachlassverwertung und Teilung des Erlöses nach Verhältnis der Erbquoten ▪ Grundstücke durch Teilungsversteigerung nach § 180 ff. ZVG ▪ bewegliche Sachen nach den Regeln des Pfandverkaufs nach § 1233 ff. BGB

Berichtigung der Nachlassverbindlichkeiten

Bis zur Nachlassteilung haften die Miterben grundsätzlich nicht mit ihrem Eigenvermögen für Nachlassschulden. Deswegen sind sie daran interessiert, dass diese Verbindlichkeiten vor der Teilung berichtigt werden.

Einen Anspruch darauf gibt § 2046 BGB jedem Miterben. Diese Bestimmung ist allerdings dispositiv, so dass die Miterben eine andere Regelung vereinbaren können. Auch der Erblasser kann gemäß § 2048 BGB etwas anderes anordnen.

Wichtig: Nachlassgläubiger können sich nicht auf § 2046 BGB berufen.

Jeder Miterbe kann nach § 2046 Abs. 1 Satz 2 BGB verlangen, dass für nicht fällige oder streitige Nachlassschulden die erforderlichen Gegenstände oder Geldmittel von der Auseinandersetzung ausgenommen werden.

Soweit es zur Berichtigung der Nachlassverbindlichkeiten erforderlich ist, sind Nachlassgegenstände in Geld umzusetzen, § 2046 Abs. 3 BGB (Veräußerung oder Forderungseinzug). Die Auswahl und Veräußerung der Gegenstände erfolgt durch alle Miterben gemeinschaftlich (kein Akt der ordnungsgemäßen Verwaltung).

Nachlassverbindlichkeiten, die nur einen Teil der Miterben treffen (z. B. Vermächtnisse), sind gemäß § 2046 Abs. 2 BGB aus deren Auseinandersetzungsguthaben zu befriedigen. Dabei wird allerdings der Grundsatz des § 2046 Abs. 1 Satz 1 BGB nicht berührt. Das bedeutet, dass zunächst die Verbindlichkeit aus dem (gesamten) Nachlass erfüllt wird, bei der Verteilung des Rests jedoch Anrechnung nur auf den Teil erfolgt, der verpflichtet war (muss im Teilungsplan berücksichtigt werden).

Verteilung (Teilung) des Überschusses

Was nach Berichtigung aller Nachlassverbindlichkeiten übrig bleibt, ist unter den Miterben nach dem Verhältnis ihrer Erbteile (§ 2047 Abs. 1 BGB) und unter Berücksichtigung von Ausgleichspflichten (§ 2050 ff. BGB) zu verteilen. § 2047 BGB räumt einen (gesetzlichen) schuldrechtlichen Anspruch auf Teilung des Überschusses ein.

Teilung selbst bedeutet Übertragung der Nachlassgegenstände aus dem Sondervermögen der Gemeinschaft in das Privatvermögen der

Miterben (dinglicher Auseinandersetzungsvollzug) in der jeweils erforderlichen Form.

- Teilung in Natur

  Teilung in Natur hat den Vorrang (§§ 2042 Abs. 2, 752 BGB), soweit sich Nachlassgegenstände ohne Wertminderung in gleichartige, den Erbteilen entsprechende Teile zerlegen lassen (z. B. Geld, Forderungen, Wertpapiere).

- Teilung des Erlöses

  Teilung des Erlöses (§§ 2042 Abs. 2, 753 BGB) ist dann anzuwenden, wenn Teilung in Natur ausscheidet. In diesem Fall ist der Nachlass zu verwerten und der Erlös nach dem Verhältnis der Erbteile aufzuteilen. Das erfolgt bei beweglichen Sachen nach den Regelungen des Pfandverkaufs (§ 1233 ff. BGB: öffentliche Versteigerung, § 1235 Abs. 2 BGB oder freihändiger Verkauf bei Markt-/Börsenwert, §§ 1235 Abs. 2, 1221 BGB), bei Grundstücken durch Teilungsversteigerung (§ 180 ff. ZVG).

Ausnahmen von der Teilung

Nach § 2047 Abs. 2 BGB sind persönliche und familiäre Urkunden des Erblassers von der Teilung ausgenommen. Sie bleiben Gesamthandseigentum aller Miterben, wenn sich diese nicht über eine Zuteilung einigen. Der einzelne Miterbe hat insoweit keinen Auseinandersetzungsanspruch.

Dinglicher Vollzug der Auseinandersetzung

Die schuldrechtliche Auseinandersetzungsverpflichtung, die durch Auseinandersetzungsvertrag der Miterben (§ 311 BGB), Auseinandersetzungsanordnung des Erblassers (§ 2048 BGB) oder das Gesetz (§ 2042 ff. BGB) entsteht, bedarf immer des dinglichen Vollzugs durch verfügende Einzelgeschäfte.

Die dinglichen Übertragungsakte erfolgen nach den gesetzlichen Bestimmungen (§§ 929, 873 Abs. 1, 398 BGB) und unterliegen den allgemeinen Formvorschriften. Erst mit Vornahme aller Verfügungsakte ist die Auseinandersetzung endgültig vollzogen und die Erbengemeinschaft beendet.

Wird die Teilung streng nach den gesetzlichen Regeln §§ 2047 Abs. 1, 2042 Abs. 2, 752 bzw. 753 BGB vorgenommen, liegt eine schuldrechtliche Auseinandersetzungsverpflichtung nach dem Gesetz vor, ein Auseinandersetzungsvertrag ist entbehrlich. Die dingliche Teilung stellt die Erfüllung der gesetzlichen Auseinandersetzungsverpflichtung aus § 2042 Abs. 1 i. V. m. § 2047 Abs. 1 BGB dar.[181] Ein dennoch geschlossener Auseinandersetzungsvertrag hat nur deklaratorische Wirkung.

Ausgleichungspflicht unter Abkömmlingen

Beispiel:

Der verwitwete Erblasser Emil hinterlässt seine drei Kinder Adam, Bernd und Christa. Adam hatte zu Lebzeiten seines Vaters von diesem zur Einrichtung seiner Arztpraxis 50.000 EUR erhalten. Seiner Tochter Christa hatte der Erblasser 20.000 EUR zur Hochzeit und Wohnungseinrichtung (neben ihrer Berufsausbildung) überlassen. Da Bernd noch studiert, hat er bisher nur geringe Zuschüsse für sein Studium erhalten, die monatlich 300 EUR und insgesamt 5.000 EUR nicht überschritten haben. Der Wert des Nachlasses beträgt 50.000 EUR.

Ausgleich von Vorempfängen

Bei der gesetzlichen Erbfolge sind nach den § 2050 ff. BGB bestimmte Vorempfänge, die ein Abkömmling des Erblassers bereits zu dessen Lebzeiten von diesem erhalten hat, bei der Auseinandersetzung zu berücksichtigen.

[181] BGHZ 21, 229

Ausgleichungspflicht unter Abkömmlingen	
ausgleichungspflichtig sind:	nicht ausgleichungspflichtig sind:
■ nur Abkömmlinge als gesetzliche Erben, § 2050 BGB ■ eintretende Abkömmlinge, § 2051 Abs. 1 BGB ■ Ersatzerben für wegfallende Abkömmlinge, § 2051 Abs. 2 BGB ■ Erbteilserwerber, wenn von einem ausgleichungspflichtigen Abkömmling erworben wurde ■ Abkömmlinge bei Verfügung von Todes wegen, wenn die Erbteile entsprechend der gesetzlichen Erbfolge bestimmt sind, § 2052 BGB	■ Ehegatten, Lebenspartner, Eltern ■ entferntere Abkömmlinge oder an ihre Stelle tretende Ersatzerben, außer bei Erblasseranordnung, § 2053 Abs. 1 BGB ■ Abkömmlinge, bevor sie wirksam adoptiert wurden, außer bei Erblasseranordnung, § 2053 Abs. 2 BGB

5

Will der Erblasser bei der Auseinandersetzung unter Miterben die Anrechnung von Vorempfängen auf den Erbteil über die dazu bestehenden gesetzlichen Regeln insbesondere in § 2050 BGB hinaus erreichen, muss er dies durch letztwillige Verfügung anordnen; für eine Erbauseinandersetzung verbindliche Anordnungen können nicht durch Rechtsgeschäft unter Lebenden getroffen werden.[182]

Der Ehegatte des Erblassers gehört als Miterbe weder zu den Verpflichteten noch zu den Berechtigten der Ausgleichung von Vorempfängen. Gehören zur Erbengemeinschaft Miterben, die nicht ausgleichsberechtigt oder -verpflichtet sind, findet die Ausgleichung unabhängig davon nur unter den dazu berechtigten und verpflichteten Abkömmlingen statt.

Bei der gewillkürten Erbfolge sieht das Gesetz prinzipiell keine besondere Ausgleichspflicht von Vorempfängen vor, sondern geht aufgrund der Testierfreiheit davon aus, dass der Erblasser die von ihm für sachgerecht erachtete Regelung vollständig unter Berücksichtigung etwaiger Vorempfänge getroffen hat, ohne noch vom Gesetz ergänzt werden zu wollen.[183] Eine Ausnahme ergibt sich aus § 2052 BGB.

182 BGH FamRZ 2010, 27
183 Mot. V S. 699

Im Fall des § 2052 BGB muss der Erblasser die Abkömmlinge durch Verfügung von Todes wegen zu Miterben berufen haben, und zwar auf ihren gesetzlichen Erbteil. Die zweite Alternative der Vorschrift ist gegeben, wenn der den Abkömmlingen jeweils zugedachte Erbteil zwar höher oder niedriger als der gesetzliche ist, wenn aber ein solches Verhältnis der Erbteile zueinander besteht, wie es zwischen den gesetzlichen Erbteilen gegeben ist. Das kann eintreten, wenn entweder der Ehepartner als gesetzlicher Erbe ausgeschlossen ist oder neben den Abkömmlingen noch andere Erben eingesetzt sind. Entscheidend ist somit nicht ein Größenvergleich mit den gesetzlichen Erbteilen, sondern eine verhältnismäßige Entsprechung im Hinblick auf die gesetzliche Erbfolge. Der Tatbestand ist auch erfüllt, falls der Erblasser nicht alle, sondern nur einige seiner Abkömmlinge nach dem Verhältnis ihrer gesetzlichen Erbteile eingesetzt hat. Dann findet die Ausgleichung nur unter den Abkömmlingen statt, die nach dem gesetzlich maßgebenden Verhältnis bedacht sind.

Nur Abkömmlinge sind zur Ausgleichung verpflichtet, das heißt Kinder, Enkel, Urenkel usw., eheliche und nichteheliche Abkömmlinge sind gleichgestellt. Die Abkömmlinge müssen als gesetzliche Erben berufen sein. Sind die Abkömmlinge teilweise zur gesetzlichen, teilweise zur gewillkürten Erbfolge berufen, beschränkt sich die Ausgleichung auf die kraft Gesetzes Berufenen. Gelangt ein Abkömmling nicht zur gesetzlichen Erbfolge (z. B. durch Vorversterben, Ausschlagung, Enterbung, Erbverzicht), so ist der an seine Stelle tretende Abkömmling (des Erblassers) nach § 2051 Abs. 1 BGB zur Ausgleichung verpflichtet. Rücken mehrere Abkömmlinge nach, so werden sie nach dem Verhältnis ihrer Erbteile mit der Ausgleichung belastet.[184] Erhöht sich auf diese Weise der Erbteil eines Abkömmlings, weil er bereits vorher Erbe war, so wird der hinzugekommene Erbteil ausgleichsrechtlich nach Anwachsungsregeln als besonderer Erbteil angesehen, §§ 1935, 2095 BGB.

Hat der Erblasser für den Weggefallenen einen Ersatzerben eingesetzt, der nicht Abkömmling ist, so ist dieser ausgleichungspflichtig gemäß § 2051 Abs. 2 BGB, soweit kein anderer Erblasserwille erkennbar ist.

Eine Zuwendung an einen entfernteren Abkömmling oder Ersatzerben vor dem Wegfall des ihn ausschließenden Abkömmlings ist nur auszugleichen, wenn der Erblasser dies bei der Zuwendung an-

---

184 Mot. V S. 706

geordnet hat, § 2053 Abs. 1 BGB. Dies gilt auch für Zuwendungen, die ein Abkömmling erlangt hat, bevor er wirksam durch den Erblasser adoptiert wurde, § 2053 Abs. 2 BGB.

Wichtig: Die Ausgleichungspflicht ist nach § 2051 Abs. 1 BGB vererblich.

Auszugleichende Zuwendungen		
Ausstattungen § 2050 Abs. 1 BGB	**Zuschüsse und Aufwendungen § 2050 Abs. 2 BGB**	**andere Zuwendungen § 2050 Abs. 3 BGB**
§ 1624 BGB ■ Rücksicht auf Verheiratung ■ Gründung oder Erhaltung einer (wirtschaftlichen) Lebensstellung	■ als Einkünfte ■ zur Berufsvorbildung ■ wenn sie das entsprechende Maß übersteigen	soweit nicht unter Abs. 1 oder Abs. 2 fallend, wenn Erblasser bei Zuwendung Ausgleichung angeordnet hat

Der Erblasser muss zugewendet haben. Es muss sich um eine Zuwendung unter Lebenden handeln. Der Erblasser hat sie zu seinen Lebzeiten zu machen. Eine Zuwendung verlangt kein Rechtsgeschäft zwischen Erblasser und Abkömmling. Es genügt vielmehr jeder Vermögensvorteil, den der Abkömmling auf Kosten des Nachlasses vom Erblasser erhält.[185]

Ein Vermögensgegenstand des Erblassers muss so in das Vermögen des Abkömmlings gekommen sein, dass dadurch der Nachlass bzw. das Auseinandersetzungsguthaben der übrigen Miterben verringert worden ist.

Es muss keine Unentgeltlichkeit wie bei der Schenkung vorliegen, denn die Ausgleichsregelung wurde bewusst nicht auf unentgeltliche Leistungen beschränkt.[186] Daher liegt auch in einer entgeltlichen Leistung eine Zuwendung, wenn die Gegenleistung wie bei einer sogenannten gemischten Schenkung bewusst gering bemessen wurde.

---

[185] RG JW 1938, 2971

[186] Mot. V S. 704; RGZ 67, 306; 73, 372

- Ausstattung

  Was als Ausstattung zu verstehen ist, richtet sich nach § 1624 BGB (was der Erblasser-Elternteil seinem Abkömmling im Hinblick auf dessen Heirat oder zur Begründung oder Erhaltung einer selbstständigen Lebensstellung zuwendet).[187] Als Ausstattung kann abweichend von § 1624 BGB ausnahmsweise auch in Betracht kommen, was der Erblasser nicht seinen Kindern, sondern entfernteren Abkömmlingen (Enkeln, Urenkeln) mit Ausstattungszweck überlassen hat; ein Wegfall der Ausgleichungspflicht bestimmt sich hier nach § 2053 BGB. Gegenständlich zählt zur Ausstattung auch ein vom Erblasser gegebenes bloßes Ausstattungsversprechen, das von den Miterben zu erfüllen ist.[188] Einmalige Zuwendungen von Geld oder anderen Vermögensgegenständen können als Ausstattung gegeben werden, während Zuwendungen in Rentenform, selbst wenn sie als Ausstattung beabsichtigt sind, gleichwohl als Einkünfte im Sinne von § 2050 Abs. 2 BGB zu behandeln sind.[189]

  5 Ausstattungen sind dann ausgleichspflichtig, wenn sie neben einer Berufsausbildung gewährt werden oder die Kosten einer angemessenen Ausbildung übersteigen. Eine Ausgleichspflicht besteht nicht, wenn sie anstelle der dem Abkömmling zustehenden Ausbildung zugestanden werden, weil sie dann wie die Ausbildung lediglich als Auswirkung der normalen gesetzlichen Unterhaltspflicht der Eltern anzusehen sind.[190] So ist beispielsweise die einer Tochter gewährte Aussteuer nicht ausgleichspflichtig, wenn diese keine Berufsausbildung erhalten hat.[191]

  Es kommt bei der Ausstattung nicht darauf an, ob sie den Vermögensverhältnissen der Beteiligten gerecht wird oder als übermäßig anzusehen ist. Gleichgültig ist ferner, ob der Erblasser zur Ausstattungsgewährung rechtlich verpflichtet war.

  Dem Erblasser steht es frei, die gesetzliche Ausgleichspflicht durch eine entsprechende Anordnung bei der Zuwendung formlos, auch stillschweigend, oder nach der Zuwendung durch

---

187 BGH NJW 1965, 2056; RG JW 1938, 2971; OLG Stuttgart BWNotZ 1977, 150

188 BGH NJW 1965, 2056

189 RGZ 79, 266

190 BGH NJW 1982, 575; OLG Hamburg NJW 1953, 1353; OLG Celle FamRZ 1965, 390

191 BGH NJW 1982, 575

Verfügung von Todes wegen auszuschließen oder einzuschränken.[192] Durch Rechtsgeschäft unter Lebenden nach der Zuwendung kann der Erblasser die entstandene Ausgleichspflicht nicht mehr aufheben, da sonst die zwingenden Formvorschriften über Verfügungen von Todes wegen umgangen werden könnten. Die an der Ausgleichung beteiligten Miterben können durch einstimmige Vereinbarung die Ausgleichung ausschließen.

- Zuschüsse als Einkünfte

Zuschüsse und Aufwendungen im Sinne von § 2050 Abs. 2 BGB sind nur auszugleichen, wenn sie unverhältnismäßig sind, das heißt das den Vermögensverhältnissen des Erblassers entsprechende Maß übersteigen. Soweit es sich um Leistungen in Erfüllung der gesetzlichen Unterhaltspflicht handelt, kommt deshalb eine Ausgleichspflicht nicht in Betracht.

Zuschüsse zu Einkunftszwecken, somit zur Erfüllung des laufenden Bedarfs, setzen eine gewisse Dauer und Regelmäßigkeit voraus, so dass einmalige Zuwendungen ausscheiden.

Aufwendungen für die Vorbildung zu einem Beruf sind Ausgaben für den Besuch von Fachhochschulen, Universitäten, Promotionskosten, Auslagen einer beruflichen Umschulung bzw. einer Vorbildung zu einem neuen, andersartigen Beruf nach Beendigung einer ersten Berufsausbildung.[193] Ausbildungsaufwendungen im Rahmen von Unterhaltsleistungen sind auszugleichen, soweit keine gesetzliche Leistungspflicht bestanden hat.

Die Zuschüsse und Aufwendungen sind nur insoweit zur Ausgleichung zu bringen, als sie das den Vermögensverhältnissen des Erblassers entsprechende Maß überstiegen haben. Entscheidend dafür ist eine verantwortungsvolle Einschätzung, ob der Erblasser angesichts der mutmaßlichen Entwicklung seiner Vermögensverhältnisse die Zuwendung unter Berücksichtigung auch seiner anderen Kinder erbringen konnte. Wesentlich sind die Vermögensverhältnisse des Erblassers, nicht sein Stand, auch nicht Verhältnisse und Beziehungen des Abkömmlings. Maßgebend ist dabei die Zeit der Zuwendung. Übermaß ist allein deswegen nicht anzunehmen, wenn die Aufwendungen höher sind, als die für einen anderen Abkömmling zum selben Zweck ge-

192 RGZ 90, 419
193 RGZ 114, 52

machte Zuwendung.[194] Ob der Erblasser die Zuwendung seinen Einkünften oder der Substanz seines Vermögens entnommen hat oder gar entnehmen musste, ist zwar nicht ausschlaggebend, kann aber doch für die Übermaßfrage Beachtung verdienen. Letztlich wird sich die Frage nach einem Übermaß nur anhand der konkreten Einzelfallumstände beantworten lassen. So sind beispielsweise bei einer ernsten Notlage eines Kindes besondere Zuwendungen, bei besonderer Begabung erhöhte Ausbildungskosten nicht übermäßig.

Der Erblasser kann trotz Fehlens einer entsprechenden Bestimmung vom Gesetz abweichende Anordnungen treffen, da es sich bei § 2050 Abs. 2 BGB nur um eine sachliche Erweiterung von § 2050 Abs. 1 BGB handelt. Auch die Miterben können Abweichungen von den Ausgleichsregeln vereinbaren.

- Andere Zuwendungen

Für andere Zuwendungen, die nicht kraft Gesetzes auszugleichen sind, kann der Erblasser nach § 2050 Abs. 3 BGB die Ausgleichspflicht formlos bei der Zuwendung anordnen.

Dabei geht es um Zuwendungen, die von § 2050 Abs. 1 oder Abs. 2 BGB nicht erfasst werden. Es muss sich um Zuwendungen unter Lebenden handeln. Darunter fallen insbesondere Geschenke, einmalige Zuschüsse etwa zur Schuldtilgung, für einen Urlaub, eine Reise usw. Unter § 2050 Abs. 3 BGB fallen keine Leistungen, mit denen einer gesetzlichen Pflicht nachgekommen wird.

Die sonstigen Leistungen sind nur auszugleichen, wenn der Erblasser das bei der Zuwendung angeordnet hat. Da keine Form einzuhalten ist, kann die Anordnung auch konkludent getroffen werden.[195] Die Anordnung muss entweder vor oder gleichzeitig mit der Zuwendung dem Abkömmling zugehen, so dass dieser sie ausdrücklich oder stillschweigend annehmen oder die Zuwendung wegen der Ausgleichspflicht ablehnen kann.[196] Nachträgliche Anordnungen sind nicht durch Rechtsgeschäft unter Lebenden, sondern nur durch Verfügung von Todes wegen als Vermächtnis zugunsten der anderen Miterben möglich.

---

194 OLG Hamburg HansRGZ 1938 B 387

195 RGZ 67, 306, 307

196 BGH NJW 1982, 575

Liegt eine Ausgleichsanordnung nach § 2050 Abs. 3 BGB vor, kann der Erblasser sie nur durch Verfügung von Todes wegen wieder aufheben.[197] Die Miterben können einvernehmlich durch Vereinbarung von den nicht zwingenden Ausgleichsregeln abweichen, sprich: auch von diesbezüglichen Anordnungen des Erblassers.

Rechtsnatur der Ausgleichung

Die Ausgleichungspflicht besagt, dass der Verpflichtete dazu angehalten ist, in der Auseinandersetzung der Anrechnung auszugleichender Zuwendungen zuzustimmen. Ausgleichung ist somit ein gesetzlich angeordneter besonderer Teil der Auseinandersetzung. Ausgleichungsrecht und -pflicht umschreiben ein an die Miterbenanteile gebundenes gesetzliches Schuldverhältnis unter den aktiv und passiv Beteiligten. Die Ausgleichsbeteiligung hängt mit dem Erbteil der Abkömmlinge untrennbar zusammen, so dass sie auch auf den Erwerber (§§ 2033 Abs. 1, 2372 BGB) und Erben (§ 1922 Abs. 1 BGB) des Erbteils eines Abkömmlings übergeht.

Durchführung der Ausgleichung

- Wertermittlung

  Die Wertberechnung richtet sich nach dem Zeitpunkt der Zuwendung, nicht nach dem der Auseinandersetzung, § 2055 Abs. 2 BGB. Spätere Änderungen des Zuwendungsgegenstandes sind zwar unbeachtlich, Änderungen des Wertmessers Geld verdienen aber Berücksichtigung.[198]

$$\text{Wert} = \frac{\text{Zuwendungswert} \times \text{Index Erbfall}}{\text{Index Zuwendung}}$$

  Bei Sachzuwendungen ist der Geldwert des betreffenden Gegenstands zum Zeitpunkt der Zuwendung in entsprechender Weise für die Auseinandersetzungszeit umzurechnen. Eine unterschiedliche Behandlung von Geld- und Sachzuwendungen erscheint nicht angebracht. § 2055 Abs. 2 BGB erklärt den Zu-

---

197 OLG Stuttgart BWNotZ 1977, 150; OLG Hamburg OLGE 34, 260

198 RGZ 108, 337

wendungszeitpunkt zum entscheidenden Bewertungsstichtag. Das verbietet es, die Vorschrift abändernd so zu verstehen, dass es auf den Geldbetrag ankommt, der zum Erwerb des voremp- fangenen Gegenstandes im Auseinandersetzungszeitpunkt er- forderlich wäre. Zur Berücksichtigung schleichender Geldent- wertungen bleibt bei Respektierung von Gesetz und Normzweck nur die Hochrechnung nach Maßgabe allgemein anerkannter Indexzahlen auf der Grundlage einer Bewertung zum Zuwen- dungszeitpunkt.

Der Index (Jahresdurchschnittswert) für das Jahr 2010 beträgt 100 Prozent, für das Jahr 2005 liegt er bei 92,5 Prozent und für 2015 kann von 106,9 Prozent ausgegangen werden. Für Sep- tember 2015 beträgt der Wert 107,0 Prozent, für April 2016 sind 106,9 Prozent anzusetzen.

- Nichtbeteiligte Miterben

  Die Erbteilswerte der an der Ausgleichung nicht beteiligten Miterben werden vorweg nach dem vorhandenen Nachlass be- rechnet.[199]

- Beteiligte Miterben

  Die Ausgleichung findet danach als zweiter Teil der Auseinander- setzung nur unter den ausgleichsbeteiligten Miterben statt. Gemäß § 2055 Abs. 1 Satz 2 BGB wird der Wert sämtlicher aus- zugleichender Zuwendungen dem Wert des Nachlassteiles zu- gerechnet, der den ausgleichsbeteiligten Miterben insgesamt zukommt.

  Aus dem Gesamtwert des um die Zuwendungen erhöhten Nach- lasses werden nach dem Verhältnis der Erbteile der ausgleichs- beteiligten Miterben die diesen zustehenden Wertquoten be- rechnet. Auf die so errechneten Erbteilswerte der einzelnen muss sich jeder das anrechnen lassen, was er auszugleichen hat, § 2055 Abs. 1 Satz 1 BGB.

- Mehrempfang

  Eine Rückgewährspflicht für Vorempfänge sieht das BGB laut § 2056 Satz 1 nicht vor. Das gilt für den Fall, dass ein Miterbe

[199] BGHZ 96, 177

durch auszugleichende Zuwendungen mehr erhalten hat, als ihm bei der Auseinandersetzung zukäme.

Bei der Verteilung des Nachlasses scheidet ein solcher Miterbe aus. Sowohl der Wert der von ihm empfangenen Zuwendungen als auch sein Erbteil bleiben außer Acht. Hierdurch vermindert sich notwendig die Teilungsmasse, da der ausscheidende, an sich ausgleichspflichtige Abkömmling mehr aus dem Erblasservermögen erhält, als ihm § 2055 BGB zusteht. Der Nachlass wird somit nur unter den übrigen Miterben unter Berücksichtigung etwaiger weiterer Ausgleichslasten verteilt. Zwar bleiben die Erbquoten der übrigen Miterben als solche unverändert, ihr Auseinandersetzungsguthaben ist jedoch geringer. Deswegen sind die bruchteilsmäßigen Anteile der noch an der Auseinandersetzung teilnehmenden Miterben nur für die Teilung so abzuändern, dass die Teilungsbruchteile einerseits den ganzen Nachlass erschöpfen, andererseits aber zueinander im Verhältnis der quotalen Erbberechtigung verbleiben.

Lösung:

Lösung zum Eingangsbeispiel (ohne Berücksichtigung des Kaufpreisschwunds):

Der Nachlass in Höhe von 50.000 EUR ist unter Berücksichtigung der Zuwendungen wie folgt zu verteilen:

Adam, Bernd und Christa sind gesetzliche Erben zu je 1/3 geworden, § 1924 Abs. 1, 4 BGB.

Adam:	50.000 EUR Zuwendungen für Geschäfts- bzw. Existenzgründung (§ 2050 Abs. 1 BGB i. V. m. § 1624 Abs. 1 BGB)
Bernd:	5.000 EUR Zuschüsse für Studium (§ 2050 Abs. 2 BGB, hier dürfte aber das entsprechende Maß nicht überstiegen sein, somit keine Ausgleichung)
Christa:	20.000 EUR Euro Ausstattung zur Verheiratung (§ 2050 Abs. 1 BGB i. V. m. § 1624 Abs. 1 BGB)

Die Durchführung der Ausgleichung bestimmt sich nach § 2055 BGB. Sämtliche auszugleichenden Zuwendungen sind dem Nachlass hinzuzurechnen, andererseits vom Anteil des jeweiligen Ausgleichungspflichtigen abzuziehen.

Nachlass beim Erbfall	50.000 EUR

Zuwendung an Adam	+ 50.000 EUR	§ 2055 Abs. 1 Satz 2 BGB
Zuwendung an Christa	+ 20.000 EUR	§ 2055 Abs. 1 Satz 2 BGB
zu verteilende Summe	120.000 EUR	
Adam erhält davon 1/3	40.000 EUR	
Adam hat bereits erhalten	– 50.000 EUR	§ 2055 Abs. 1 Satz 1 BGB

Adam hat unter Lebenden bereits mehr erhalten, als ihm zusteht. Eine Rückzahlung an den Nachlass ist nach § 2056 Satz 1 BGB jedoch ausgeschlossen. Adam bleibt bei der Berechnung völlig unberücksichtigt (er erhält nichts mehr aus dem Nachlass), § 2056 Satz 2 BGB.

Neuberechnung nach Wegfall des Adam:

Nachlass beim Erbfall	50.000 EUR	
Zuwendung an Christa	+ 20.000 EUR	§ 2055 Abs. 1 Satz 2 BGB
zu verteilende Summe	70.000 EUR	
Christa erhält 1/2	35.000 EUR	
sie hat bereits erhalten	– 20.000 EUR	§ 2055 Abs. 1 Satz 1 BGB
sie erhält noch aus dem Nachlass	15.000 EUR	
Bernd erhält 1/2	35.000 EUR	
er hat bereits erhalten	– 0 EUR	
er erhält aus dem Nachlass	35.000 EUR	

5

Beispiel:

Erblasser Emil hinterlässt seine Ehefrau Frieda und die zwei Kinder Adam und Bernd. Adam war durch Börsenspekulationen in finanzielle Schwierigkeiten geraten und erhielt von seinem Vater eine Zahlung in Höhe von 60.000 EUR zur Tilgung der Schulden. Bei der Übergabe der Geldscheine musste Adam auf Drängen seines Vaters eine Erklärung unterschreiben, dass diese Zuwendung später zur Ausgleichung zu bringen ist. Bernd hat bisher keine Leistungen erhalten. Der Nachlass beträgt 200.000 EUR. Die Eheleute lebten im gesetzlichen Güterstand.

Gesetzliche Erben sind Frieda zu 1/2 (§§ 1931 Abs. 1, 3, 1371 Abs. 1 BGB) sowie A und B zu je 1/4 (§ 1924 Abs. 1, 4 BGB).

Der Nachlass ist unter Berücksichtigung der Zuwendungen wie folgt zu verteilen:

Adam: Schenkung unter Lebenden mit Ausgleichungsanordnung (§ 2050 Abs. 3 BGB)

1. Zunächst bekommt Frieda, mit der keine Ausgleichung vorzunehmen ist, ihren Anteil aus dem (vorhandenen) Nachlass, § 2055 Abs. 1 Satz 2 BGB a. E.

Frieda erhält 1/2 aus 200.000 EUR	**100.000 EUR**

2. Der Rest wird unter den Abkömmlingen nach Berücksichtigung der Ausgleichungspflichten verteilt.

Restnachlass (nach Wegfall von Frieda)	100.000 EUR	
Zuwendung an Adam	+ 60.000 EUR	§ 2055 Abs. 1 Satz 2 BGB
zu verteilende Summe	160.000 EUR	
Adam 1/2	80.000 EUR	
bereits erhalten	– 60.000 EUR	§ 2055 Abs. 1 Satz 1 BGB
Rest	**20.000 EUR**	
Bernd 1/2	**80.000 EUR**	

5

Auskunftspflicht

Zur Erleichterung der Ausgleichung ordnet das Gesetz in § 2057 BGB eine Auskunftspflicht jedes Miterben über die von ihm empfangenen und auszugleichenden Zuwendungen an. Auskunftsberechtigt ist jeder einzelne ausgleichsbeteiligte Miterbe.

Der Anspruch auf Auskunftserteilung steht zunächst jedem Miterben zu, falls er zu den Ausgleichsberechtigten im Sinne der § 2050 ff. BGB zählt. Auskunftsberechtigt sind ferner ein nichterbender pflichtteilsberechtigter Abkömmling wegen § 2316 Abs. 1 BGB, ein mit der Auseinandersetzung betrauter Testamentsvollstrecker (§ 2204 BGB) zur gebotenen Berücksichtigung von Vorempfängen im Rahmen seiner gesetzlichen Aufgaben, Nachlass- und Insolvenzverwalter beim Vorliegen eines besonderen Interesses zur Klarstellung eines Erbteilswertes, um darauf lastende Verbindlichkeiten erfüllen zu können.

Auskunft ist zu geben über Zuwendungen, die ggf. nach den § 2050 ff. BGB auszugleichen sind. Die Auskunftspflicht erstreckt sich somit nicht auf alle Zuwendungen, die ein miterbender Abkömmling überhaupt vom Erblasser erhalten hat. Andererseits fallen unter die Auskunftspflicht nicht nur Zuwendungen, die unbestritten auszugleichen sind. Anzugeben sind vielmehr solche Vorempfänge, die nach ihren generellen Eigenschaften, das heißt auch nur möglicherweise von den Ausgleichungsvorschriften erfasst werden.

Auskunft zu erteilen ist über alle ausgleichungsrelevanten Eigenschaften der Zuwendungen, insbesondere über Art und Menge des Vorempfangs, alle wertbildenden Faktoren, den Zuwendungszeitpunkt (wegen § 2055 Abs. 2 BGB) sowie einschlägige Erblasseranordnungen. Alle für und gegen eine Ausgleichungspflicht sprechenden Umstände sind demgemäß mitzuteilen. Die Auskunftspflicht erstreckt sich auf Zuwendungen, die der betreffende Abkömmling
5 selbst oder sein Vorgänger (§ 2051 BGB) erhalten hat, nicht hingegen auf solche, die andere Miterben bekommen haben.[200]

Für die Auskunft des Ausgleichspflichtigen ist keine besondere Form vorgeschrieben. Ein Bestandsverzeichnis ist gemäß § 260 Abs. 1 BGB nur vorzulegen, falls der Vorempfang aus einem sogenannten Inbegriff von Gegenständen bestanden hat. Der Pflichtige genügt den Anforderungen daher bereits durch die mündliche Mitteilung, ob und welche Gegenstände er vom Erblasser als ausgleichspflichtige Zuwendung bekommen hat, vorbehaltlich allerdings einer eventuell von ihm abzugebenden eidesstattlichen Versicherung. Im Interesse der Rechtssicherheit und zur Vermeidung des Verdachts einer mangelnden Sorgfalt, der zur Abgabe einer eidesstattlichen Versicherung Anlass geben kann, sollte die Auskunft zweckmäßigerweise schriftlich in detaillierter Art gegeben werden.

Der Anspruch ist gegenüber einem die Auskunft verweigernden Ausgleichspflichtigen einklagbar. Antrag und Urteilstenor können sich darauf beschränken, Auskunft über die auszugleichenden Zuwendungen zu geben.[201] Der Kläger braucht für das Entstehen der Auskunftspflicht nicht darzulegen und ggf. zu beweisen, dass über-

---

[200] OLG Kiel OLGE 12, 370

[201] BayObLG OLGE 37, 253

haupt oder gar eine bestimmte Zuwendung erfolgt ist. Es genügt vielmehr, wenn der Auskunft beanspruchende Miterbe darlegt und beweist, dass er und der Beklagte an einer ggf. vorzunehmenden Ausgleichung beteiligt sind. Macht der Kläger geltend, ein entgeltliches Geschäft enthalte wegen seiner Sondergestaltung gleichwohl eine ausgleichspflichtige Zuwendung, trifft ihn insoweit die Beweislast. Wendet der Inanspruchgenommene ein, dass aufgrund der testamentarischen Erbfolge keine Ausgleichspflicht bestehe, trägt er dafür die Beweislast. Die Zwangsvollstreckung erfolgt nach § 888 ZPO – auch bei eidesstattlicher Versicherung (nicht vertretbare Handlung: Zwangsgeld).

Auskunftsklage – Beispiel:

In Sachen ....

wird beantragt, die Beklagte zu verurteilen, dem Kläger Auskunft über alle ausgleichungspflichtigen Zuwendungen zu erteilen, die sie von ihrem am .... verstorbenen Vater .... zu dessen Lebzeiten erhalten hat.

→ Wenn Grund zur Annahme besteht, dass die Auskunft nicht mit der erforderlichen Sorgfalt erteilt werden könnte:

Außerdem wird beantragt, die Beklagte zu verurteilen, an Eides statt zu versichern, dass sie die Zuwendungen nach bestem Wissen so vollständig angegeben hat, als sie dazu imstande war.

Begründung:

Der Kläger ist der Sohn, die Beklagte die Tochter des Erblassers. Die Parteien sind die einzigen gesetzlichen Erben.

Der Kläger hat sich bereits vor mehreren Jahren von seiner Familie getrennt und weder zum Erblasser noch zu seiner Schwester den Kontakt aufrechterhalten. Er hat kurz vor dem Tod seiner vor zwei Jahren verstorbenen Mutter erfahren, dass die Beklagte während ihres Studiums geheiratet hat und heute als Architektin tätig ist. Er hat weiterhin von seiner verstorbenen Mutter erfahren, dass sein Vater (der Erblasser) seiner Schwester (der Beklagten) das Studium finanziert und ihr anlässlich ihrer Heirat eine Aussteuer gegeben haben soll. Seine Mutter war sich über diese Tatsache sicher, konnte aber die Höhe der zugewendeten Beträge nicht nennen.

Beweis: Einvernahme der Ehefrau des Klägers ..., welche bei der Unterredung mit dessen Mutter zugegen war.

Die Beklagte ist als Abkömmling und gesetzliche Erbin gemäß § 2057 BGB über diese Zuwendung auskunftspflichtig. Sie weigert sich jedoch, dem Kläger Auskunft zu erteilen, ob und in welcher Höhe sie anlässlich ihrer Hochzeit Zuwendungen und/oder Zuschüsse zu ihrer Berufsausbildung erhalten hat. Der Kläger geht davon aus, dass der Erblasser die Beklagte während ihres Studiums mit erheblichen Mitteln unterstützt hat. Beide Arten von Zuwendungen sind nach § 2050 Abs. 1 bzw. Abs. 2 BGB ausgleichspflichtig.

Die Beklagte ist auch zur Auskunft darüber verpflichtet, ob der Erblasser ihr Zuwendungen gemacht hat, die gemäß § 2050 Abs. 3 BGB ausgleichspflichtig sein können. Der Kläger hat von seiner Mutter gehört, dass der Erblasser der Beklagten während ihres Studiums ein neuwertiges Auto geschenkt hat.

5

Ausgleich für besondere Leistungen

Hatte ein Abkömmling etwa durch Mitarbeit im elterlichen Haushalt oder Betrieb dem Erblasser besondere Leistungen zugewandt, ohne dafür ein (angemessenes) Entgelt zu erhalten, kann er nach § 2057a BGB von den Abkömmlingen, die mit ihm gesetzliche Erben sind, einen Ausgleich verlangen.

Ausgleichungspflichtige	Leistungen
■ Ausgleichung nur unter Abkömmlingen in der gesetzlichen Erbfolge ■ Abkömmlinge bei gewillkürter Erbfolge, wenn im Verhältnis der gesetzlichen Erbfolge, §§ 2057a Abs. 1 2. Halbsatz, 2052 BGB	■ Mitarbeit im Haushalt, Beruf oder Geschäft des Erblassers ■ erhebliche Geldleistungen ■ während längerer Zeit ■ Pflegeleistungen gegenüber Erblasser ■ Leistungen (zumindest teilweise) unentgeltlich erbracht, § 2057a Abs. 2 BGB

Voraussetzungen

Das Ausgleichsrecht besteht nur unter den Abkömmlingen, die gesetzliche Erben sind. Diesen stehen im Zweifel diejenigen Abkömmlinge gleich, die durch Verfügung von Todes wegen auf den gesetzlichen Erbteil eingesetzt sind, §§ 2057a Abs. 1 Satz 1 1. Halbsatz, 2052 BGB. Der überlebende Ehegatte des Erblassers gehört nicht zu den Berechtigten und Verpflichteten.

Gegenstand der Ausgleichung

Ausgleichsberechtigt ist nach § 2057a Abs. 1 Satz 1 BGB ein Abkömmling, der in besonderem Maße dazu beigetragen hat, das Vermögen des Erblassers zu erhalten oder zu vermehren. Nur Sonderleistungen des Abkömmlings werden berücksichtigt. Außer Betracht bleiben hingegen alle nach den jeweiligen Verhältnissen üblichen Leistungen.[202] Nicht entgegensteht, dass die Leistungen nach den §§ 1619, 1620 BGB erbracht wurden, § 2057a Abs. 2 Satz 2 BGB. Die durch die auszugleichenden Sonderleistungen bewirkte Vermögenserhaltung oder Vermögensvermehrung muss nicht ein bestimmtes Ausmaß erreichen, etwa dass der Erblasser ohne die fragliche Mitarbeit eine Arbeitskraft benötigt hätte, sie muss aber verglichen mit anderen Ursachen im Wesentlichen auf den erbrachten Leistungen beruhen.

Der Abkömmling hat in Haushalt, Beruf oder Geschäft des Erblassers während längerer Zeit mitgearbeitet. Unter Mitarbeit fällt jedes geistige oder körperliche Tätigwerden des Abkömmlings, dafür gelten die für § 1619 BGB maßgeblichen Grundsätze.[203] Zum Haushalt sind alle mit dem Hauswesen zusammenhängenden Angelegenheiten zu rechnen, die sich auf Wohnung oder Lebensführung des Erblassers beziehen. Dazu gehören sowohl tatsächliche Handhabungen, wie die Zubereitung von Mahlzeiten, das Reinigen der Wohnung und der Wäsche als auch der Abschluss von Rechtsgeschäften, etwa das Besorgen von Einkäufen. Unter Beruf des Erblassers fällt jede selbstständige oder unselbstständige berufliche Tätigkeit. Es genügt auch eine Mitarbeit, die in einem weiteren Zusammenhang mit der Berufsausübung steht, wenn sie diese fördert, wie etwa Fahrten zur Arbeitsstätte.

---

[202] OLG Oldenburg FamRZ 1999, 1466

[203] BGH NJW 1972, 429

Die Mitarbeit muss eine längere Zeit dauern, eine genaue Zeitgrenze lässt sich jedoch nicht bestimmen. Die längere Mitarbeit ist von einer zeitweisen Aushilfe abzugrenzen. Ob ein bestimmter Zeitraum ausreicht, ist auch nach Art und Wert der Leistung zu beurteilen. Ein zusammenhängender Zeitraum ist nicht erforderlich.

Gleichzeitig hat die Mitarbeit nach § 2057a Abs. 2 Satz 1 BGB unentgeltlich zu erfolgen. Bei teilweiser Unentgeltlichkeit kommt ein Ausgleich nur für den unentgeltlich geleisteten Teil in Betracht.

Fraglich ist, ob die Mitarbeit zwingend vom Abkömmling persönlich geleistet werden muss; nach BGH[204] genügt es, dass seine Familienangehörigen oder fremde Personen in seinem Auftrag tätig werden.

Der Mitarbeit gleichgestellt sind erhebliche Geldleistungen. Die Geldleistung muss ein gewisses Ausmaß erreicht haben, so dass sie den Vermögensstand des Erblassers beeinflussen konnte. Nicht ausgleichsfähig sind Geldleistungen im Rahmen der gesetzlichen Unterhaltspflicht gemäß der § 1601 ff. BGB. Anders verhält es sich jedoch bei freiwilligen Unterhaltszahlungen, wenn diese das Erblasservermögen schonen.

Ausgleichsfähig sind nach § 2057a Abs. 1 Satz 2 BGB auch Pflegeleistungen zugunsten des Erblassers. Die Versorgung des pflegebedürftigen Erblassers muss sich über längere Zeit erstrecken. Ebenso muss wiederum die Intensität der Leistung berücksichtigt werden.

Ausgleich konnte für die Pflege des Erblassers bis 31.12.2009 nur verlangt werden, wenn sie mit Verzicht des Abkömmlings auf berufliches Einkommen verbunden war. Mit Inkrafttreten des Gesetzes zur Änderung des Erb- und Verjährungsrechts ist diese einschränkende Voraussetzung weggefallen.

Abdingbarkeit

Der Erblasser kann die Vermutung, dass die Berücksichtigung der Sonderleistung einzelner Abkömmlinge bei der Auseinandersetzung seinem mutmaßlichen Willen entspricht, gegenstandslos machen, indem er durch letztwillige Verfügung die gesetzliche Ausgleichsregelung ausschließt oder abändert. Eine derart andere Miterben befreiende Bestimmung ist als Vermächtnis zugunsten der übrigen Abkömmlinge zu verstehen. Auch die Miterben können sich im Rahmen der Auseinandersetzung darüber einigen, dass keine Aus-

[204] BGH NJW 1972, 429

gleichung stattfindet. Es ist ihnen aber ebenso möglich, die Leistung eines Abkömmlings bei der Verteilung des Nachlasses mit einem bestimmten Betrag abzugelten, ohne dass die Voraussetzungen des § 2057a BGB vorliegen. Eine Ausgleichung entfällt ferner, wenn der Abkömmling bei der Leistung darauf verzichtet hat.

Höhe des Ausgleichsbetrags

Die Höhe des Ausgleichsbetrags ist nach Billigkeitsgesichtspunkten zu bemessen. Dabei sind nach § 2057a Abs. 3 BGB einerseits Dauer sowie Umfang der Leistungen, andererseits der Wert des Nachlasses zu berücksichtigen. Durch diese großzügige Regelung sollen eine kleinliche Berechnung und im Streitfall eine umfangreiche Beweisaufnahme vermieden werden.

Es sind zunächst Dauer und Umfang der auszugleichenden Leistung zu berücksichtigen, insbesondere Zeitraum einer Pflegetätigkeit, täglicher Aufwand für eine Mitarbeit, Höhe des dem Erblasser überlassenen Geldbetrags usw. Dabei sind auch Art und Auswirkung der Leistung zu würdigen, vor allem ihr Wert für den Nachlass, ferner die durch die Leistung beim Abkömmling eingetretenen Vermögensverluste.

Der ursprünglich im Vorschlag der Bundesregierung (Gesetz zur Änderung des Erb- und Verjährungsrechts) vorgesehene § 2057b BGB, der unter anderen die Höhe des Ausgleichsbetrags bei Pflegeleistungen regeln sollte, wurde nicht Gesetz.

In dieser Vorschrift war vorgesehen, durch die Verweisung auf § 36 Abs. 3 SGB XI die dort genannten Sätze heranzuziehen. Diese betragen seit 01.01.2015 monatlich in Pflegestufe I 468 EUR, in Pflegestufe II 1.144 EUR und in Pflegestufe III 1.612 EUR. Ob man diese Beträge als Richtwerte heranziehen kann, muss die Rechtsprechung noch klären.

Durchführung

Die Ausgleichung wird nach § 2057a Abs. 4 BGB so durchgeführt, dass vorweg die Erbteilswerte der an der Ausgleichung nicht beteiligten Miterben nach dem tatsächlichen Nachlasswert berechnet und vom Nachlasswert abgezogen werden.

Gemäß § 2057a Abs. 4 Satz 2 BGB ist der auszugleichende Betrag von der Restsumme abzuziehen und von diesem sich ergebenden

Betrag die Erbteile der an der Ausgleichung beteiligten Erben zu berechnen.

Zum errechneten Erbteilswert ist beim ausgleichsberechtigten Miterben der Ausgleichungsbetrag hinzuzurechnen, § 2057a Abs. 4 Satz 1 BGB.

Beispiel:

Der seit 1995 verwitwete Erblasser E hinterlässt bei seinem Tod am 23.12.2015 seine drei Kinder A, B und C als gesetzliche Erben und einen bereinigten Nachlass von 320.000 EUR. Die Tochter C hat den Haushalt des teilweise gelähmten und pflegebedürftigen Erblassers über einen Zeitraum von etwa fünf Jahren geführt. Sie war täglich mehrere Stunden mit der Pflege ihres Vaters beschäftigt und macht monatlich einen Betrag von 400 EUR, somit für den gesamten Zeitraum einen Betrag von ca. 20.000 EUR geltend. Für ihre Tätigkeit wurde außer kleineren Aufmerksamkeiten kein Entgelt geleistet.

5

A, B und C sind gesetzliche Erben zu je 1/3, § 1924 Abs. 1, 4 BGB.

Der von der Tochter C zur Ausgleichung in Ansatz gebrachte Betrag von 20.000 EUR ist billig im Sinne von § 2057 Abs. 3 BGB. Würde man die Sätze nach § 36 Abs. 3 SGB XI heranziehen, käme man bereits in der Pflegestufe I auf einen Betrag von ca. 27.000 EUR. (Die Sätze betrugen für für 2010 und 2011 monatlich 440 EUR und für 2012 bis 2014 können monatlich 450 EUR angesetzt werden.)

Zunächst erfolgt die Ausgleichung nach § 2057a Abs. 4 Satz 2 BGB.

Nachlass	320.000 EUR
auszugleichende Leistung § 2057a Abs. 4 Satz 2 BGB	– 20.000 EUR
Restnachlass	300.000 EUR
A erhält (1/3)	100.000 EUR
B erhält (1/3)	100.000 EUR

C erhält (1/3) A:	100.000 EUR	
zuzüglich	20.000 EUR	§ 2057a
	120.000 EUR	Abs. 4 Satz 1 BGB

Natürlich kann es auch vorkommen, dass Ausgleichungen nach § 2050 BGB mit solchen aus § 2057a BGB zusammentreffen.

Beispiel:

Der seit 1995 verwitwete Erblasser E hinterlässt bei seinem Tod am 23.12.2015 seine drei Kinder A, B und C als gesetzliche Erben und einen bereinigten Nachlass von 320.000 EUR. A hatte im Jahr 2006 von seinem Vater zur Einrichtung seiner Kfz-Werkstatt 50.000 EUR erhalten. Seiner Tochter B hatte der Erblasser 40.000 EUR im Jahr 2008 zur Hochzeit und Wohnungseinrichtung (neben ihrer Berufsausbildung) überlassen. Die nichtverheiratete C hat, neben ihrer Berufstätigkeit als Bankangestellte, den Haushalt des teilweise gelähmten und pflegebedürftigen Erblassers über einen Zeitraum von etwa fünf Jahren geführt. Sie war täglich mehrere Stunden mit der Pflege ihres Vaters beschäftigt und macht monatlich einen Betrag von 400 EUR geltend, so dass über den gesamten Zeitraum ein Betrag von ca. 20.000 EUR entstanden ist. Für ihre Tätigkeit wurde außer kleineren Aufmerksamkeiten kein Entgelt geleistet.

A, B und C sind gesetzliche Erben zu je 1/3, § 1924 Abs. 1, 4 BGB.

Die Zuwendungen durch den Vater an die Kinder A und B stellen eine Ausstattung im Sinne von § 1624 BGB dar. Unter Beachtung des bei der Zuwendung vorhandenen Vermögens des Vaters wurde das entsprechende Maß nicht überschritten.

Der von der Tochter C zur Ausgleichung in Ansatz gebrachte Betrag von 20.000 EUR ist billig im Sinne von § 2057 Abs. 3 BGB. Würde man die Sätze nach § 36 Abs. 3 SGB XI heranziehen, käme man bereits in der Pflegestufe I auf einen Betrag von ca. 27.000 EUR. (Die Sätze betrugen für 2010 und 2011 monatlich 440 EUR und für 2012 bis 2014 können monatlich 450 EUR, für 2015 468 EUR angesetzt werden.)

Zunächst erfolgt die Ausgleichung nach § 2057a Abs. 4 Satz 2 BGB.

Nachlass	320.000 EUR
auszugleichende Leistung § 2057a Abs. 4 Satz 2 BGB	– 20.000 EUR
Restnachlass	300.000 EUR

Dann erfolgt die Ausgleichung nach §§ 2050, 2055 BGB. Bei den zugewendeten Beträgen ist der Kaufpreisschwund zu berücksichtigen. Der Preisindex beträgt für September 2015 107,7 Prozent. Der Jahresdurchschnitt für 2006 liegt bei 93,9 Prozent, für 2008 bei 98,6 Prozent.

Zuwendungen an A: $\frac{50.000 \text{ EUR} \times 107{,}0}{93{,}9}$ = 56.975,51 EUR

Zuwendungen an B: $\frac{40.000 \text{ EUR} \times 107{,}0}{98{,}6}$ = 43.407,71 EUR

Zuwendung an A:	§ 2050 Abs. 1 i. V. m. § 1624 Abs. 1 BGB § 2055 Abs. 1 Satz 2 BGB	+ 56.975,51 EUR
Zuwendung an B:	§ 2050 Abs. 1 i. V. m. § 1624 Abs. 1 BGB § 2055 Abs. 1 Satz 2 BGB	+ 43.407,71 EUR
zu verteilende Summe:		400.383,22 EUR

A erhält (1/3)	133.461,07 EUR	§ 2055 Abs. 1 Satz 1 BGB
bereits erhalten	56.975,51 EUR	
	76.485,56 EUR	
B erhält (1/3)	133.461,07 EUR	§ 2055 Abs. 1 Satz 1 BGB
bereits erhalten	43.407,71 EUR	
	90.053,36 EUR	
C erhält (1/3)	133.461,07 EUR	§ 2057a Abs. 4 Satz 1 BGB
zuzüglich	20.000 EUR	
	153.461,07 EUR	

Anrechnung und Ausgleichung beim Pflichtteil

Anrechnung	Ausgleichung
§ 2315 BGB	**§ 2316 BGB**
▪ lebzeitige Zuwendung ▪ keine Beschränkung auf Abkömmlinge ▪ Anrechnungsbestimmung bei der Zuwendung ▪ Wertberechnung nach Zeitpunkt der Zuwendung	▪ ausgleichungspflichtige Zuwendung nach § 2050 BGB oder Leistung nach § 2057a BGB ▪ nur unter Abkömmlingen (und Ersatzpersonen) ▪ keine Anrechnungsbestimmung erforderlich ▪ kein Ausschluss einer Ausstattung durch Erblasser möglich nach § 2316 Abs. 3 BGB ▪ Wertberechnung nach Zeitpunkt der Zuwendung ▪ Ausgleichung neben Anrechnung (§ 2315 BGB) möglich nach § 2316 Abs. 4 BGB

5

Nach § 2311 BGB ist bei der Berechnung des Pflichtteils der Bestand des Nachlasses zur Zeit des Erbfalls zugrunde zu legen. Lebzeitige Zuwendungen des Erblassers an den Pflichtteilsberechtigten selbst oder an dritte Personen können somit grundsätzlich den Pflichtteil weder schmälern noch erhöhen. Eine Ausnahme von diesem Grundsatz bilden die §§ 2315, 2316 BGB.[205]

Ob eine Anrechnung oder Ausgleichung zu erfolgen hat, ist dabei durch Auslegung zu ermitteln.[206]

Anrechnung

Nach § 2315 BGB hat der Pflichtteilsberechtigte sich rechtsgeschäftliche Zuwendungen des Erblassers anrechnen zu lassen, wenn dieser das vor oder bei der Zuwendung bestimmt hat. Die Anrechnung schmälert den Pflichtteil des Anrechnungspflichtigen um den enthaltenen Vorempfang. Auf die Pflichtteilsansprüche anderer Pflichtteilsberechtigter wirkt sie sich nicht aus.

[205] MüKo/Lange, § 2315 Rn 1

[206] Vgl. dazu BGH FamRZ 2010, 640 für eine Zuwendung „im Wege der vorweggenommenen Erbfolge unentgeltlich"

- Lebzeitige Zuwendung

  Das Vermögen des Erblassers muss durch dessen Leistung gemindert werden. Gleichzeitig muss es sich um eine lebzeitige Zuwendung handeln, die Freigiebigkeit voraussetzt. Freigiebigkeit bedeutet, dass der Erblasser zur Vornahme der Leistung nicht verpflichtet war. Der Begriff der freigebigen Zuwendung ist dabei weiter als derjenige der Schenkung. Bei gemischten Schenkungen und Schenkungen unter Auflagen ist eine Anrechnung in Höhe des gewährten wirtschaftlichen Vorteils im Sinne des Unterschieds zwischen Leistung und Gegenleistung (Nettowertprinzip) zulässig.

  Die Zuwendung muss unmittelbar an den Pflichtteilsberechtigten erfolgt sein. Zuwendungsempfänger können alle sein, die zum Kreis der Pflichtteilsberechtigten im Sinne der §§ 2303, 2309 BGB (§ 10 Abs. 6 LPartG) gehören, somit auch Ehegatten und Eltern des Erblassers, nicht nur Abkömmlinge. Soweit der Pflichtteilsberechtigte ein Abkömmling des Erblassers ist, der vor oder nach dem Erbfall wegfällt, so ist der an seine Stelle tretende Erbe (der ein Abkömmling des Erblassers und nicht des Weggefallenen sein muss) der Anrechnungsverpflichtete gemäß § 2315 Abs. 3, § 2051 Abs. 1 BGB.

5

- Anrechnungsbestimmung

  Der Erblasser muss bestimmt haben, dass die Zuwendung auf den Pflichtteil angerechnet werden soll. Diese Anrechnungsbestimmung muss er durch formlose einseitige empfangsbedürftige Willenserklärung vor oder bei der Zuwendung getroffen haben. [207] Der Erblasser kann die Anrechnungsbestimmung durch formloses einseitiges Rechtsgeschäft nachträglich wieder aufheben. Erklärt sich der Empfänger nachträglich mit der Anrechnung einverstanden, liegt ein Pflichtteilsverzichtsvertrag im Sinne von § 2346 Abs. 2 BGB vor, wenn die Formvorschrift des § 2348 BGB beachtet ist.

- Maßgeblicher Wert der Zuwendung

  Über die Höhe des anzurechnenden Betrages entscheidet nach § 2315 Abs. 2 Satz 2 BGB der Wert im Zeitpunkt der Zuwendung.

---

[207] RGZ 67, 306; BayOblGZ 1959, 77, 81; OLG Düsseldorf FamRZ 1994, 1491; OLG Karlsruhe NJW-RR 1990, 393

Fallen Grund- und Vollzugsgeschäft auseinander, ist der Zeitpunkt des dinglichen Vollzugs des Rechtsgeschäfts maßgeblich.

Entsprechend den vom BGH für den Erbausgleich[208] entwickelten Grundsätzen für den Ausgleich des nicht inflationären, „normalen" Kaufkraftschwunds, ist der für die Zeit der Zuwendung ermittelte Nominalwert mit der Preisindexzahl für Lebenshaltungskosten des Todesjahres zu multiplizieren und durch die entsprechende Preisindexzahl für das Zuwendungsjahr zu dividieren.[209]

Da der Erblasser bestimmen kann, ob überhaupt eine oder nur eine teilweise Anrechnung der Zuwendung auf den Pflichtteil erfolgen soll, darf er auch festlegen, dass die Zuwendung mit einem niedrigeren Wert als dem wahren Wert angesetzt wird.[210] Kommt es dadurch zu einer Benachteiligung anderer Pflichtteilsberechtigter, kann unter Umständen auf die § 2325 ff. BGB zurückgegriffen werden.

- Berechnung

Die Pflichtteilsberechnung erfolgt nach § 2315 Abs. 2 Satz 1 BGB in drei Stufen. Zunächst ist die anrechnungspflichtige Zuwendung dem Nachlass zuzurechnen. Anschließend wird aus diesem rechnerischen Gesamtnachlass der Pflichtteilsanspruch des Verpflichteten ermittelt. Danach ist von dem so berechneten Pflichtteil die Zuwendung abzuziehen. Auf die Pflichtteilsansprüche anderer Pflichtteilsberechtigter wirkt sich die Anrechnung nicht aus.

Jeder Pflichtteilsberechtigte muss sich nur dasjenige anrechnen lassen, was ihm unter einer Anrechnungsbestimmung zugewandt worden ist. Sind mehrere Anrechnungspflichtige vorhanden, ist nicht für alle Pflichtteilsberechtigten ein einheitlicher fiktiver Nachlass aus der Summe des Realnachlasses und der einzelnen Zuwendungen zu bilden, da der Pflichtteil für jeden Pflichtteilsberechtigten gesondert berechnet wird. Der Pflichtteilsanspruch eines jeden Anrechnungspflichtigen ist vielmehr individuell aus der Summe des Realnachlasses und der gerade ihm gemachten Zuwendung zu errechnen.

---

208 BGH NJW 1975, 1831
209 BGH FamRZ 1992, 1071
210 Ebenroth/Bacher/Lorz, JZ 1991, 277

Beispiel:

Der Erblasser Erich hinterlässt die Ehefrau Fanny und den Sohn Sigi. Der Nachlasswert beträgt 500.000 EUR. Die Eheleute lebten in Gütertrennung. Erich hat testamentarisch seinen Bruder Benno als Alleinerben eingesetzt. Ein Jahr vor dem Erbfall hat Erich seinem Sohn Sigi 40.000 EUR zum Erwerb eines PKW geschenkt und dabei bestimmt, dass dieser Betrag auf den Pflichtteil anzurechnen sei. Außerdem hat er seiner Ehefrau Fanny vor vier Jahren 100.000 EUR zur Einrichtung einer Gaststätte überlassen, auch mit der Bestimmung der Anrechnung auf den Pflichtteil.

Fanny und Sigi sind pflichtteilsberechtigt gemäß § 2303 Abs. 1 Satz 1, Abs. 2 Satz 1 BGB. Die gesetzlichen Erbteile von Fanny und Sigi betragen je 1/2, § 1931 Abs. 4 BGB.

Pflichtteil Sigi:

Dem Nachlass (500.000 EUR) ist die Zuwendung (40.000 EUR) zuzurechnen (= 540.000 EUR), § 2315 Abs. 2 BGB. Daraus ergibt sich bei der Pflichtteilsquote von 1/4 der Betrag von 135.000 EUR. Davon wird die Zuwendung (– 40.000 EUR) abgerechnet, § 2315 Abs. 1 BGB, so dass 95.000 EUR als Pflichtteil für Sigi verbleiben. Die Zuwendung an Fanny berührt ihn nicht.

Pflichtteil Fanny:

Dem Nachlass (500.000 EUR) ist die Zuwendung (100.000 EUR) zuzurechnen (= 600.000 EUR), § 2315 Abs. 2 BGB. Daraus ergibt sich bei der Pflichtteilsquote von 1/4 der Betrag von 150.000 EUR. Davon wird die Zuwendung (– 100.000 EUR) abgerechnet, § 2315 Abs. 1 BGB, so dass ein Pflichtteilsanspruch von 50.000 EUR für Fanny verbleibt. Die Zuwendung an Sigi berührt sie nicht.

Letztlich haben erhalten:

	zu Lebzeiten	Pflichtteil	insgesamt
Sigi	40.000 EUR	95.000 EUR	135.000 EUR
Fanny	100.000 EUR	50.000 EUR	150.000 EUR

Ausgleichung

Ausgleichungspflicht heißt, dass eine Zuwendung im Sinne von § 2050 BGB oder eine Leistung nach § 2057a BGB, die ein Abkömmling zu Lebzeiten des Erblassers erhalten oder erbracht hat, bei der Berechnung der Pflichtteile der Abkömmlinge zu berücksichtigen ist, § 2316 Abs. 1 Satz 1 BGB.

- Ausgleichungspflichtige

  Ausgleichungspflichtig sind nur Abkömmlinge untereinander, nicht andere Pflichtteilsberechtigte wie Ehegatten oder Eltern. Bei § 2316 Abs. 1 BGB sind zur Berechnung der Pflichtteile der Ausgleichungspflichtigen auch Abkömmlinge zu berücksichtigen, die ihr Pflichtteilsrecht durch Ausschlagung, Pflichtteilsentziehung oder Erbunwürdigkeitserklärung verloren haben, nicht aber Abkömmlinge, die durch Erbverzicht (§§ 2346, 2349 BGB) von der gesetzlichen Erbfolge ausgeschlossen sind, § 2316 Abs. 1 Satz 2 BGB.

  Die Ausgleichung muss im Gegensatz zur Anrechnung nicht vom Erblasser bestimmt worden sein, sondern hängt nach §§ 2316 Abs. 1 Satz 1 BGB davon ab, ob bei gesetzlicher Erbfolge nach den § 2050 ff. BGB eine Ausgleichungspflicht bestünde. Liegt eine Ausstattung im Sinne von § 2050 Abs. 1 BGB vor, kann sie der Erblasser nach § 2316 Abs. 3 BGB nicht zum Nachteil eines Pflichtteilsberechtigten von der Ausgleichung ausschließen.

  Für den Ehegatten kann sich zwar nach § 2315 BGB eine Anrechnungspflicht ergeben, doch ist er weder ausgleichungspflichtig, noch kann er aus Ausgleichungspflichten anderer Vorteile ziehen. Demnach ist der Berechnung seines Pflichtteils der nicht um die auszugleichenden Beträge erhöhte Nachlasswert zugrunde zu legen.

- Berechnung

  Der Nachlass ist bei der Berechnung der Pflichtteile der Abkömmlinge um die Summe aller auszugleichenden Beträge zu erhöhen. Bei der Ausgleichung wird der auszugleichende Betrag schon vor der abschließenden Berechnung des Pflichtteils von dem Wert abgezogen, der dem gesetzlichen Erbteil entspricht, §§ 2316 Abs. 1 Satz 1, 2055 Abs. 1 BGB.

Beispiel:

Der verwitwete Erblasser Emil hinterlässt seine zwei Kinder Adam und Christa. Adam war durch Börsenspekulationen in finanzielle Schwierigkeiten geraten und erhielt von seinem Vater eine Zahlung in Höhe von 60.000 EUR zur Tilgung der Schulden. Bei der Übergabe der Geldscheine musste er auf Drängen seines Vaters eine Erklärung unterschreiben, dass diese Zuwendung später zur Ausgleichung zu bringen ist. Christa hat bisher keine besonderen Leistungen erlangt. Der hinterlassene Nachlass beträgt 200.000 EUR. In einem wirksamen Testament hat Emil seinen Bruder Benno als Alleinerben eingesetzt.

Gesetzliche Erben wären A und C zu je 1/2 (§ 1924 Abs. 1, 4 BGB). Die Pflichtteilsquoten betragen je 1/4 (§ 2303 Abs. 1 BGB).

Der Nachlass ist unter Berücksichtigung der Zuwendung an Adam (Schenkung unter Lebenden mit Ausgleichungsanordnung, § 2050 Abs. 3 BGB) wie folgt zu verteilen:

Nachlass:	200.000 EUR	
Zuwendung an Adam:	+ 60.000 EUR	
zu verteilende Summe:	260.000 EUR	
Adam erhält 1/2:	130.000 EUR	
er hat bereits erhalten:	– 60.000 EUR	
	70.000 EUR	daraus 1/2 Pflichtteil = 35.000 EUR
Christa erhält 1/2:	130.000 EUR	daraus 1/2 Pflichtteil = 65.000 EUR

Stellt sich bei der Berechnung des Pflichtteils eines Ausgleichungspflichtigen heraus, dass der Verpflichtete mehr erhalten hat, als er zu beanspruchen hatte, so scheidet er bei der Berechnung des Pflichtteils der übrigen Berechtigten aus. Jedoch ist er nicht zur Herausgabe des zu viel Erhaltenen verpflichtet. Die auszugleichende Summe des Ausscheidenden bleibt dann bei der

Berechnung des Pflichtteils der übrigen pflichtteilsberechtigten Abkömmlinge außer Acht. Der ausgleichungspflichtige Pflichtteilsberechtigte gilt für die Berechnung der übrigen Pflichtteile gemäß der §§ 2316 Abs. 1 Satz 1, 2056 BGB als nicht vorhanden.

- Pflichtteilsergänzung nach § 2316 Abs. 2 BGB

  Wird ein an sich ausgleichungsberechtigter Abkömmling durch Verfügung von Todes wegen als Erbe eingesetzt, so kann der ihm hinterlassene Erbteil, auch wenn er quotenmäßig den Pflichtteil übersteigt, hinter dem Wert des Pflichtteils zurückbleiben, weil bei der gewillkürten Erbfolge, anders als bei der Pflichtteilsberechnung, keine Ausgleichung stattfindet.

  Um zu verhindern, dass sich der Pflichtteilsberechtigte im Falle der gewillkürten Erbeinsetzung schlechter stellt als im Falle der Enterbung, bestimmt § 2316 Abs. 2 BGB, dass der Erbe von seinen Miterben den Differenzbetrag zwischen dem (höheren) Ausgleichungspflichtteil und dem (niedrigeren) Erbteil auch dann verlangen kann, wenn der hinterlassene Erbteil die Hälfte des gesetzlichen Erbteils erreicht oder übersteigt.

Beispiel:

Der verwitwete E hinterlässt seine Söhne A und B. Als Erben setzt er seinen Bruder X zu 3/5 und seinen Sohn B zu 2/5 ein. A hat zu Lebzeiten vom Erblasser eine Ausstattung in Höhe von 20.000 EUR erhalten. Der Nachlasswert beträgt 20.000 EUR.

Für A und B ergäbe sich ein gesetzlicher Erbteil von je 1/2.

Nachlass:	20.000 EUR	
Zuwendung an A:	+ 20.000 EUR	
	------------	
zu verteilende Summe:	40.000 EUR	
B erhält 1/2:	20.000 EUR	
er hat bereits erhalten:	– 0 EUR	

	20.000 EUR	daraus 1/2 Pflichtteil = 10.000 EUR

Als gewillkürter Erbe erlangt B 2/5 aus 20.000 EUR = 8.000 EUR, während sein Pflichtteil 10.000 EUR betragen würde. B kann von X den Betrag von 2.000 EUR fordern, § 2316 Abs. 2 BGB.

Anrechnung und Ausgleichung

Ist eine Zuwendung sowohl anzurechnen (§ 2315 Abs. 1 BGB) als auch auszugleichen (§ 2316 Abs. 1 BGB), wird nach Berechnung des unter Berücksichtigung der Ausgleichspflicht ermittelten Pflichtteils der anzurechnende Betrag nicht in voller Höhe, sondern nur zur Hälfte abgezogen, § 2316 Abs. 4 BGB.

Beispiel:

Ernst hat seine Ehefrau Flora als Alleinerbin eingesetzt. Seinem Sohn Stefan hat er ein Jahr vor seinem Tod bei dessen Heirat eine Ausstattung in Höhe von 10.000 EUR zukommen lassen. Bei der Zuwendung hat Erich bestimmt, dass dieser Betrag auch auf den Pflichtteil anzurechnen sei. Zwischen den Eheleuten bestand gesetzlicher Güterstand. Der Nachlass beträgt 150.000 EUR. Neben Stefan lebt noch Thekla, eine Tochter des Erblassers.

Stefan und Thekla sind pflichtteilsberechtigt, § 2303 Abs. 1 Satz 1 BGB; die Pflichtteilsquote beträgt jeweils 1/8, §§ 2303 Abs. 1 Satz 2, 1924 Abs. 1 und 4 BGB. Bei der Berechnung muss eine Zuwendung beachtet werden, welche nach § 2316 Abs. 1 BGB ausgleichungspflichtig und nach § 2315 BGB anrechnungspflichtig ist.

Pflichtteil Thekla:

Vom Nachlass (150.000 EUR) ist für die Ausgleichung (§§ 2316 Abs. 1, 2050 Abs. 1, 2055 BGB) zunächst der gesetzliche Erbteil der Flora abzuziehen, da diese an der Ausgleichung nicht teilnimmt (nur Abkömmlinge müssen ausgleichen). Somit verbleibt für die Abkömmlinge ein Betrag von 75.000 EUR (Erbteil der Flora 1/2, §§ 1931 Abs. 1, 3, 1371 Abs. 1 BGB).

Diesem Betrag (75.000 EUR) ist die Ausstattung zuzurechnen (10.000 EUR), § 2055 Abs. 1 Satz 2 BGB (= 85.000 EUR). Daraus ergibt sich für Thekla (neben Stefan) ein Anteil (1/2) in Höhe von 42.500 EUR, hieraus berechnet sich ein Pflichtteil von 21.250 EUR.

Pflichtteil Stefan:

Auch für Stefan ergibt sich ein Erbteil von 42.500 EUR, allerdings sind die 10.000 EUR abzuziehen, § 2055 Abs. 2 Satz 1 BGB, so dass noch 32.500 EUR verbleiben. Daraus errechnet sich ein Pflichtteil von 16.250 EUR. Von diesem ist gemäß § 2316 Abs. 4 BGB die Hälfte der Zuwendung abzuziehen (– 5.000 EUR), so dass als Pflichtteil letztlich ein Betrag von 11.250 EUR verbleibt.

Unklar ist die Anwendbarkeit von § 2316 Abs. 4 BGB für den Fall, dass nicht nur Abkömmlinge, sondern auch der Ehegatte des Erblassers pflichtteilsberechtigt sind. Nach der Grundregel des § 2315 Abs. 1 BGB müssen anrechnungspflichtige Zuwendungen bei der Ermittlung des Pflichtteils dem Gesamtnachlass hinzugerechnet werden, während dieselben Zuwendungen als Ausgleichungsposten gemäß §§ 2316 Abs. 1, 2055 Abs. 1 Satz 2 BGB nur dem Teil des Nachlasses hinzuzurechnen sind, der auf die Abkömmlinge entfällt. Es wird in diesem Fall § 2316 Abs. 4 BGB ohne Rücksicht darauf angewandt, ob Abkömmlinge allein oder neben dem Ehegatten pflichtteilsberechtigt sind (strittig).[211]

§ 2316 Abs. 4 BGB findet keine Anwendung, wenn Zuwendungen, die nur anrechnungspflichtig sind, mit Zuwendungen zusammentreffen, die nur ausgleichungspflichtig sind.

In diesem Fall sind Anrechnung und Ausgleichung gleichermaßen zu beachten, selbstständig auf der Grundlage von § 2315 BGB und § 2316 Abs. 1 BGB durchzuführen.[212] Bei der Berechnung wird das Ausgleichungsverfahren in das Anrechnungsverfahren eingeschoben. Zunächst ist für jeden Beteiligten getrennt der jeweilige Wert der anrechnungspflichtigen Zuwendung zum Gesamtnachlass hinzuzurechnen. Anschließend ist der Effektivnachlass zu bilden, indem der Nachlasswert abgezogen wird, der auf den Erben entfällt, der nicht an der Ausgleichung beteiligt ist. Sodann ist die Ausgleichung nach den allgemeinen Regeln durchzuführen. Schließlich sind für jeden Zuwendungsempfänger getrennt die anrechnungspflichtigen Zuwendungen abzuziehen.

[211] MüKo/Lange, § 2316 Rn 34
[212] MüKo/Lange, § 2316 Rn 35

Beispiel:

Ernst hat seine Ehefrau Flora als Alleinerbin eingesetzt. Seinem Sohn Stefan hat er ein Jahr vor seinem Tod bei dessen Heirat eine Ausstattung in Höhe von 10.000 EUR zukommen lassen. Zwei Jahre vor dem Erbfall hat Ernst seiner Tochter Thekla einen Betrag von 20.000 EUR zugewendet, damit diese Schulden tilgen konnte. Bei der Zuwendung hat Erich bestimmt, dass dieser Betrag auf den Pflichtteil anzurechnen sei. Zwischen den Eheleuten bestand gesetzlicher Güterstand. Der Nachlass beträgt 150.000 EUR.

Stefan und Thekla sind pflichtteilsberechtigt gemäß § 2303 Abs. 1 Satz 1 BGB; die Pflichtteilsquote beträgt jeweils 1/8, § 2303 Abs. 1 Satz 2, 1924 Abs. 1 und 4 BGB. Bei der Berechnung sind nach § 2316 Abs. 1 BGB (ausgleichungspflichtige Zuwendung) und nach § 2315 BGB (anrechnungspflichtige Zuwendung) zu beachten.

Pflichtteil Stefan:

Vom Nachlass (150.000 EUR) ist für die Ausgleichung (§§ 2316 Abs. 1, 2050 Abs. 1, 2055 BGB) zunächst der gesetzliche Erbteil von Flora abzuziehen, da diese an der Ausgleichung nicht teilnimmt (nur Abkömmlinge müssen ausgleichen). Somit verbleibt für die Abkömmlinge ein Betrag von 75.000 EUR (Erbteil der Flora 1/2, §§ 1931 Abs. 1, 3, 1371 Abs. 1 BGB).

Diesem Betrag (75.000 EUR) ist die Ausstattung zuzurechnen (10.000 EUR), § 2055 Abs. 1 Satz 2 BGB (= 85.000 EUR). Daraus ergibt sich für Stefan (neben Thekla) ein Anteil (1/2) in Höhe von 42.500 EUR, davon werden die 10.000 EUR abgezogen (§ 2055 Abs. 2 Satz 1 BGB), so dass 32.500 EUR verbleiben. Hieraus ergibt sich ein Pflichtteil von 16.250 EUR.

Pflichtteil Thekla:

Dem Nachlass (150.000 EUR) ist die Zuwendung (20.000 EUR) zuzurechnen (= 170.000 EUR), § 2315 Abs. 2 Satz 1 BGB. Rechnet man den gesetzlichen Erbteil der Flora (1/2, s.o.) ab, so verbleiben für die Abkömmlinge Stefan und Thekla noch 85.000 EUR. Diesem Betrag muss die Ausstattung des Stefan zugerechnet werden (+ 10.000 EUR), so dass sich 95.000 EUR ergeben, § 2316 Abs. 1, 2055 Abs. 1 BGB. Daraus berechnet sich der Pflichtteil der Thekla (1/4) mit 23.750 EUR. Davon muss nach § 2315 Abs. 1 BGB noch die Zuwendung abgezogen werden (– 20.000 EUR), so dass noch 3.750 EUR verbleiben.

Anrechnung von Leistungen gemäß § 2057a BGB

Hat ein Abkömmling Leistungen im Sinne von § 2057a BGB erbracht, ist der Ausgleichungsbetrag nach § 2316 Abs. 1 Satz 1 BGB auch beim Pflichtteil zu berücksichtigen. Der maßgebende Betrag wird vom Nachlasswert abgezogen. Von der sich ergebenden Summe wird der Erbteilswert berechnet. Dem Erbteilswert des Begünstigten wird der Ausgleichungsbetrag hinzugerechnet, die Hälfte dieser Summe ist der Pflichtteil.

Beispiel:

Alfred und Carla sind die Abkömmlinge beim Tod ihrer verwitweten Mutter Erna. In ihrem wirksamen Testament hat Erna ihren Sohn Alfred als Alleinerben eingesetzt. Der Nachlasswert beträgt 110.000 EUR. Carla hat den Haushalt der teilweise gelähmten und pflegebedürftigen Erblasserin über einen Zeitraum von etwa fünf Jahren geführt. Sie war täglich mehrere Stunden mit der Pflege ihrer Mutter beschäftigt und macht monatlich einen Betrag von 400 EUR geltend, der über den gesamten Zeitraum mit 20.000 EUR ausgeglichen werden soll. Für ihre Tätigkeit wurde außer kleineren Aufmerksamkeiten kein Entgelt geleistet.

Alfred und Carla wären gesetzliche Erben je zu 1/2 (§ 1924 Abs. 1 und 4 BGB); die Pflichtteilsquote von Carla beträgt 1/4, § 2303 Abs. 1 BGB. Die Berechnung der Ausgleichung erfolgt nach § 2057a Abs. 4 BGB; sie ist nach § 2316 Abs. 1 Satz 1 BGB auch für den Pflichtteil maßgebend.

Nachlass:	110.000 EUR	
abzüglich auszugleichender Leistung:	– 20.000 EUR	
zu verteilender Nachlass:	90.000 EUR	
Carla erhält 1/2:	45.000 EUR	
zuzüglich Ausgleichsbetrag:	+ 20.000 EUR	
	65.000 EUR	daraus 1/2 als Pflichtteil = 32.500 EUR

5

Besonderheiten im Gesellschaftsrecht

Das Einzelhandelsgeschäft

Nach § 22 Abs. 1 HGB kann das Handelsgeschäft eines Einzelkaufmanns von den Erben fortgeführt werden. Diese Bestimmung behandelt an sich nur firmenrechtliche Fragen bei der Fortsetzung eines zum Nachlass gehörenden Handelsgeschäfts, § 27 HGB geht auf haftungsrechtliche Fragen ein. Nicht geregelt ist, in welcher Rechtsform das Geschäft bei einer Mehrheit von Erben weiterzuführen ist. Dabei bleibt fraglich, ob auch eine ungeteilte Erbengemeinschaft das Handelsgeschäft weiter betreiben kann. Bedenken bestehen deshalb, weil die Erbengemeinschaft nicht über handlungsfähige Organe verfügt und keine rechtliche Selbstständigkeit hat, wie beispielsweise § 124 HGB für die OHG vorsieht. Die herrschende Meinung hält aber die Fortführung des Handelsgeschäfts durch eine Erbengemeinschaft für zulässig. [213]

Beispiel:

Als E verstirbt, werden Ehefrau F zu 1/2 und die beiden Kinder A und B zu je 1/4 gesetzliche Erben. Zum Nachlass gehört der einzelkaufmännisch betriebene Verlag E-Buch. Die Erben möchten das Unternehmen unter teilweiser Auseinandersetzung der
6 Erbengemeinschaft in der Form einer OHG fortführen. Dabei ist zu beachten, dass der Miterbe B noch minderjährig ist.

Erforderlich sind der Abschluss eines Teilerbauseinandersetzungsvertrags und eines Gesellschaftsvertrags zwischen den drei Miterben sowie die dingliche Übertragung aller Betriebsgegenstände und Forderungen von der Erbengemeinschaft auf die OHG. Dabei ist zu beachten, dass gemäß den §§ 1629 Abs. 2, 1795 Abs. 2, 181 BGB jeweils beim Auseinandersetzungs- und Gesellschaftsvertrag die Mutter von der Vertretung ihres minderjährigen Sohnes ausgeschlossen ist. Die Bestellung eines Ergänzungspflegers nach § 1909 Abs. 1 BGB durch das Familiengericht ist erforderlich (bei den dinglichen Übertragungen kann die Mutter in Erfüllung von Verbindlichkeiten handeln). Zudem sind familiengerichtliche Genehmigungen nach §§ 1915 Abs. 1, 1822 Nr. 2 BGB für den Auseinandersetzungsvertrag und nach §§ 1915 Abs. 1, 1822 Nr. 3 BGB für den Gesellschaftsvertrag erforderlich.

[213] BGHZ 92, 259; Schmidt, NJW 1985, 2785

Soll die Erbengemeinschaft in eine Personengesellschaft umgewandelt werden, sind erforderlich:

- Erbauseinandersetzungsvertrag bzw. Teilerbauseinandersetzungsvertrag gemäß §§ 311, 2042 BGB
- Abschluss eines Gesellschaftsvertrags gemäß § 105 HGB, § 705 BGB
- rechtsgeschäftliche Übertragung aller zum Unternehmen zählenden Nachlassgegenstände auf die Gesellschaft gemäß §§ 929, 873, 398 BGB

Dies gilt auch bei Personenidentität von Erbengemeinschaft und Personengesellschaft.

Sind minderjährige Kinder neben den gesetzlichen Vertretern beteiligt, so sind die gesetzlichen Vertreter ausgeschlossen (§§ 1795 Abs. 2, 181 bzw. § 1795 Abs. 1 Nr. 1 BGB; § 1629 Abs. 2 BGB) und für jedes Kind ist ein gesonderter Ergänzungspfleger zu bestellen.

Die gesetzlichen Vertreter benötigen unterschiedliche gerichtliche Genehmigungen zur Durchführung der Umwandlung.

Für den Auseinandersetzungsvertrag greift für den Vormund § 1822 Nr. 2 BGB (auch für den Pfleger über § 1915 Abs. 1 BGB und den Betreuer nach § 1908i Abs. 1 BGB). Eltern unterliegen diesem Tatbestand nicht, da in § 1643 Abs. 1 BGB nicht darauf verwiesen wird.

Für den Gesellschaftsvertrag benötigen alle gesetzlichen Vertreter eine Genehmigung nach § 1822 Nr. 3 BGB.

Bei der Übertragung der Gegenstände und Forderungen greift § 1821 Abs. 1 Nr. 1 BGB, soweit Grundstücke beteiligt sind und § 1812 Abs. 1 Satz 1, Abs. 3 BGB, soweit Forderungen übertragen werden (allerdings unterliegen Eltern sowie befreite Vormünder, Pfleger und Betreuer, nicht dem § 1812 BGB).

Die BGB-Gesellschaft

Die BGB-Gesellschaft wird nach § 727 Abs. 1 BGB grundsätzlich durch den Tod eines Gesellschafters aufgelöst, sofern sich nicht aus dem Gesellschaftsvertrag ein anderes ergibt. Gesetzlicher Regelfall ist somit die Auflösung. Bei ihr verwandelt sich die werbende Gesellschaft in eine Liquidationsgesellschaft zum Zweck der Verteilung des vorhandenen Vermögens nach Bezahlung der Schulden.

Wird der Gesellschafter von mehreren Erben beerbt, stehen die Rechte an der Abwicklungsgesellschaft nach herrschender Meinung sämtlichen Erben gemeinsam zu, das heißt der Erbengemeinschaft. Der Gesellschaftsanteil bildet einen Teil des gesamthänderisch gebundenen Nachlasses.[214] Der Grundsatz, dass eine Erbengemeinschaft aufgrund der mit dem Anteil verbundenen Tätigkeitspflichten und Haftungsfolgen nicht Mitglied einer werbenden BGB-Gesellschaft sein kann, findet auf die anders strukturierte Abwicklungsgesellschaft keine Anwendung. Wird aber von Mitgesellschaftern und Erben die Fortsetzung der Abwicklungsgesellschaft als werbende beschlossen, verbindet sich damit notwendig eine Nachlassteilung in Bezug auf den Gesellschaftsanteil, und die Gesellschafterstellung geht auf die Erben je persönlich über.[215]

Im Gesellschaftsvertrag vereinbarte sogenannte erbrechtliche Nachfolgeklauseln haben die Funktion, abweichend von § 727 Abs. 1 BGB die Auflösung der Gesellschaft beim Tod eines Gesellschafters auszuschließen und den Anteil an der werbenden Gesellschaft für den oder die als Nachfolger in Betracht kommenden Personen vererblich zu stellen.[216] Sie bilden eine notwendige Voraussetzung für die Gesellschafter-Nachfolge im Todesfall. Unter den verschiedenen gesellschaftsvertraglich möglichen Nachfolgeklauseln unterscheidet man einfache und qualifizierte. Im Fall der einfachen Nachfolgeklausel ist der Anteil generell vererblich gestellt, unabhängig von der Person der jeweiligen Erben. Der Erblasser entscheidet mit der testamentarischen Erbeinsetzung auch über die Gesellschafter-Nachfolge. Belässt er es bei der gesetzlichen Erbfolge, ist diese auch für die Nachfolge in die Mitgliedschaft maßgebend. Demgegenüber beschränkt die qualifizierte Nachfolgeklausel die Möglichkeit der Anteilsvererbung auf einen bestimmten, im Gesellschaftsvertrag namentlich genannten oder durch abstrakte Merkmale umschriebenen Personenkreis wie etwa die Kinder, den ältesten Sohn oder die Erben erster Ordnung.

Mit dem Tode des Erblassers treten der oder die Erben unmittelbar kraft erbrechtlicher Nachfolge an die Stelle des verstorbenen Gesellschafters. Rechtsgeschäftlicher Erklärungen ihrerseits bedarf es hierfür im Unterschied zum Eintrittsrecht nicht.

---

214 BGH NJW 1986, 2431; BGH NJW 1995, 3314

215 BGH NJW 1982, 170

216 BGH NJW 1977, 1339

Grundsatz	Nachfolgeklausel	
Auflösung durch den Tod eines Gesellschafters § 727 Abs. 1 BGB	einfache Nachfolgeklausel alle Erben treten anstelle des Erblassers ein	qualifizierte Nachfolgeklausel einer oder einige der Erben tritt/treten anstelle des Erblassers ein
	Rechte an Abwicklungsgesellschaft durch mehrere Erben in Erbengemeinschaft	Eintritt im Wege der Erbfolge Erben treten nicht in Erbengemeinschaft ein, sondern persönlich mit dem ihrer Erbquote entsprechenden Teil der Gesellschaftsbeteiligung

Im Fall einer Erbenmehrheit geht die Gesellschafterstellung nicht auf die Erbengemeinschaft über, sondern auf die Nachfolger/Erben je persönlich. Nach der aktuell herrschenden Meinung wird der erbrechtliche Grundsatz der Gesamtrechtsnachfolge durch die Erbengemeinschaft nach § 2032 Abs. 1 BGB insoweit durchbrochen.[217]

Da die Erbengemeinschaft nicht Mitglied einer werbenden Personengesellschaft sein kann, kommt es zur Sondererbfolge der Miterben, je persönlich in den ihrer Erbquote entsprechenden Teil der vererbten Gesellschaftsbeteiligung. Entsprechend vermehrt sich auch die Zahl der Gesellschafter.

Für die Rechtsstellung der Nachfolger/Erben in der Gesellschaft gelten die gleichen Grundsätze wie für die Teilübertragung eines Anteils durch Rechtsgeschäft unter Lebenden. Die Verwaltungsrechte vervielfältigen sich entsprechend der Anzahl der Mitglieder der Erbengemeinschaft, da diese Rechte unteilbar sind. Das gilt auch für das Stimmrecht, wenn es nach Köpfen gestaltet ist und der Gesellschaftsvertrag keine an der Beteiligungsquote orientierte Abweichung vorsieht.

Die qualifizierte Nachfolgeklausel hat in der Regel zur Folge, dass der Anteil nur für einen bzw. einen Teil der Erben vererblich gestellt ist. Auch eine solche Gestaltung ist seit längerer Zeit höchstrichter-

[217] RGZ 16, 40, 56; BGH, NJW 1957, 180; BGH NJW 1971, 1278; BGH NJW 1972, 1755; BGH NJW 1977, 1339; BGH NJW 1983, 2376

lich anerkannt und mit unmittelbarer erbrechtlicher Wirkung möglich.[218] Die qualifizierte Nachfolgeklausel führt dazu, dass der Anteil nicht nur in Höhe der auf den Nachfolger entfallenden Erbquote, sondern insgesamt auf den Nachfolger/Erben übergeht.

Bei der Erbauseinandersetzung muss sich der Nachfolger/Erbe grundsätzlich den vollen Anteilswert anrechnen lassen. Übersteigt dieser den Wert der ihm zustehenden Erbquote, ist er zur Zahlung der Differenz an die Erbengemeinschaft verpflichtet.[219]

Beispiel:

Beim Tod eines Gesellschafters wird die Gesellschaft zwischen den verbleibenden Gesellschaftern und einem (bestimmten) Erben des Verstorbenen fortgesetzt, den dieser letztwillig benannt hat.

Die Personengesellschaften

War der Verstorbene Gesellschafter einer OHG oder persönlich haftender Gesellschafter einer KG, sieht der gesetzliche Regelfall vor, dass im Fall des Todes eines Gesellschafters der Verstorbene ausscheidet (§ 131 Abs. 3 Satz 1 Nr. 1 HGB), während die Handelsgesellschaft fortgesetzt wird. Durch eine abweichende vertragliche Bestimmung ist es allerdings möglich, die Auflösung der Gesellschaft beim Tod eines Gesellschafters vorzusehen.

6

218 BGH NJW 1977, 1339; BGH NJW 1989, 3152; BGH WM 1983, 672

219 BGH NJW 1957, 180; offen gelassen BGH NJW 1977, 1339

Persönlich haftender Gesellschafter OHG-Gesellschafter, Komplementär einer KG verstorbene Gesellschafter scheiden aus, § 131 Abs. 3 Satz 1 Nr. 1 (§ 161 Abs. 2) HGB			Kommanditist
Fortsetzungsklausel	Eintrittsklausel	Nachfolgeklausel	Kommanditanteil
Anteil des Verstorbenen wächst den Verbleibenden an § 105 HGB, § 738 Abs. 1 Satz 1 BGB	Vereinbarung zwischen allen Gesellschaftern über eine Berechtigung zum Eintritt in die Gesellschaft § 328 ff. BGB	einfache oder qualifizierte Nachfolgeklausel	vererblich, § 177 HGB
Erben haben in der Regel einen Abfindungsanspruch	bisherige Gesellschafter und der Eintretende schließen Gesellschaftsvertrag	Eintritt kraft Erbrechts des oder der Erben entsprechend der Erbquote (nicht in Erbengemeinschaft)	mehrere Erben treten entsprechend der Erbquoten ein (nicht in Erbengemeinschaft)
		Möglichkeit der Umwandlung in eine Kommanditistenstellung nach § 139 HGB	

Fortsetzungsklausel

Im Gesellschaftsvertrag kann bestimmt werden, dass die Gesellschaft beim Tod eines Gesellschafters unter den Überlebenden fortgesetzt wird. In diesem Fall wächst der Anteil des Verstorbenen den übrigen Gesellschaftern an, § 105 Abs. 3 HGB, § 738 Abs. 1 Satz 1 BGB (gesetzlicher Regelfall).

Soweit der Gesellschaftsvertrag für diesen Fall keine Regelungen über die Abfindungsansprüche enthält, steht den Erben nach § 738 Abs. 1 Satz 2 BGB ein schuldrechtlicher Anspruch auf Abfindung in Höhe des Kapitalwertes der Mitgliedschaft gegen die Gesellschaft zu. Da die Vorschriften über die Abfindung gemäß der §§ 738 Abs. 1 Satz 2, 3, 740 BGB abdingbar sind, kann der Anspruch durch Vereinbarung im Gesellschaftsvertrag gekürzt, pauschaliert oder völlig ausgeschlossen werden.[220]

Eintrittsklausel

Für den Fall, dass die Gesellschaft bei Ausscheiden eines Gesellschafters durch Tod mit einem oder mehreren Nachfolgern fortgesetzt werden soll, bieten sich zwei Möglichkeiten an:

- Bei der Eintrittsklausel wird dem Nachfolger ein Recht auf Eintritt eingeräumt.
- Bei der Nachfolgeklausel wird der Gesellschaftsanteil des Erblassers als solcher dem Nachfolger zugewendet.

Als Eintrittsklausel bezeichnet man eine Vereinbarung unter den Gesellschaftern, wonach beim Tod eines Gesellschafters der Erbe oder eine andere Person berechtigt sein soll, in die Gesellschaft einzutreten. Es handelt sich somit nicht um einen Erwerb kraft Erbrechts. Die Mitgliedschaft des Nachfolgers soll vielmehr durch Rechtsgeschäft unter Lebenden neu begründet werden. Praktisch bedeutsam ist hierbei vor allem, dass mit der Eintrittsklausel die Möglichkeit besteht, einem Dritten, der nicht Erbe wird, ein Ein-
6 trittsrecht einzuräumen.[221]

Die Eintrittsklausel stellt einen Vertrag zugunsten Dritter nach den § 328 ff. BGB dar, wobei der Dritte regelmäßig ein eigenes Forderungsrecht auf Abschluss des Aufnahmevertrags erwirbt. Eine Pflicht zum Eintritt besteht jedoch nicht.

Durch die Eintrittsklausel verpflichten sich die Gesellschafter, mit dem Dritten einen (schuldrechtlichen) Aufnahmevertrag zu schließen. Dabei ist es nicht erforderlich, dass der Dritte im Gesellschaftsvertrag bereits bestimmt ist. Die genaue Bezeichnung kann sich der Altgesellschafter für einen späteren Zeitpunkt vorbehalten.

Der Vollzug liegt in dem Abschluss eines neuen Gesellschaftsvertrags, den die verbleibenden Gesellschafter in Erfüllung ihrer Verpflichtung aus dem Gesellschaftsvertrag mit dem Eintretenden abschließen. Mit der Aufnahme in die Gesellschaft wächst dem Eintretenden ein Gesellschaftsanteil zu.

---

[220] Brox, Erbrecht, § 43 Rn 781
[221] BGHZ 68, 225, 233

Wichtig: Soweit der Gesellschaftsvertrag durch einen gesetzlichen Vertreter geschlossen wird (Eltern, Vormund, Pfleger, Betreuer), ist eine gerichtliche Genehmigung nach § 1822 Nr. 3 BGB erforderlich.

Im Einzelfall kann in der Eintrittsklausel selbst bereits ein bindendes Vertragsangebot an den Nachfolger auf Aufnahme in die Gesellschaft gesehen werden. In diesem Fall kommt mit der Annahme des Angebotes durch den zum Eintritt Berechtigten der neue Gesellschaftsvertrag zustande.

§ 139 HGB gilt im Fall der Eintrittsklausel nicht.[222] Diese Bestimmung setzt voraus, dass ein Erbe lediglich aufgrund seiner Erbenstellung und der gesellschaftsvertraglichen Vereinbarung Gesellschafter werden soll. Bei der Eintrittsklausel hängt die Aufnahme in die Gesellschaft jedoch von einer Erklärung des Dritten und in der Regel vom Abschluss eines Aufnahmevertrags ab. Die Erbenstellung ist zudem nicht erforderlich.

Beispiel:

Beim Tod eines Gesellschafters wird die Gesellschaft zwischen den verbleibenden Gesellschaftern fortgesetzt. Die Erben jedes Gesellschafters haben das Recht, in die Gesellschaft zu den Bedingungen der Mitgliedschaft des verstorbenen Gesellschafters einzutreten. Das Recht kann von allen oder einzelnen Erben jeweils zum Eintritt zu gleichen Teilen ausgeübt werden. Der Eintritt erfolgt durch Vereinbarung mit den übrigen Gesellschaftern. Das Verlangen muss diesen innerhalb von zwei Monaten nach dem Tod des Gesellschafters zugehen.

Nachfolgeklausel

Als Nachfolgeklausel bezeichnet man eine gesellschaftsvertragliche Vereinbarung, nach der beim Tod eines Gesellschafters dessen Erben, einer der Miterben oder ein Dritter ohne Weiteres als Rechtsnachfolger in die Gesellschafterstellung einrücken soll. Im Gegensatz zur Eintrittsklausel wird somit dem Nachfolger nicht nur ein Anspruch bzw. ein Optionsrecht auf Eintritt zugewandt, sondern der Gesellschaftsanteil selbst.

[222] Baumbach/Hopt/Roth, HGB, 36. Aufl., § 139 Rn 6

Die rechtliche Konstruktion der Nachfolgeklausel und die damit verbundenen Konsequenzen sind umstritten. Nach herrschender Meinung wird die erbrechtliche Lösung angewendet.

Sollen sämtliche Miterben nach der (einfachen) Nachfolgeklausel Gesellschafter werden, müsste nach allgemeinen Erbrechtsprinzipien die Miterbengemeinschaft in gesamthänderischer Verbundenheit die Mitgliedschaft erwerben. Nach überwiegender Ansicht kann jedoch die Miterbengemeinschaft nicht Gesellschafterin sein. Im Fall der Nachfolgeklausel erhält danach jeder Erbe die Gesellschafterposition, und zwar mit einem Kapitalanteil, der seiner Erbquote entspricht. Die Annahme der Rechtsprechung, bei einer Nachfolgeklausel zugunsten der Erben finde eine Einzelnachfolge statt, hat heute gewohnheitsrechtliche Geltung.

Beispiel:

Beim Tod eines Gesellschafters wird die Gesellschaft zwischen den verbleibenden Gesellschaftern und den Erben des Verstorbenen fortgesetzt. Die Mitgliedschaft des verstorbenen Gesellschafters geht auf die Miterben zu den den Erbteilen entsprechenden Quoten über.

Sind im Gesellschaftsvertrag nicht alle Miterben zur Nachfolge berufen (qualifizierte Nachfolgeklausel), erwerben nach herrschender Meinung die Nachfolger-Erben den Anteil des Erblassers nicht nur in Höhe ihrer Erbquote, sondern unmittelbar im Ganzen. Die Erbquoten dienen nur als Grundlage für die Berechnung der Ansprüche auf Wertausgleich unter den Miterben. Der Gesellschaftsanteil fällt somit wegen einer Sonderrechtsnachfolge aus dem Nachlass heraus, wertmäßig ist er aber dem Nachlass zuzurechnen und somit für den Ausgleich der Erben untereinander von Bedeutung.[223]

Beispiel:

Beim Tod eines Gesellschafters wird die Gesellschaft zwischen den verbleibenden Gesellschaftern und einem (bestimmten) Erben des Verstorbenen fortgesetzt, den dieser letztwillig benennt.

[223] BGHZ 98, 48

Umwandlung nach § 139 HGB

Der Erbe, der Gesellschafter einer OHG oder Komplementär einer KG wird, kann nach § 139 Abs. 1 HGB sein Verbleiben in der Gesellschaft davon abhängig machen, dass ihm die Stellung eines Kommanditisten eingeräumt wird. Das Gesetz will dem Erben damit die Möglichkeit geben, sein Haftungsrisiko als Gesellschafter zu begrenzen, ohne die gesamte Erbschaft ausschlagen zu müssen.

Erforderlich für die Einräumung der Kommanditistenstellung ist ein fristgemäßer Antrag des Erben nach § 139 Abs. 3 HGB an die Gesellschafter sowie die Annahme nach § 139 Abs. 2 HGB. Wird der Erbe gesetzlich durch Eltern, Vormund, Pfleger oder Betreuer vertreten, ist zu diesem Vertrag keine gerichtliche Genehmigung erforderlich. Lehnen die Altgesellschafter den Antrag ab, kann der Erbe gemäß § 139 Abs. 2 HGB zwischen seinem Verbleiben in der Gesellschaft als persönlich haftender Gesellschafter und dem Ausscheiden wählen. Selbst wenn der Alleinerbe oder sämtliche zur Nachfolge berufenen Miterben sich für das Ausscheiden entschließen, wird die Gesellschaft nach herrschender Meinung unter den übrigen Gesellschaftern fortgesetzt, sofern sich aus dem Gesellschaftsvertrag nichts anderes ergibt.

Vererbung des Kommanditanteils

Die Beteiligung eines Kommanditisten ist nach § 177 HGB vererblich, soweit nicht im Gesellschaftsvertrag die Unvererblichkeit oder ein Eintrittsrecht bestimmt sind.

Mehrere Erben treten nicht in Erbengemeinschaft ein, sondern einzeln im Wege der Sonderrechtsnachfolge (Einzelnachfolge außerhalb der Erbengemeinschaft) mit dem ihrer Erbquote entsprechenden Teil des Gesellschaftsanteils des Verstorbenen.[224]

Die Kapitalgesellschaften

Die Mitgliedschaft des GmbH-Gesellschafters oder Aktionärs ist vererblich (z. B. § 15 Abs. 1 GmbHG). Soweit der verstorbene Anteilsinhaber durch eine Erbengemeinschaft beerbt wird, können die Mitgliedschaftsrechte nur gemeinschaftlich ausgeübt werden, §§ 17 Abs. 4, 18 Abs. 1 GmbHG, § 69 Abs. 1 AktG.

---

[224] Baumbach/Hopt/Roth, HGB, 36. Aufl. § 177 Rn 3; § 139 Rn 14

Erbrecht in der Landwirtschaft

Erbrechtliche Besonderheiten in der Landwirtschaft

Für die Land- und Forstwirtschaft gilt ein Sondererbrecht, wenn der Hof aufgrund gesetzlicher Erbfolge auf eine kraft Gesetzes entstandene Erbengemeinschaft übergehen würde (somit nicht, wenn ein Testament oder Erbvertrag vorliegt). Angestrebt wird jeweils, dass die Besitzung nicht durch Erbgang zur Aufteilung kommt.

Übergang eines landwirtschaftlichen Betriebs		
Erbfolge nach der Höfeordnung	Zuweisung gemäß § 13 ff. GrdstVG durch Landwirtschaftsgericht	Zuweisung durch Anordnung des Erblassers, §§ 2048, 2049 BGB
Anfall an den Hoferben im Rahmen der Erbschaft kraft Gesetzes unter Berücksichtigung des Hofeswerts (1,5-facher Einheitswert)	Zuweisung an einen Miterben bei gesetzlicher Erbfolge auf Antrag unter Ansatz des Ertragswerts	Zuweisung erfolgt in einer letztwilligen Verfügung des Erblassers unter Ansatz des Ertragswerts

Nach Art. 64 Abs. 1 EGBGB bleiben die landesgesetzlichen Vorschriften über das Anerbenrecht in Ansehung landwirtschaftlicher und forstwirtschaftlicher Grundstücke nebst deren Zubehör bestehen.

Im Einzelnen kommt es darauf an, wo die Besitzung liegt:

7

Hamburg, Niedersachsen, Nordrhein-Westfalen, Schleswig-Holstein

Hamburg

Höfeordnung vom 24.04.1947 in der Fassung der Bekanntmachung vom 26.07.1976 (BGBl. I Satz 1933), zuletzt geändert durch Gesetz vom 20.11.2015 (BGBl. I S. 2010)

Niedersachsen

Höfeordnung (s. Hamburg)

Nordrhein-Westfalen

Höfeordnung (s. Hamburg); ErbbrauchVO vom 07.12.1976, zuletzt geändert durch VO vom 24.11.2014 (GVBl. S. 647)

Schleswig-Holstein

Höfeordnung (s. Hamburg)

Bremen, Hessen, Rheinland-Pfalz, Baden-Württemberg in den Regierungsbezirken Freiburg, Stuttgart, Karlsruhe und Tübingen

Landesgesetze gelten in:

Baden-Württemberg

bis zum 31.12.2000 allerdings unterschiedlich für die drei Landesteile:

Baden: Gesetz, die geschlossenen Hofgüter betreffend, vom 20.08.1898 (GBl. S. 405), zuletzt geändert durch Gesetz vom 29.07.2014 (GBl. S. 378, 381)

außer Kraft: Württemberg-Baden: Anerbenrechtsgesetz vom 14.02.1930 (RegBl. S. 5) in der Fassung vom 30.07.1948 (RegBl. S. 165), zuletzt geändert durch Gesetz vom 30.06.1970 (GBl. S. 289)

Württemberg-Hohenzollern: Gesetz vom 08.08.1950 (RegBl. S. 279), zuletzt geändert durch Gesetz vom 25.11.1985 (GBl. S. 385)

Bremen

Höfegesetz in der Fassung vom 19.07.1948 (GBl. S. 124), zuletzt geändert durch Gesetz vom 19.12.2014 (GBl. S. 775); Gesetz vom 23.02.1971 (GBl. S. 14); Höferolle VO vom 19.07.1948 (GBl. S. 128), zuletzt geändert durch Gesetz vom 19.12.2014 (GBl. S. 775)

Hessen

Hessische Landgüterordnung in der Fassung vom 13.08.1970 (GVBl. S. 547), zuletzt geändert durch Gesetz vom 26.03.2010 (GVBl. S. 114)

Rheinland-Pfalz

Höfeordnung in der Fassung vom 18.04.1967 (GVBl. S. 138), zuletzt geändert durch Gesetz vom 22.12.2009 (GVBl. S. 413); DVO vom 27.04.1967 (GVBl. S. 146), zuletzt geändert durch VO vom 14.01.2005 (GVBl. S. 16); VO über die Höferolle in der Fassung vom 14.03.1967 (GVBl. S. 143), zuletzt geändert durch VO vom 29.10.1968 (GVBl. S. 246)

Bayern, Saarland, Berlin, ehemals württembergische Teile des Landes Baden-Württemberg, Brandenburg, Mecklenburg-Vorpommern, Sachsen, Sachsen-Anhalt, Thüringen

Es gilt derzeit kein besonderes Höferecht. Die Vererbung eines Landguts richtet sich nach den allgemeinen Vorschriften des BGB. Hinzu tritt bei gesetzlicher Erbfolge die Möglichkeit, den landwirtschaftlichen Betrieb nach den § 13 ff. GrdstVG gerichtlich einem der Miterben zuzuweisen.

Im Folgenden wird das Anerbenrecht aufgrund der HöfeO (Bundesnorm) kurz dargestellt; landesrechtliche Bestimmungen können in Einzelheiten abweichen.

Die Höfeordnung

Anerbenrecht bedeutet, dass der Hof nebst Bestandteilen und Zubehör immer nur an einen Hoferben, den Anerben, fällt. Das geschieht entweder im Wege der Sondererbfolge (HöfeO) oder im Wege der Auseinandersetzung. Ziel des Anerbenrechts oder Höferechts ist die Erhaltung des Hofes als wirtschaftliche Einheit bei der Erbfolge. Die Erhaltung leistungsfähiger Höfe und damit einer funktionsfähigen Landwirtschaft wurde vom Bundesverfassungsgericht als öffentliches Interesse zur Rechtfertigung von Eingriffen in Grundrechte beim bäuerlichen Erbrecht wie im sonstigen Landwirtschaftsrecht grundsätzlich anerkannt. Gleichwohl wurden aber tradierte Regeln in verschiedener Hinsicht für verfassungswidrig erklärt.[225]

7

Der Gesetzestext der Höfeordnung folgt im nächsten Kapitel.

Hofeigenschaft

Der Sondererbfolge der Höfeordnung unterliegen nur solche Höfe, die im Alleineigentum einer natürlichen Person oder im gemeinschaftlichen Eigentum von Ehegatten stehen. Weiter erforderlich ist, dass sie die sogenannte Hoffähigkeit besitzen. Diese liegt nach § 1 Abs. 1 Satz 1 HöfeO vor, sofern der Hof einen nach den steuerlichen Bewertungsvorschriften festzustellenden Wirtschaftswert von mindestens 10.000 Euro aufweist (sog. geborener Hof).

[225] BVerfG NJW 1963, 947; NJW 1985, 1329; NJW 1989, 3211; NJW 1985, 1455; NJW 1995, 2977

Eine landwirtschaftliche oder forstwirtschaftliche Besitzung mit einem Wirtschaftswert von weniger als 10.000 Euro, mindestens jedoch 5.000 Euro wird nach § 1 Abs. 1 Satz 3 HöfeO zum Hof, wenn der Eigentümer erklärt, dass sie ein Hof sein soll und der Hofvermerk in das Grundbuch eingetragen wird (sog. Antragshof). Die Erklärung zur Erlangung der Hofeigenschaft ist ein Rechtsgeschäft unter Lebenden und nach § 4 HöfeVfO in öffentlich beglaubigter Form abzugeben. [226]

Der Verlust der Hofeigenschaft tritt ein, wenn entweder die Hoffähigkeit nach § 1 Abs. 3 HöfeO wegfällt oder gemäß § 1 Abs. 4 HöfeO durch Abgabe einer Hofaufhebungserklärung des Eigentümers in öffentlich beglaubigter Form und Löschung des Hofvermerks im Grundbuch. Die Hofaufhebungserklärung ist ebenfalls ein Rechtsgeschäft unter Lebenden und wirkt für alle Rechtsnachfolger.[227]

In den einzelnen Ländern ergeben sich Unterschiede beim Hofbegriff.[228] Während beispielsweise die Höfeordnung in Hamburg, Niedersachsen, Nordrhein-Westfalen und Schleswig-Holstein grundsätzlich unmittelbar für die Besitzungen im Sinne von § 1 Abs. 1 Satz 1 HöfeO gilt, setzt in den übrigen Ländern (und bei Besitzungen im Sinne von § 1 Abs. 1 Satz 3 HöfeO) die Geltung des Anerbenrechts einen Antrag des Eigentümers und eine entsprechende Eintragung voraus.

Zu den landwirtschaftlichen Besitzungen im Sinne von § 1 Abs. 1 Satz 1 HöfeO gehört auch der erwerbsgärtnerische Anbau von Blumen und Zierpflanzen, auch wenn er überwiegend in Gewächshäusern und Behältern betrieben wird. Im Bereich der Höfeordnung begründet die Eintragung des Hofvermerks die Vermutung der dadurch ausgewiesenen Eigenschaft, § 5 HöfeVfO. [229]

Eine Vermutung, dass eine Besitzung ohne oder mit gelöschtem Hofvermerk nicht Hof sei, gibt es dagegen nicht.[230]

Berufung zum Hoferben

Die Berufung zum Hoferben kann nach den § 5 ff. HöfeO auf Gesetz oder Verfügung von Todes wegen beruhen und der Hoferbe muss

[226] BGH AgrarR 1976, 350
[227] BGH NJW-RR 1999, 945
[228] Kroeschell, Landwirtschaftsrecht Rn 313 ff.
[229] OLG Köln MittRhNotK 1999, 282
[230] OLG Celle NJOZ 2016, 673

„wirtschaftsfähig" sein (§ 6 Abs. 6 und 7 HöfeO). Für den überlebenden Ehegatten, an den nach § 8 HöfeO der Anteil des Erblassers an einem Ehegattenhof fällt, gilt dieses Erfordernis nicht.[231] Ihm kann nach § 14 Abs. 3 HöfeO das Recht zur Bestimmung des Hoferben unter den Abkömmlingen des Erblassers übertragen werden.

Die Höfeordnung kennt nach § 6 Abs. 1 Satz 1 Nr. 1 und 2, § 7 Abs. 2 auch eine formlose, bindende Hoferbenbestimmung.[232] Liegt eine Hoferbenbestimmung durch Übertragung der Bewirtschaftung des Hofes auf einen Miterben gemäß § 6 Abs. 1 Nr. 1 HöfeO oder durch Art und Umfang der Beschäftigung auf dem Hof nach § 6 Abs. 1 Nr. 2 HöfeO vor, so ist eine spätere abweichende Bestimmung des Hoferben, insbesondere durch Testament, unwirksam nach § 7 Abs. 2 Satz 1 und 2 HöfeO. Bei umgekehrter zeitlicher Reihenfolge – zuerst testamentarische Einsetzung eines Hoferben, dann Übertragung der Bewirtschaftung an einen anderen Miterben – gilt dies entsprechend nicht, so dass die testamentarische Einsetzung wirksam bleibt.[233] Das Recht zur Verfügung durch Rechtsgeschäft unter Lebenden bleibt von der Bestimmung eines Hoferben unberührt, § 7 Abs. 2 Satz 3 HöfeO. Nach den Vorschriften des allgemeinen Rechts, das heißt des BGB, vererbt sich der Hof, wenn kein Hoferbe (nach Maßgabe der HöfeO) vorhanden oder wirksam bestimmt ist gemäß § 10 HöfeO.

Beschränkung der Testier- und Übergabefreiheit

7 Einschränkungen sind in gewissem Umfang durch die Anordnung von Vor- und Nacherbschaft, Testamentsvollstreckung, Nießbrauchsvermächtnis oder -vorbehalt möglich. Solche Anordnungen stehen jedoch unter Zustimmungsvorbehalt, soweit für Rechtsgeschäfte gleichen Inhalts unter Lebenden eine Genehmigung nach dem Grundstücksverkehrsgesetz erforderlich wäre, § 16 Abs. 1 HöfeO. Grundstücksvermächtnisse an weichende Miterben sind, auch wenn sie zur Zerschlagung des Hofes führen, nicht nach dieser Vorschrift unwirksam, wenn zum Zeitpunkt des Erbfalls kein lebensfähiger landwirtschaftlicher Betrieb mehr besteht.[234]

---

231 OLG Oldenburg ZEV 1997, 128 = AgrarR 1997, 264

232 BGH NJW 1983, 2504; BGH NJW 1993, 667; OLG Hamm AgrarR 1983, 186; 1986, 56; Pikalo, AgrarR 1986, 339; OLG Celle AgrarR 1984, 222; OLG Oldenburg NJW-RR 2003, 1306

233 OLG Oldenburg NJW-RR 2002, 1371

234 BGH ZEV 2014, 550

Eine weitere Einschränkung der Testierfreiheit ergibt sich aus den §§ 6 Abs. 4, 7 Abs. 1 Satz 2 HöfeO. Zwar kann der Eigentümer grundsätzlich den Hoferben bzw. Hofübernehmer frei wählen, dieser muss jedoch wirtschaftsfähig sein. Lediglich bei mangelnder Altersreife oder Vererbung an den überlebenden Ehegatten entfällt diese Voraussetzung. Soweit der Hofeigentümer einem nach § 5 HöfeO gesetzlich hofberechtigten Abkömmling die Bewirtschaftung des Hofes vorbehaltlos auf Dauer übertragen (§ 6 Abs. 1 Nr. 1 HöfeO) oder ihn durch Art und Umfang der Beschäftigung auf dem Hof erkennen lassen hat, dass er den Hof übernehmen soll (§ 6 Abs. 1 Nr. 2 HöfeO), ist weiterhin die Bestimmung eines anderen Hoferben und damit die Vererbung des Hofes an diesen ausgeschlossen (§ 7 Abs. 2 HöfeO). Schließlich wird die Testierfreiheit durch die Höfeordnung insoweit eingeschränkt, dass bei einem Ehegattenhof keiner der Ehegatten über seinen Eigentumsanteil am Hof ohne den anderen von Todes wegen oder durch lebzeitige Übergabe verfügen kann.

Soweit der Hofeigentümer die Begrenzungen seiner Testierfreiheit durch die Höfeordnung nicht hinzunehmen bereit ist, steht es ihm jederzeit frei, sich von diesen durch Abgabe der Hofaufhebungserklärung zu lösen. Beim Ehegattenhof bedarf es insoweit der Aufhebungserklärung beider Ehegatten. Der Verlust der Hofeigenschaft führt zum Ausschluss der Sondererbfolge, auch wenn der Eigentümer zuvor den Hoferben bindend bestimmt hatte. [235]

Abfindungsansprüche der weichenden Miterben

Miterben, die nicht Hoferben geworden sind, erhalten nach Maßgabe des § 12 HöfeO Abfindungsansprüche, die aber durch Anknüpfung an den 1,5-fachen steuerlichen Einheitswert des Hofes verhältnismäßig niedrig bemessen sind. Zuschläge (oder Abschläge) sind nach § 12 Abs. 2 Satz 3 HöfeO bei besonderen Umständen möglich, wenn Grundstücke mit Baulandqualität zum Hof gehören.[236] Analog zu § 12 Abs. 2 Satz 3 HöfeO kann eine erhöhte Abfindung beansprucht werden, wenn sich die Wertrelation zwischen Einheitswert und Ertragswert des Hofes infolge der Entwicklung der allgemeinen wirtschaftlichen Verhältnisse erheblich verschoben hat.[237]

---

235 BGH NJW 1988, 710
236 BGH NJW 1996, 229
237 BGH NJW 2001, 1726

Nachabfindungsansprüche können die Beteiligten gemäß § 13 HöfeO geltend machen, wenn der Hoferbe den Hof innerhalb von zwanzig Jahren nach dem Erbfall ganz oder in wesentlichen Teilen veräußert oder einer anderweitigen Nutzung zuführt. Auch die Belastung eines Hofes mit Grundpfandrechten außerhalb einer ordnungsgemäßen Bewirtschaftung kann – in analoger Anwendung des § 13 HöfeO – einen Abfindungsergänzungsanspruch auslösen.[238]

Wichtig: Der Nachabfindungsanspruch ist als Anteil am erzielten Erlös bzw. Gewinn zu bemessen, nicht nach dem Verkehrswert einer ausgegliederten Fläche.[239]

Ein Erbverzichtsvertrag schließt die Nachabfindungsansprüche aus, doch kommt eine Anpassung des zugrunde liegenden Abfindungsvertrags nach den Grundsätzen über den Wegfall der Geschäftsgrundlage (Erhaltung des Hofes in der Hand des Hoferben) in Betracht.[240]

Wird der Hof unter Lebenden an einen hoferbenberechtigten Abkömmling übergeben, gilt damit nach § 17 Abs. 2 HöfeO zugunsten der anderen Abkömmlinge der Erbfall hinsichtlich des Hofes mit dem Zeitpunkt der Übergabe als eingetreten.[241]

Hof und sonstiges Vermögen

Der Hof vererbt sich nach dem Höferecht, das übrige (hoffreie) Vermögen dagegen nach dem BGB (sogenannte höferechtliche Nachlassspaltung). Beim Landwirt, der aus Landverkauf ein großes Aktienvermögen angesammelt hat, werden somit die weichenden Miterben bezüglich des Hofes mit geringen Zahlungen (auf der Basis des 1,5-fachen Einheitswerts) abgefunden, bezüglich des Aktiendepots werden sie Miterben oder erlangen Pflichtteilsrechte aus dem Verkehrswert (Kurswert) der Wertpapiere.

Zulässig ist die Erteilung eines allgemeinen Erbscheins über beide Vermögensmassen, in dem der Hoferbe gesondert aufgeführt wird. Möglich ist aber auch ein gesonderter Erbschein nur über die Hoffolge (sog. Hoffolgezeugnis) sowie ein Erbschein allein über das hoffreie Vermögen gemäß § 18 HöfeO.

---

[238] BGHZ 146, 94 = NJW 2001, 1728

[239] BGH LM § 13 HöfeO Nr. 32 = NJW-RR 2000, 1601

[240] BGHZ 134, 152 = NJW 1997, 653

[241] Faßbender, AgrarR 1982, 313 und DNotZ 1986, 67; v. Jeinsen, AgrarR 1983, 261; Lüdtke-Handjery, DNotZ 1985, 332, 356; Stöcker, AgrarR 1982, 169

Verfahrensrecht

Für die Entscheidung von Streitigkeiten sind die Landwirtschaftsgerichte (Abteilungen der Amtsgerichte, besetzt mit einem Berufsrichter und zwei landwirtschaftlichen Beisitzern) zuständig. Zweite Instanz ist das OLG, dritte Instanz der BGH. Das Verfahren richtet sich nach dem Gesetz über das gerichtliche Verfahren in Landwirtschaftssachen (LwVG). Weitere Verfahrensfragen regelt die Verfahrensordnung für Höfesachen (HöfeVfO). Das Landwirtschaftsgericht entscheidet auch über die Frage, wer Hoferbe geworden ist, und stellt gemäß § 18 HöfeO den Erbschein aus.

Zuständig für die Erteilung des Erbscheins ist das Landwirtschaftsgericht (und nicht das Nachlassgericht) auch für die Erteilung des Erbscheins über das hoffreie Vermögen, selbst dann, wenn das hoffreie Vermögen erheblich wertvoller ist als der Hof.

Das Landwirtschaftserbrecht nach BGB

Das BGB kennt einige Vorschriften, welche sich mit der Übernahme eines Landguts befassen. Zunächst kommt es aber darauf an, ob bei einer Mehrheit von Erben der Erblasser in einer Verfügung von Todes wegen angeordnet hat, dass einer der Erben das Recht haben soll, ein zum Nachlass gehörendes Landgut zu übernehmen.

Eine Erblasseranordnung liegt vor

Teilungsanordnungen des Erblassers nach § 2048 BGB sehen häufig die Zuweisung bestimmter Nachlassgegenstände an die Miterben in Anrechnung auf ihren Erbteil vor. Dabei obliegt die Festlegung des Anrechnungswerts prinzipiell dem Erblasser. Die Vorschrift des § 2049 BGB sieht für den Sonderfall eines Übernahmerechts an einem Landgut vor, dass im Zweifel für den Wertausgleich der Ertragswert und nicht der in aller Regel höhere Verkehrswert anzusetzen ist. Es wird im Zweifel ein Erblasserwille unterstellt, wonach der Übernehmer die Möglichkeit erhalten soll, das Gut in der bisherigen Weise weiter bewirtschaften zu können, statt es wegen zu hoher Übernahmekosten veräußern zu müssen.

Landgut ist eine zum selbstständigen und dauernden Betrieb der Landwirtschaft einschließlich der Viehzucht oder der Forstwirtschaft geeignete und bestimmte Wirtschaftseinheit, die mit den nötigen Wohn- und Wirtschaftsgebäuden versehen ist. Sie muss eine

Mindestgröße erreichen, um für den Inhaber eine selbstständige, nicht notwendig hauptberufliche Erwerbs- und Nahrungsquelle darzustellen.[242] Die Größe nach § 1 HöfeO muss nicht erreicht sein, auch nebenberufliche Führung kann ausreichen.[243] Es genügt nicht, dass objektiv ein „Landgut" vorliegt, sondern vielmehr ist eine solche Subjektbezogenheit erforderlich, dass der Betrieb sowohl in der Hand des Erblassers als auch des begünstigten Miterben ein Landgut darstellt. So liegt kein Landgut vor, wenn das wesentliche Grundvermögen auf Dauer verpachtet, das lebende sowie tote Inventar veräußert ist und eine Fortführung in der Familie in absehbarer Zeit nicht in Betracht kommt (bloße Vermögensverwaltung).[244]

Darüber hinaus kann § 2049 BGB nicht mehr greifen, wenn es sich um Grundstücke handelt, die praktisch baureif sind und die aus dem Landgut ohne Gefahr für dessen dauernde Lebensfähigkeit herausgelöst werden können. Den „übernehmenden" Erben auch insoweit mithilfe der Ertragswertrechnung zu „privilegieren", geht über den Schutzzweck des Gesetzes hinaus. Dieser ist nicht auf den Erhalt der bisherigen Größe des Landgutes, sondern nur auf die Abwehr von Gefahren für dessen dauernde Leistungsfähigkeit gerichtet.[245]

§ 2049 BGB enthält eine Auslegungsregel. Die vorgesehene Rechtsfolge gilt damit nicht, wenn durch Auslegung ausdrücklicher oder stillschweigender Äußerungen im Sinne von § 2048 Satz 1 BGB ein abweichender Erblasserwille festzustellen ist, insbesondere wenn der Erblasser einen bestimmten Anrechnungswert festgesetzt hat.

Der Ertragswert ist von dem maßgeblichen vollen wirklichen Wert (Verkehrswert) zu unterscheiden. Er bestimmt sich nach dem Reinertrag, den das Landgut gemäß § 2049 Abs. 2 BGB nach seiner bisherigen wirtschaftlichen Bestimmung bei ordnungsgemäßer Bewirtschaftung nachhaltig gewähren kann.

Der Ertragswert ist ein zukunftsorientierter „Nutzenbarwert". Die Ermittlungsgrundlagen des Reinertrages sind allerdings der bisherigen Bewirtschaftung zu entnehmen, ggf. korrigiert um das Kriterium „ordnungsgemäße Bewirtschaftung". Der Reinertrag wird durch

---

242 BGH NJW 1964, 1414; BGH NJW 1987, 951; BGH NJW-RR 1992; BGH NJW-RR 1992, 770; OLG Oldenburg AgrarR 1992, 113; OLG Stuttgart AgrarR 1986, 233

243 BGH NJW 1987, 931

244 BVerfG NJW 1985, 1329; BGH NJW 1964, 1414; BGH NJW 1987, 951

245 BGH NJW 1987, 1260

Abzug des betrieblichen Aufwands vom Rohertrag ermittelt. Staatliche Subventionen sind jedenfalls dann in die Reinertragsermittlung einzubeziehen, wenn sie betriebs- oder produktionsbezogen gewährt werden. Aufwand sind insbesondere alle betrieblichen Kosten, wie Löhne, Kosten für Rohstoffe, Zinsen für betriebliche Kredite, Abschreibungen für betrieblich genutzte Wirtschaftsgüter. In Abzug zu bringen ist auch ein Lohnanspruch des Betriebsinhabers und seiner nicht entlohnten, mitarbeitenden Familienangehörigen.

Der Ertragswert ergibt sich durch Vervielfachung des jährlichen Reinertrags gemäß § 2049 Abs. 2 BGB. Der Ertrag ist konkret anhand der betriebswirtschaftlichen Jahresabschlüsse etwa der letzten zehn Jahre zu ermitteln. Der Kapitalisierungsfaktor unterscheidet sich in den einzelnen Bundesländern (vgl. Art. 137 EGBGB; z. B. Bayern: Art. 68 BayAGBGB), meist liegt er zwischen dem 18- und 25-fachen.

Eine Erblasseranordnung liegt nicht vor

Tritt die gesetzliche Erbfolge ein oder fehlt im Testament eine Übernahmeanordnung des Erblassers, geht die landwirtschaftliche Besitzung nach allgemeinem BGB-Recht auf die Erbengemeinschaft über. Die Erben können sich auseinandersetzen, eventuelle Abfindungen sind aus dem Verkehrswert zu entrichten.

Ein Miterbe dieser durch gesetzliche Erbfolge entstandenen Erbengemeinschaft kann aber auch die gerichtliche Zuweisung der Grundstücke, aus denen der landwirtschaftliche Betrieb besteht, an sich allein nach § 13 GrdstVG beantragen. Das Landwirtschaftsgericht kann die Zuweisung aussprechen, wenn der Betrieb mit einer zur Bewirtschaftung geeigneten Hofstelle versehen ist und seine Erträge ohne Rücksicht auf private Belastungen (Schuldzinsen) im Wesentlichen zum Unterhalt einer bäuerlichen Familie ausreichen, § 14 GrdstVG. Von den mehreren Miterben ist der Betrieb nach § 15 GrdstVG dem zuzuweisen, dem er nach dem wirklichen oder mutmaßlichen Willen des Erblassers zugedacht war. Das Verfahren richtet sich nach dem Gesetz über das gerichtliche Verfahren in Landwirtschaftssachen (LwVG).

Nach OLG Stuttgart[246] sind die § 13 ff. GrdstVG nur anwendbar, wenn zum Zeitpunkt des Erbfalls ein landwirtschaftlicher Betrieb vorhanden ist, auch wenn er vom Erblasser vorübergehend still-

[246] FamRZ 2009, 80–83

gelegt wurde. Die übrigen Zuweisungsvoraussetzungen müssen erfüllt sein. Nach § 15 Abs. 1 Satz 3 GrdstVG muss der Zuweisungsbewerber die Absicht haben, die Bewirtschaftung des Betriebs fortzuführen. An den Nachweis einer solchen Absicht sind hohe Anforderungen zu stellen, wenn der landwirtschaftliche Betrieb zum Zeitpunkt des Erbfalls zumindest vorübergehend stillgelegt war und der Zuweisungsbewerber sein Interesse am Führen einer Landwirtschaft nicht durch einen zeitnahen Haupterwerb aus einer landwirtschaftlichen Tätigkeit belegt hat. Der Betrieb einer Pferdepension als wesentliche Einkommensgrundlage ist zum Beispiel keine Landwirtschaft im Sinne der § 13 ff. GrdstVG.

Das OLG Köln[247] sieht einen landwirtschaftlichen Betrieb nur dann als zuweisungsfähig an, wenn er im Zeitpunkt des Erbfalls eine den Anforderungen des § 14 Abs. 1 GrdstVG genügende Hofstelle aufweist. Dabei muss die Hofstelle auch rechtlich mit den Ländereien eine Einheit bilden, folglich Eigentum des Erblassers bzw. der Miterbengemeinschaft sein. Wirtschaftsgebäude, die der die Zuweisung beantragende Miterbe auf einem eigenen Grundstück errichtet hat, bleiben daher bei der Beurteilung der Zuweisungsvoraussetzungen außer Betracht. Zugepachtetes Land im Sinne des § 14 Abs. 1 Satz 2 GrdstVG, dessen Erträge als Erträge des Betriebs anzusehen sind, ist nur Land, das bereits vom Erblasser gepachtet worden ist, so dass nach dem Erbfall die Erbengemeinschaft in den Pachtvertrag eintritt. Keine Berücksichtigung finden Flächen, die der die Zuweisung beantragende Miterbe als Alleinpächter gepachtet hat. Ein Betrieb kann nicht zugewiesen werden, wenn seine Erträge im Zeitpunkt des Erbfalles unter den sozialhilferechtlichen Regelsätzen gelegen haben. Der die Zuweisung beantragende Miterbe darf die Hofstelle nach § 2038 Abs. 1 BGB nur mit Zustimmung aller Miterben in einen Zustand versetzen, der für die Zuweisung genügt. Es handelt sich nicht um eine Maßnahme der ordnungsgemäßen Verwaltung, für die nach §§ 2038 Abs. 2, 745 BGB ein Mehrheitsbeschluss ausreicht.

Wird der Betrieb einem Miterben zugewiesen, haben die übrigen Miterben anstelle ihres Erbteils einen Anspruch auf Zahlung eines Geldbetrags, der dem Wert ihres Anteils an dem zugewiesenen Betrieb entspricht. Dabei ist nach § 16 GrdstVG vom geringen Ertragswert des Betriebs gemäß § 2049 BGB auszugehen. Die Zahlung kann gestundet werden.

---

[247] OLGR Köln 2007, 728

Gemäß § 13 Abs. 2 GrdstVG sind Nachlassverbindlichkeiten, die zur Zeit des Erwerbes noch bestehen, aus dem außer dem Betrieb vorhandenen Vermögen zu berichtigen, soweit es ausreicht. Ist eine Nachlassverbindlichkeit an einem zum Betrieb gehörenden Grundstück dinglich gesichert, kann das Gericht auf Antrag mit Zustimmung des Gläubigers festsetzen, dass der Erwerber dem Gläubiger für sie allein haftet.

Das Bundesverfassungsgericht[248] hat hierzu entschieden, dass es weder gegen die Erbrechtsgewährleistung (Art. 14 Abs. 1 Satz 1 GG) noch gegen den Gleichheitssatz (Art. 3 Abs. 1 GG) verstößt, dass ein landwirtschaftlicher Betrieb bei gesetzlicher Erbfolge nach Maßgabe der § 13 ff. GrdstVG einem Miterben zugewiesen werden kann und die übrigen Miterben nach dem Ertragswert des Betriebs abgefunden werden.

Zieht der Erwerber binnen 15 Jahren nach dem Erwerb des Betriebs durch Veräußerung oder auf sonstige Weise erhebliche Gewinne, können die Miterben gemäß § 17 Abs. 1 GrdstVG Ausgleich verlangen. Der Anspruch verjährt zwei Jahre nach dem Schluss des Jahres, in dem der Berechtigte Kenntnis erlangt, auf jeden Fall aber fünf Jahre nach dem Schluss des Jahres, in dem der Anspruch entstand, § 17 Abs. 2 GrdstVG. Der weichende Miterbe muss die Wirtschaft des Hofbetreibers somit rund 20 Jahre im Auge behalten.

[248] Vom 14.12.1994, Az. 1 BvR 720/90 (NJW 1995, 2977)

Gesetzliche Grundlagen

8

Grundstücksverkehrsgesetz (GrdstVG)

– Auszug –[249]

Zweiter Abschnitt
Gerichtliche Zuweisung eines Betriebes
§ 13 (Zuweisung an Miterben)

(1) Gehört ein landwirtschaftlicher Betrieb einer durch gesetzliche Erbfolge entstandenen Erbengemeinschaft, so kann das Gericht auf Antrag eines Miterben die Gesamtheit der Grundstücke, aus denen der Betrieb besteht, ungeteilt einem Miterben zuweisen; kann der Betrieb in mehrere Betriebe geteilt werden, so kann er geteilt einzelnen der Miterben zugewiesen werden. Grundstücke, für die nach ihrer Lage und Beschaffenheit anzunehmen ist, daß sie in absehbarer Zeit anderen als landwirtschaftlichen Zwecken dienen werden, sollen von einer Zuweisung ausgenommen werden. Das Gericht hat die Zuweisung auf Zubehörstücke, Miteigentums-, Kapital- und Geschäftsanteile, dingliche Nutzungsrechte und ähnliche Rechte zu erstrecken, soweit diese Gegenstände zur ordnungsgemäßen Bewirtschaftung des Betriebes notwendig sind.

(2) Das Eigentum an den zugewiesenen Sachen und die zugewiesenen Rechte gehen mit der Rechtskraft der gerichtlichen Entscheidung oder, falls in ihr ein späterer Zeitraum bestimmt ist, zu diesem Zeitpunkt auf den Miterben über, dem der Betrieb zugewiesen wird (Erwerber).

(3) Die Vorschriften der Absätze 1 und 2 gelten nur, soweit die Sachen und Rechte gemeinschaftliches Vermögen der Erben sind. Auf Reichsheimstätten sind sie nicht anzuwenden.

§ 14 (Voraussetzungen)

(1) Die Zuweisung ist nur zulässig, wenn der Betrieb mit einer zur Bewirtschaftung geeigneten Hofstelle versehen ist und seine Erträge ohne Rücksicht auf die privatrechtlichen Belastungen im wesentlichen zum Unterhalt einer bäuerlichen Familie ausreichen. Erträge aus zugepachtetem Land sind insoweit als Erträge des Betriebes anzusehen, als gesichert erscheint, daß das zugepachtete Land

---

[249] Zuletzt geändert durch das Gesetz zur Reform des Verfahrens in Familiensachen und in den Angelegenheiten der freiwilligen Gerichtsbarkeit (FGG-Reformgesetz – FGGRG) vom 17.12.2008 (BGBl. I S. 2586)

oder anderes gleichwertiges Pachtland dem Erwerber zur Bewirtschaftung zur Verfügung stehen wird.

(2) Die Zuweisung ist ferner nur zulässig, wenn sich die Miterben über die Auseinandersetzung nicht einigen oder eine von ihnen vereinbarte Auseinandersetzung nicht vollzogen werden kann.

(3) Die Zuweisung ist unzulässig, solange die Auseinandersetzung ausgeschlossen oder ein zu ihrer Bewirkung berechtigter Testamentsvollstrecker vorhanden ist oder ein Miterbe ihren Aufschub verlangen kann.

§ 15 (Auswahl)

(1) Der Betrieb ist dem Miterben zuzuweisen, dem er nach dem wirklichen oder mutmaßlichen Willen des Erblassers zugedacht war. Ist der Miterbe nicht ein Abkömmling und nicht der überlebende Ehegatte des Erblassers, so ist die Zuweisung an ihn nur zulässig, wenn er den Betrieb bewohnt und bewirtschaftet oder mitbewirtschaftet. Die Zuweisung ist ausgeschlossen, wenn der Miterbe zur Übernahme des Betriebes nicht bereit oder zu seiner ordnungsgemäßen Bewirtschaftung nicht geeignet ist.

(2) Diese Bestimmungen gelten für die Zuweisung von Teilen des Betriebes sinngemäß.

§ 16 (Ansprüche der Miterben)

(1) Wird der Betrieb einem Miterben zugewiesen, so steht insoweit den übrigen Miterben an Stelle ihres Erbteils ein Anspruch auf Zahlung eines Geldbetrages zu, der dem Wert ihres Anteils an dem zugewiesenen Betrieb (§ 13 Abs. 1) entspricht. Der Betrieb ist zum Ertragswert (§ 2049 des Bürgerlichen Gesetzbuchs) anzusetzen. Der Anspruch ist bei der Zuweisung durch das Gericht unter Berücksichtigung der folgenden Vorschriften festzusetzen.

(2) Die Nachlaßverbindlichkeiten, die zur Zeit des Erwerbes (§ 13 Abs. 2) noch bestehen, sind aus dem außer dem Betriebe vorhandenen Vermögen zu berichtigen, soweit es ausreicht. Ist eine Nachlaßverbindlichkeit an einem zum Betriebe gehörenden Grundstück dinglich gesichert, so kann das Gericht auf Antrag mit Zustimmung des Gläubigers festsetzen, daß der Erwerber dem Gläubiger für sie allein haftet. Trifft es eine solche Festsetzung, so ist § 2046 des Bürgerlichen Gesetzbuchs auf diese Verbindlichkeit nicht anzuwenden.

(3) Das Gericht kann die Zahlung der den Miterben nach Absatz 1 zustehenden Beträge auf Antrag stunden, soweit der Erwerber bei sofortiger Zahlung den Betrieb nicht ordnungsgemäß bewirtschaften könnte und dem einzelnen Miterben bei gerechter Abwägung der Lage der Beteiligten eine Stundung zugemutet werden kann. Der Erwerber hat die gestundete Forderung zu verzinsen und für sie Sicherheit zu leisten. Über die Höhe der Verzinsung und über Art und Umfang der Sicherheitsleistung entscheidet das Gericht nach billigem Ermessen. Das Gericht kann die rechtskräftige Entscheidung über die Stundung auf Antrag aufheben oder ändern, wenn sich die Verhältnisse nach der Entscheidung wesentlich geändert haben.

(4) Auf Antrag eines Miterben kann das Gericht bei der Zuweisung festsetzen, daß der Miterbe statt durch Zahlung eines Geldbetrages ganz oder teilweise durch Übereignung eines bei der Zuweisung bestimmten Grundstücks abzufinden ist. Das Grundstück muß zur Deckung eines Landbedarfs des Miterben benötigt werden und von dem Betrieb abgetrennt werden können, ohne daß die Voraussetzungen des § 14 Abs. 1 wegfallen. Die Veräußerung dieses Grundstücks bedarf nicht der Genehmigung nach diesem Gesetz.

(5) Das Gericht kann auf Antrag eines Miterben bei der Zuweisung festsetzen, daß er durch ein beschränktes dingliches Recht an einem zugewiesenen Grundstück abzufinden ist. Die Festsetzung ist unzulässig, wenn der Erwerber dadurch unangemessen beschwert würde.

§ 17 (Erhebliche Gewinne)

(1) Zieht der Erwerber binnen fünfzehn Jahren nach dem Erwerb (§ 13 Abs. 2) aus dem Betrieb oder einzelnen zugewiesenen Gegenständen durch Veräußerung oder auf andere Weise, die den Zwecken der Zuweisung fremd ist, erhebliche Gewinne, so hat er, soweit es der Billigkeit entspricht, die Miterben auf Verlangen so zu stellen, wie wenn der in Betracht kommende Gegenstand im Zeitpunkt des Erwerbes verkauft und der Kaufpreis unter den Miterben entsprechend ihren Erbteilen verteilt worden wäre. Ist der Betrieb im Wege der Erbfolge auf einen anderen übergegangen oder hat der Erwerber den Betrieb einem anderen im Wege der vorweggenommenen Erbfolge übereignet, so trifft die entsprechende Verpflichtung den anderen hinsichtlich derartiger Gewinne, die er

binnen fünfzehn Jahren nach dem in § 13 Abs. 2 bezeichneten Zeitpunkt aus dem Betriebe zieht.

(2) Die Ansprüche sind vererblich und übertragbar. Sie verjähren in zwei Jahren nach dem Schluß des Jahres, in dem der Berechtigte von dem Eintritt der Voraussetzungen seines Anspruchs Kenntnis erlangt, ohne Rücksicht auf diese Kenntnis in fünf Jahren nach dem Schluß des Jahres, in dem die Voraussetzungen des Anspruchs erfüllt sind.

Höfeordnung (HöfeO)

Zuletzt geändert durch das Gesetz zur Bereinigung des Rechts der Lebenspartner vom 20.11.2015 (BGBl. I S. 2010)

§ 1 Begriff des Hofes

(1) Hof im Sinne dieses Gesetzes ist eine im Gebiet der Länder Hamburg, Niedersachsen, Nordrhein-Westfalen und Schleswig-Holstein belegene land- oder forstwirtschaftliche Besitzung mit einer zu ihrer Bewirtschaftung geeigneten Hofstelle, die im Alleineigentum einer natürlichen Person oder im gemeinschaftlichen Eigentum von Ehegatten (Ehegattenhof) steht oder zum Gesamtgut einer fortgesetzten Gütergemeinschaft gehört, sofern sie einen Wirtschaftswert von mindestens 10.000 Euro hat. Wirtschaftswert ist der nach den steuerlichen Bewertungsvorschriften festgestellte Wirtschaftswert im Sinne des § 46 des Bewertungsgesetzes in der Fassung der Bekanntmachung vom 26. September 1974 (BGBl. I S. 2369), geändert durch Artikel 15 des Zuständigkeitslockerungsgesetzes vom 10. März 1975 (BGBl. I S. 685). Eine Besitzung, die einen Wirtschaftswert von weniger als 10.000 Euro, mindestens jedoch von 5.000 Euro hat, wird Hof, wenn der Eigentümer erklärt, daß sie Hof sein soll, und wenn der Hofvermerk im Grundbuch eingetragen wird.

(2) Gehört die Besitzung Ehegatten, ohne nach Absatz 1 Ehegattenhof zu sein, so wird sie Ehegattenhof, wenn beide Ehegatten erklären, daß sie Ehegattenhof sein soll, und wenn diese Eigenschaft im Grundbuch eingetragen wird.

(3) Eine Besitzung verliert die Eigenschaft als Hof, wenn keine der in Absatz 1 aufgezählten Eigentumsformen mehr besteht oder eine der übrigen Voraussetzungen auf Dauer wegfällt. Der Verlust

der Hofeigenschaft tritt jedoch erst mit der Löschung des Hofvermerks. im Grundbuch ein, wenn lediglich der Wirtschaftswert unter 5.000 Euro sinkt oder keine zur Bewirtschaftung geeignete Hofstelle mehr besteht.

(4) Eine Besitzung verliert die Eigenschaft als Hof auch, wenn der Eigentümer erklärt, daß sie kein Hof mehr sein soll, und wenn der Hofvermerk im Grundbuch gelöscht wird. Die Besitzung wird, wenn sie die Voraussetzungen des Absatzes 1 erfüllt, wieder Hof, wenn der Eigentümer erklärt, daß sie Hof sein soll, und wenn der Hofvermerk im Grundbuch eingetragen wird.

(5) Ein Ehegattenhof verliert diese Eigenschaft mit der Rechtskraft der Scheidung, der Aufhebung oder Nichtigerklärung der Ehe. Bei bestehender Ehe verliert er die Eigenschaft als Ehegattenhof, wenn beide Ehegatten erklären, daß die Besitzung kein Ehegattenhof mehr sein soll, und wenn der die Eigenschaft als Ehegattenhof ausweisende Vermerk im Grundbuch gelöscht wird.

(6) Erklärungen nach den vorstehenden Absätzen können, wenn der Eigentümer nicht testierfähig ist, von dem gesetzlichen Vertreter abgegeben werden. Dieser bedarf hierzu der Genehmigung des Gerichts. Das Gericht soll den Eigentümer vor der Entscheidung über die Genehmigung hören. Zuständig ist in Kindschaftssachen nach § 151 Nr. 4 oder Nr. 5 des Gesetzes über das Verfahren in Familiensachen und in den Angelegenheiten der freiwilligen Gerichtsbarkeit das Familiengericht, in allen anderen Fällen das Betreuungsgericht.

(7) Wird ein Hofvermerk auf Grund einer Erklärung des Eigentümers oder von Ehegatten eingetragen oder gelöscht, so tritt die dadurch bewirkte Rechtsfolge rückwirkend mit dem Eingang der Erklärung beim Landwirtschaftsgericht ein.

§ 2 Bestandteile

Zum Hof gehören:

a) alle Grundstücke des Hofeigentümers, die regelmäßig von der Hofstelle aus bewirtschaftet werden; eine zeitweilige Verpachtung oder ähnliche vorübergehende Benutzung durch andere schließt die Zugehörigkeit zum Hof nicht aus, ebensowenig die vorläufige Besitzeinweisung eines anderen in einem Flurbereinigungsverfahren oder einem ähnlichen Verfahren;

b) Mitgliedschaftsrechte, Nutzungsrechte und ähnliche Rechte, die dem Hof dienen, gleichviel ob sie mit dem Eigentum am Hof verbunden sind oder dem Eigentümer persönlich zustehen, ferner dem Hof dienende Miteigentumsanteile an einem Grundstück, falls diese Anteile im Verhältnis zu dem sonstigen, den Hof bildenden Grundbesitz von untergeordneter Bedeutung sind.

§ 3 Hofeszubehör

Zum Hof gehört auch das Hofeszubehör. Es umfaßt insbesondere das auf dem Hof für die Bewirtschaftung vorhandene Vieh, Wirtschafts- und Hausgerät, den vorhandenen Dünger und die für die Bewirtschaftung bis zur nächsten Ernte dienenden Vorräte an landwirtschaftlichen Erzeugnissen und Betriebsmittel.

§ 4 Erbfolge in einen Hof

Der Hof fällt als Teil der Erbschaft kraft Gesetzes nur einem der Erben (dem Hoferben) zu. An seine Stelle tritt im Verhältnis der Miterben untereinander der Hofeswert.

§ 5 Gesetzliche Hoferbenordnung

Wenn der Erblasser keine andere Bestimmung trifft, sind als Hoferben kraft Gesetzes in folgender Ordnung berufen:

1. die Kinder des Erblassers und deren Abkömmlinge,
2. der Ehegatte des Erblassers,
3. die Eltern des Erblassers, wenn der Hof von ihnen oder aus ihren Familien stammt oder mit ihren Mitteln erworben worden ist,
4. die Geschwister des Erblassers und deren Abkömmlinge.

§ 6 Einzelheiten zur Hoferbenordnung

(1) In der ersten Hoferbenordnung ist als Hoferbe berufen:

1. in erster Linie der Miterbe, dem vom Erblasser die Bewirtschaftung des Hofes im Zeitpunkt des Erbfalles auf Dauer übertragen ist, es sei denn, daß sich der Erblasser dabei ihm gegenüber die Bestimmung des Hoferben ausdrücklich vorbehalten hat;
2. in zweiter Linie der Miterbe, hinsichtlich dessen der Erblasser durch die Ausbildung oder durch Art und Umfang der Beschäf-

tigung auf dem Hof hat erkennen lassen, daß er den Hof übernehmen soll;

3. in dritter Linie der älteste der Miterben oder, wenn in der Gegend Jüngstenrecht Brauch ist, der jüngste von ihnen.

Liegen die Voraussetzungen der Nummer 2 bei mehreren Miterben vor, ohne daß erkennbar ist, wer von ihnen den Hof übernehmen sollte, so ist unter diesen Miterben der älteste oder, wenn Jüngstenrecht Brauch ist, der jüngste als Hoferbe berufen.

(2) In der zweiten Hoferbenordnung scheidet der Ehegatte als Hoferbe aus,

1. wenn Verwandte der dritten und vierten Hoferbenordnung leben und ihr Ausschluß von der Hoferbfolge, insbesondere wegen der von ihnen für den Hof erbrachten Leistungen, grob unbillig wäre; oder
2. wenn sein Erbrecht nach § 1933 des Bürgerlichen Gesetzbuchs ausgeschlossen ist.

(3) In der dritten Hoferbenordnung ist nur derjenige Elternteil hoferbenberechtigt, von dem oder aus dessen Familie der Hof stammt oder mit dessen Mitteln der Hof erworben worden ist.

(4) Stammt der Hof von beiden Eltern oder aus beiden Familien oder ist er mit den Mitteln beider Eltern erworben und ist wenigstens einer der Eltern wirtschaftsfähig, so fällt der Hof den Eltern gemeinschaftlich als Ehegattenhof an. Lebt einer von ihnen nicht mehr, so fällt er dem anderen an. Ist die Ehe der Eltern vor dem Erbfall auf andere Weise als durch den Tod eines von ihnen aufgelöst worden, so scheiden sie als Hoferben aus.

(5) In der vierten Hoferbenordnung gilt Absatz 1 entsprechend. Im Falle des Absatzes 1 Satz 1 Nr. 3 gehen die Geschwister vor, die mit dem Erblasser den Elternteil gemeinsam haben, von dem oder aus dessen Familie der Hof stammt.

(6) Wer nicht wirtschaftsfähig ist, scheidet als Hoferbe aus, auch wenn er hierzu nach Absatz 1 Satz 1 Nr. 1 oder 2 berufen ist. Dies gilt jedoch nicht, wenn allein mangelnde Altersreife der Grund der Wirtschaftsunfähigkeit ist oder wenn es sich um die Vererbung an den überlebenden Ehegatten handelt. Scheidet der zunächst berufene Hoferbe aus, so fällt der Hof demjenigen an, der berufen wäre, wenn der Ausscheidende zur Zeit des Erbfalls nicht gelebt hätte.

(7) Wirtschaftsfähig ist, wer nach seinen körperlichen und geistigen Fähigkeiten, nach seinen Kenntnissen und seiner Persönlichkeit in der Lage ist, den von ihm zu übernehmenden Hof selbständig ordnungsmäßig zu bewirtschaften.

§ 7 Bestimmung des Hoferben durch den Eigentümer

(1) Der Eigentümer kann den Hoferben durch Verfügung von Todes wegen frei bestimmen oder ihm den Hof im Wege der vorweggenommenen Erbfolge (Übergabevertrag) übergeben. Zum Hoferben kann nicht bestimmt werden, wer wegen Wirtschaftsunfähigkeit nach § 6 Abs. 6 Satz 1 und 2 als Hoferbe ausscheidet; die Wirtschaftsunfähigkeit eines Abkömmlings steht jedoch seiner Bestimmung zum Hoferben nicht entgegen, wenn sämtliche Abkömmlinge wegen Wirtschaftsunfähigkeit ausscheiden und ein wirtschaftsfähiger Ehegatte nicht vorhanden ist.

(2) Hat der Eigentümer die Bewirtschaftung des Hofes unter den Voraussetzungen des § 6 Abs. 1 Satz 1 Nr. 1 einem hoferbenberechtigten Abkömmling übertragen, so ist, solange dieser den Hof bewirtschaftet, eine vom Eigentümer nach Übertragung der Bewirtschaftung vorgenommene Bestimmung eines anderen zum Hoferben insoweit unwirksam, als durch sie der Hoferbenberechtigte von der Hoferbfolge ausgeschlossen würde. Das gleiche gilt, wenn der Eigentümer durch Art und Umfang der Beschäftigung (§ 6 Abs. 1 Satz 1 Nr. 2) eines hoferbenberechtigten Abkömmlings auf dem Hof hat erkennen lassen, daß er den Hof übernehmen soll. Das Recht des Eigentümers, über sein der Hoferbfolge unterliegendes Vermögen durch Rechtsgeschäft unter Lebenden zu verfügen, wird durch Satz 1 und 2 nicht beschränkt.

§ 8 Der Hoferbe beim Ehegattenhof

(1) Bei einem Ehegattenhof fällt der Anteil des Erblassers dem überlebenden Ehegatten als Hoferben zu.

(2) Die Ehegatten können einen Dritten als Hoferben nur gemeinsam bestimmen und eine von ihnen getroffene Bestimmung nur gemeinsam wiederaufheben. Haben die Ehegatten eine solche Bestimmung nicht getroffen oder wiederaufgehoben, so kann der überlebende Ehegatte den Hoferben allein bestimmen.

(3) Gehört der Hof zum Gesamtgut einer Gütergemeinschaft, so kann der überlebende Ehegatte die Gütergemeinschaft bezüglich

des Hofes nach den Vorschriften des allgemeinen Rechts mit den Abkömmlingen fortsetzen. Wird die fortgesetzte Gütergemeinschaft anders als durch den Tod des überlebenden Ehegatten beendet, so wachsen ihm die Anteile der Abkömmlinge an. Im übrigen steht die Beendigung der fortgesetzten Gütergemeinschaft dem Erbfall gleich. Die Fortsetzung der Gütergemeinschaft läßt eine nach Absatz 2 getroffene Bestimmung sowie das Recht, eine solche Bestimmung zu treffen, unberührt.

§ 9 Vererbung mehrerer Höfe

(1) Hinterläßt der Erblasser mehrere Höfe, so können die als Hoferben berufenen Abkömmlinge in der Reihenfolge ihrer Berufung je einen Hof wählen; dabei kann jedoch nicht ein Hof gewählt werden, für den ein anderer Abkömmling, der noch nicht gewählt hat, nach § 6 Abs. 1 Satz 1 Nr. 1 oder Nr. 2 vorrangig als Hoferbe berufen ist. Sind mehr Höfe vorhanden als berechtigte Abkömmlinge, so wird die Wahl nach denselben Grundsätzen wiederholt. Hinterläßt der Eigentümer keine Abkömmlinge, so können die als Hoferben in derselben Ordnung Berufenen in der gleichen Weise wählen. Diese Vorschriften gelten auch dann, wenn ein Hoferbe nach § 6 Abs. 1 Satz 1 Nr. 1 oder Nr. 2 hinsichtlich mehrerer Höfe als berufen anzusehen wäre.

(2) Die Wahl ist gegenüber dem Gericht in öffentlich beglaubigter Form oder zu seiner Niederschrift zu erklären; die Niederschrift wird nach den Vorschriften des Beurkundungsgesetzes errichtet. Das Gericht kann dem Wahlberechtigten auf Antrag eines nachstehenden Wahlberechtigten eine angemessene Frist zur Erklärung über die Wahl bestimmen. Nach fruchtlosem Ablauf der Frist tritt der Wahlberechtigte hinter die übrigen Wahlberechtigten zurück.

(3) Jeder Hoferbenberechtigte erwirbt das Eigentum an dem ihm zufallenden Hof rückwirkend vom Tode des Erblassers an.

§ 10 Vererbung nach allgemeinem Recht

Der Hof vererbt sich nach den Vorschriften des allgemeinen Rechts, wenn nach den Vorschriften dieses Gesetzes kein Hoferbe vorhanden oder wirksam bestimmt ist.

§ 11 Ausschlagung

Der Hoferbe kann den Anfall des Hofes durch Erklärung gegenüber dem Gericht ausschlagen, ohne die Erbschaft in das übrige Vermögen auszuschlagen. Auf diese Ausschlagung finden die Vorschriften des Bürgerlichen Gesetzbuchs über die Ausschlagung der Erbschaft entsprechende Anwendung.

§ 12 Abfindung der Miterben nach dem Erbfall

(1) Den Miterben, die nicht Hoferben geworden sind, steht vorbehaltlich anderweitiger Regelung durch Übergabevertrag oder Verfügung von Todes wegen an Stelle eines Anteils am Hof ein Anspruch gegen den Hoferben auf Zahlung einer Abfindung in Geld zu.

(2) Der Anspruch bemißt sich nach dem Hofeswert im Zeitpunkt des Erbfalls. Als Hofeswert gilt das Eineinhalbfache des zuletzt festgesetzten Einheitswertes im Sinne des § 48 des Bewertungsgesetzes in der Fassung der Bekanntmachung vom 26. September 1974 (BGBl. I S. 2369), geändert durch Artikel 15 des Zuständigkeitslockerungsgesetzes vom 10. März 1975 (BGBl. I S. 685). Kommen besondere Umstände des Einzelfalls, die für den Wert des Hofes von erheblicher Bedeutung sind, in dem Hofeswert nicht oder ungenügend zum Ausdruck, so können auf Verlangen Zuschläge oder Abschläge nach billigem Ermessen gemacht werden.

(3) Von dem Hofeswert werden die Nachlaßverbindlichkeiten abgezogen, die im Verhältnis der Erben zueinander den Hof treffen und die der Hoferbe allein zu tragen hat. Der danach verbleibende Betrag, jedoch mindestens ein Drittel des Hofeswertes (Absatz 2 Satz 2), gebührt den Erben des Erblassers einschließlich des Hoferben, falls er zu ihnen gehört, zu dem Teil, der ihrem Anteil am Nachlaß nach dem allgemeinen Recht entspricht.

(4) Auf die Abfindung nach Absatz 1 muß sich der Miterbe dasjenige anrechnen lassen, was er oder sein vor dem Erbfall weggefallener Eltern- oder Großelternteil vom Erblasser als Abfindung aus dem Hof erhalten hat.

(5) Das Gericht kann die Zahlung der einem Miterben zustehenden Abfindung, auch wenn diese durch Verfügung von Todes wegen oder vertraglich festgesetzt ist, auf Antrag stunden, soweit der Hoferbe bei sofortiger Zahlung den Hof nicht ordnungsmäßig be-

wirtschaften könnte und dem einzelnen Miterben bei gerechter Abwägung der Lage der Beteiligten eine Stundung zugemutet werden kann. Das Gericht entscheidet nach billigem Ermessen, ob und in welcher Höhe eine gestundete Forderung zu verzinsen und ob, in welcher Art und in welchem Umfang für sie Sicherheit zu leisten ist. Es kann die rechtskräftige Entscheidung über die Stundung, Verzinsung und Sicherheitsleistung auf Antrag aufheben oder ändern, wenn sich die Verhältnisse nach dem Erlaß der Entscheidung wesentlich geändert haben.

(6) Ist der Miterbe minderjährig, so gilt die Abfindung bis zum Eintritt der Volljährigkeit als gestundet. Der Hoferbe hat dem Miterben jedoch die Kosten des angemessenen Lebensbedarfs und einer angemessenen Berufsausbildung zu zahlen und ihm zur Erlangung einer selbständigen Lebensstellung oder bei Eingehung einer Ehe eine angemessene Ausstattung zu gewähren. Leistungen nach Satz 2 sind bis zur Höhe der Abfindung einschließlich Zinsen und in Anrechnung darauf zu erbringen.

(7) Auf einen nach Absatz 6 Satz 1 als gestundet geltenden Anspruch sind die Vorschriften des Absatzes 5 Satz 2 und 3 sinngemäß anzuwenden; Absatz 6 Satz 2 ist zu berücksichtigen.

(8) Ist ein Dritter dem Miterben zum Unterhalt verpflichtet, so beschränkt sich die Verpflichtung des Hoferben nach Absatz 6 Satz 2 auf die Zahlung der Kosten, die durch den dem Miterben gewährten Unterhalt nicht gedeckt sind.

(9) Hat der Hoferbe durch eine Zuwendung, die er nach § 2050 des Bürgerlichen Gesetzbuchs zur Ausgleichung zu bringen hat, mehr als die Hälfte des nach Abzug der Nachlaßverbindlichkeiten verbleibenden Wertes (Absatz 3 Satz 1) erhalten, so ist er entgegen der Vorschrift des § 2056 des Bürgerlichen Gesetzbuchs zur Herausgabe des Mehrbetrages verpflichtet.

(10) Die Vorschriften der Absätze 2 bis 5 gelten sinngemäß für die Ansprüche von Pflichtteilsberechtigten, Vermächtnisnehmern sowie des überlebenden Ehegatten, der den Ausgleich des Zugewinns (§ 1371 Abs. 2 und 3 des Bürgerlichen Gesetzbuchs) verlangt.

§ 13 Ergänzung der Abfindung wegen Wegfalls des höferechtlichen Zwecks

(1) Veräußert der Hoferbe innerhalb von zwanzig Jahren nach dem Erbfall den Hof, so können die nach § 12 Berechtigten unter Anrechnung einer bereits empfangenen Abfindung die Herausgabe des erzielten Erlöses zu dem Teil verlangen, der ihrem nach dem allgemeinen Recht bemessenen Anteil am Nachlaß oder an dessen Wert entspricht. Dies gilt auch, wenn zum Hof gehörende Grundstücke einzeln oder nacheinander veräußert werden und die dadurch erzielten Erlöse insgesamt ein Zehntel des Hofwertes (§ 12 Abs. 2) übersteigen, es sei denn, daß die Veräußerung zur Erhaltung des Hofes erforderlich war. Eine Übergabe des Hofes im Wege der vorweggenommenen Erbfolge gilt nicht als Veräußerung im Sinne des Satzes 1. Wird der Hof in eine Gesellschaft eingebracht, so gilt der Verkehrswert des Hofes im Zeitpunkt der Einbringung als Veräußerungserlös.

(2) Hat der nach Absatz 1 Verpflichtete innerhalb von zwei Jahren vor oder nach der Entstehung der Verpflichtung einen land- oder forstwirtschaftlichen Ersatzbetrieb oder im Falle des Absatzes 1 Satz 2 Ersatzgrundstücke erworben, so kann er die hierfür gemachten Aufwendungen bis zur Höhe der für einen gleichwertigen Ersatzerwerb angemessenen Aufwendungen von dem Veräußerungserlös absetzen; als gleichwertig ist dabei eine Besitzung anzusehen, die als Ersatzbetrieb oder als um die Ersatzgrundstücke vervollständigter Restbesitz dem Hofeswert (§ 12 Abs. 2) des ganz oder teilweise veräußerten Hofes entspricht. Dies gilt auch, wenn der Ersatzbetrieb oder ein Ersatzgrundstück im Gebiet der Länder Baden-Württemberg, Bayern, Berlin, Bremen, Hessen, Rheinland-Pfalz oder des Saarlandes belegen ist.

(3) Macht der Verpflichtete glaubhaft, daß er sich um einen Ersatzerwerb bemüht, so kann das Gericht den Anspruch bis zum Ablauf der in Absatz 2 Satz 1 bestimmten Frist stunden; § 12 Abs. 5 Satz 2 und 3 gilt entsprechend. Hat der Verpflichtete einen notariellen Vertrag über den Erwerb eines Ersatzbetriebes oder im Falle des Absatzes 1 Satz 2 über den Erwerb von Ersatzgrundstücken abgeschlossen, so ist die Frist nach Absatz 2 Satz 1 auch gewahrt, wenn der Antrag auf Eintragung des Eigentumsübergangs oder einer den Anspruch auf Übereignung sichernden Vormerkung bis zum Ablauf der Frist beim Grundbuchamt eingegangen ist.

(4) Absatz 1 Satz 1 gilt entsprechend, wenn der Hoferbe innerhalb von zwanzig Jahren nach dem Erbfall

a) wesentliche Teile des Hofeszubehörs veräußert oder verwertet, es sei denn, daß dies im Rahmen einer ordnungsmäßigen Bewirtschaftung liegt, oder
b) den Hof oder Teile davon auf andere Weise als land- oder forstwirtschaftlich nutzt

und dadurch erhebliche Gewinne erzielt.

(5) Von dem Erlös sind die durch die Veräußerung oder Verwertung entstehenden öffentlichen Abgaben, die vom Hoferben zu tragen sind, abzusetzen. Erlösminderungen, die auf einer vom Hoferben aufgenommenen dinglichen Belastung des Hofes beruhen, sind dem erzielten Erlös hinzuzurechnen, es sei denn, daß die Aufnahme der Belastung im Rahmen einer ordnungsmäßigen Bewirtschaftung lag. Ein Erlös, den zu erzielen der Hoferbe wider Treu und Glauben unterlassen hat, wird hinzugerechnet. Von dem Erlös ist der Teil abzusetzen, der bei wirtschaftlicher Betrachtungsweise auf eigenen Leistungen des Hoferben beruht oder dessen Herausgabe aus anderen Gründen nicht der Billigkeit entsprechen würde. Von dem Erlös ist abzusetzen ein Viertel des Erlöses, wenn die Veräußerung oder Verwertung später als zehn Jahre, die Hälfte des Erlöses, wenn sie später als fünfzehn Jahre nach dem Erbfall erfolgt.

(6) Veräußert oder verwertet der Hoferbe innerhalb von zwanzig Jahren nach dem Erbfall einen Ersatzbetrieb, Ersatzgrundstücke oder Hofeszubehör, so sind die Vorschriften der Absätze 1 bis 5 sinngemäß anzuwenden. Dies gilt auch, wenn der Ersatzbetrieb oder ein Ersatzgrundstück die Voraussetzungen des Absatzes 2 Satz 2 erfüllt.

(7) Veräußert oder verwertet ein Dritter, auf den der Hof im Wege der Erbfolge übergegangen oder dem er im Wege der vorweggenommenen Erbfolge übereignet worden ist, innerhalb von zwanzig Jahren nach dem Erbfall (Absatz 1 Satz 1) den Hof, Teile des Hofes oder Hofeszubehör, so sind die Vorschriften der Absätze 1 bis 6 sinngemäß anzuwenden.

(8) Der Veräußerung stehen die Zwangsversteigerung und die Enteignung gleich.

(9) Die Ansprüche sind vererblich und übertragbar. Sie verjähren mit Ablauf des dritten Jahres nach dem Zeitpunkt, in dem der Berechtigte von dem Eintritt der Voraussetzungen des Anspruchs Kenntnis

erlangt, spätestens in dreißig Jahren vom Erbfall an. Sie entstehen auch, wenn die Besitzung im Grundbuch nicht als Hof eingetragen ist oder wenn der für sie eingetragene Hofvermerk gelöscht worden ist, sofern sie Hof ist oder war.

(10) Der Verpflichtete hat den Berechtigten über eine Veräußerung oder Verwertung unverzüglich Mitteilung zu machen sowie über alle für die Berechnung des Anspruchs erheblichen Umstände auf Verlangen Auskunft zu erteilen.

§ 14 Stellung des überlebenden Ehegatten

(1) Dem überlebenden Ehegatten des Erblassers steht, wenn der Hoferbe ein Abkömmling des Erblassers ist, bis zur Vollendung des 25. Lebensjahres des Hoferben die Verwaltung und Nutznießung am Hof zu. Dieses Recht kann

a) der Eigentümer durch Ehevertrag oder Verfügung von Todes wegen,

b) das Gericht auf Antrag eines Beteiligten aus wichtigem Grunde

verlängern, beschränken oder aufheben.

(2) Steht dem überlebenden Ehegatten die Verwaltung und Nutznießung nicht zu oder endet sie, so kann er, wenn er Miterbe oder pflichtteilsberechtigt ist und auf ihm nach § 12 zustehende Ansprüche sowie auf alle Ansprüche aus der Verwendung eigenen Vermögens für den Hof verzichtet, vom Hoferben auf Lebenszeit den in solchen Verhältnissen üblichen Altenteil verlangen. Der Altenteilsanspruch erlischt, wenn der überlebende Ehegatte eine neue Ehe eingeht. Er kann in diesem Fall vom Hoferben die Zahlung eines Kapitals verlangen, das dem Wert des Altenteils entspricht; jedoch nicht mehr als den Betrag, der ihm ohne Verzicht bei der Erbauseinandersetzung zugekommen sein würde. 8

(3) Der überlebende Ehegatte kann, wenn ihm der Eigentümer durch Verfügung von Todes wegen eine dahingehende Befugnis erteilt hat, unter den Abkömmlingen des Eigentümers den Hoferben bestimmen. Seine Befugnis erlischt, wenn er sich wieder verheiratet oder wenn der gesetzliche Hoferbe das 25. Lebensjahr vollendet. Die Bestimmung erfolgt durch mündliche Erklärung zur Niederschrift des Gerichts oder durch Einreichung einer öffentlich beglaubigten schriftlichen Erklärung; die Niederschrift wird nach den Vorschriften des Beurkundungsgesetzes errichtet. Mit Abgabe

der Erklärung tritt der neu bestimmte Hoferbe hinsichtlich des Hofes in die Rechtsstellung des bisherigen gesetzlichen Hoferben ein. Auf Antrag eines Beteiligten regelt das Gericht, und zwar auch mit Wirkung gegenüber Dritten, die mit dem Übergang des Hofes zusammenhängenden Fragen.

§ 15 Nachlaßverbindlichkeiten

(1) Der Hoferbe haftet, auch wenn er an dem übrigen Nachlaß nicht als Miterbe beteiligt ist, für die Nachlaßverbindlichkeiten als Gesamtschuldner.

(2) Die Nachlaßverbindlichkeiten einschließlich der auf dem Hof ruhenden Hypotheken, Grund- und Rentenschulden, aber ohne die auf dem Hof ruhenden sonstigen Lasten (Altenteil, Nießbrauch usw.) sind, soweit das außer dem Hof vorhandene Vermögen dazu ausreicht, aus diesem zu berichtigen.

(3) Soweit die Nachlaßverbindlichkeiten nicht nach Absatz 2 berichtigt werden können, ist der Hoferbe den Miterben gegenüber verpflichtet, sie allein zu tragen und die Miterben von ihnen zu befreien.

(4) Verbleibt nach Berichtigung der Nachlaßverbindlichkeiten ein Überschuß, so ist dieser auf die Miterben nach den Vorschriften des allgemeinen Rechts zu verteilen. Der Hoferbe kann eine Beteiligung an dem Überschuß nur dann und nur insoweit verlangen, als der auf ihn entfallende Anteil größer ist als der Hofeswert (§ 12 Abs. 2).

(5) Gehören zum Nachlaß mehrere Höfe, so werden die Pflicht zur Abfindung der Miterben einschließlich der Leistungen nach § 12 Abs. 6 Satz 2 ebenso wie die Nachlaßverbindlichkeiten von allen Hoferben gemeinschaftlich, und zwar im Verhältnis zueinander entsprechend den Hofeswerten getragen.

§ 16 Verfügung von Todes wegen

(1) Der Eigentümer kann die Erbfolge kraft Höferechts (§ 4) durch Verfügung von Todes wegen nicht ausschließen. Er kann sie jedoch beschränken; soweit nach den Vorschriften des Grundstücksverkehrsgesetzes vom 28. Juli 1961 (BGBl. I S. 1091), geändert durch Artikel 199 des Gesetzes vom 2. März 1974 (BGBl. I S. 469), für ein Rechtsgeschäft unter Lebenden gleichen Inhalts eine Genehmigung

erforderlich wäre, ist die Zustimmung des Gerichts zu der Verfügung von Todes wegen erforderlich.

(2) Für die Berechnung des Pflichtteils des Hoferben ist der nach dem allgemeinen Recht, für die Berechnung des Pflichtteils der übrigen Erben der nach diesem Gesetz zu ermittelnde gesetzliche Erbteil maßgebend. Dabei ist der Hof in jedem Falle nach dem in § 12 Abs. 2 bestimmten Wert anzusetzen.

§ 17 Übergabevertrag

(1) Bei der Übergabe des Hofes an den Hoferben im Wege der vorweggenommenen Hoferbfolge finden die Vorschriften des § 16 entsprechende Anwendung.

(2) Übergibt der Eigentümer den Hof an einen hoferbenberechtigten Abkömmling, so gilt zugunsten der anderen Abkömmlinge der Erbfall hinsichtlich des Hofes mit dem Zeitpunkt der Übertragung als eingetreten.

(3) Soweit nach den Vorschriften des Grundstücksverkehrsgesetzes eine Genehmigung erforderlich ist, wird sie durch das Gericht erteilt.

§ 18 Zuständigkeit der Gerichte

(1) Für die Entscheidung über alle Anträge und Streitigkeiten, die sich bei Anwendung der Höfeordnung ergeben, sowie aus Abmachungen der Beteiligten hierüber sind die im Gesetz über das gerichtliche Verfahren in Landwirtschaftssachen vom 21. Juli 1953 (BGBl. I S. 667), zuletzt geändert durch Artikel 2 des Gesetzes vom 8. Juli 1975 (BGBl. I S. 1863), genannten Gerichte ausschließlich zuständig.

(2) Diese Gerichte sind auch zuständig für die Entscheidung der Frage, wer kraft Gesetzes oder kraft Verfügung von Todes wegen Hoferbe eines Hofes geworden ist, und für die Ausstellung eines Erbscheins oder eines Europäischen Nachlasszeugnisses. In dem Erbschein oder dem Europäischen Nachlasszeugnis ist der Hoferbe als solcher aufzuführen. Auf Antrag eines Beteiligten ist in dem Erbschein lediglich die Hoferbfolge zu bescheinigen.

§ 19 Geltung für Lebenspartner, Übergangsbestimmungen

(1) Die für Ehegatten geltenden Vorschriften dieses Gesetzes gelten entsprechend für Lebenspartner. Eine land- oder forstwirtschaftliche Besitzung, die im gemeinschaftlichen Eigentum von Lebenspartnern steht und gemäß § 1 Absatz 1 die Eigenschaft als Hof besitzt oder diese entsprechend § 1 Absatz 2 durch Erklärung der Lebenspartner erhält, ist ein Lebenspartnerhof.

(2) Für die erbrechtlichen Verhältnisse bei Beteiligung eines Lebenspartners bleibt das bis zu 26. November 2015 geltende Recht maßgebend, wenn der Erblasser vor dem 26. November 2015 verstorben ist.

Literaturverzeichnis

Beck'scher Online-Kommentar (BeckOK)/Bearbeiter, BGB, 2016.

Beck'sches Notarhandbuch, 2015.

Beck'sches Rechtsanwalts-Handbuch, 2016.

Bühler, Kann ein Miterbe formlos aus einer Erbengemeinschaft ausscheiden?, BWNotZ 1987, 73.

Bumiller/Harders/Schwamb, FamFG, 2015.

Damrau, Die Abschichtung, ZEV 1996, 361–369.

Eberl-Borges, Die Erbauseinandersetzung, 2000.

Firsching/Graf, Handbuch der Rechtspraxis (HRP) Nachlassrecht, 2014.

Handbuch des Fachanwalts Erbrecht (FA-ErbR), 2015.

Hausmann/Hohloch, Handbuch des Erbrechts, 2010.

Krug, Die Erbteilungsklage, ErbR 2008, 62.

Münchener Kommentar (MüKo)/Bearbeiter, BGB, 2013.

Münchener Prozessformularbuch Band 4, Erbrecht, 2013.

Palandt/Bearbeiter, Bürgerliches Gesetzbuch, 2016.

Reimann, Erbauseinandersetzung durch Abschichtung, ZEV 1998, 213.

Sarres, Die Erbengemeinschaft, 2006.

Steiner, Die Praxis der Klage auf Erbauseinandersetzung, ZEV 1997, 89.

Steiner, Grundzüge der Klage auf Erbauseinandersetzung, ZFE 2004, 332.

Weirich, Erben und Vererben, 2004.

Winkler, Verhältnis von Erbteilsübertragung und Erbauseinandersetzung – Möglichkeiten der Beendigung der Erbengemeinschaft, ZEV 2001, 435.

Wurm, Wagner, Zartmann, Das Rechtsformularbuch, 2015.

Zimmermann, Erbrecht – Lehrbuch mit Fällen, 2013.

Stichwortverzeichnis

10

10